国防科工委“十五”规划教材·船舶与海洋工程

船舶与海洋结构运动的随机理论

黄祥鹿　范　菊　编著

北京航空航天大学出版社
北京理工大学出版社　西北工业大学出版社
哈尔滨工业大学出版社　哈尔滨工程大学出版社

内容简介

本书介绍船舶与海洋结构在波浪上运动时随机问题的处理方法，特别着重于非线性响应的统计分析问题。其中包括二阶响应的统计分析和应用马尔科夫过程理论对非线性响应的分析等当前较新的理论进展。

本书可供船舶及海洋工程相关专业的科研人员、高等院校研究生及有关工程力学研究人员参考。

图书在版编目(CIP)数据

船舶与海洋结构运动的随机理论/黄祥鹿等编著.
—北京：北京航空航天大学出版社，2005.5
ISBN 7-81077-518-9

Ⅰ.船… Ⅱ.黄… Ⅲ.①船舶运动—随机②海洋工程—工程结构 Ⅳ.U661.3

中国版本图书馆 CIP 数据核字(2005)第 031435 号

船舶与海洋结构运动的随机理论

黄祥鹿 范 菊 编著
责任编辑 王 实
北京航空航天大学出版社出版发行
北京市海淀区学院路 37 号(100083)
发行部电话：010-82317024 传真：010-82328026
http://www.buaapress.com.cn
E-mail:bhpress@263.net
北京市松源印刷有限公司印装 各地书店经销
开本：787×960 1/16
印张：11.25 字数：252 千字
2005 年 5 月第 1 版 2005 年 5 月第 1 次印刷
印数：2 000 册
ISBN 7-81077-518-9 定价：15.00 元

国防科工委“十五”规划教材编委会

（按姓氏笔画排序）

总　序

国防科技工业是国家战略性产业，是国防现代化的重要工业和技术基础，也是国民经济发展和科学技术现代化的重要推动力量。半个多世纪以来，在党中央、国务院的正确领导和亲切关怀下，国防科技工业广大干部职工在知识的传承、科技的攀登与时代的洗礼中，取得了举世瞩目的辉煌成就；研制、生产了大量武器装备，满足了我军由单一陆军，发展成为包括空军、海军、第二炮兵和其他技术兵种在内的合成军队的需要，特别是在尖端技术方面，成功地掌握了原子弹、氢弹、洲际导弹、人造卫星和核潜艇技术，使我军拥有了一批克敌制胜的高技术武器装备，使我国成为世界上少数几个独立掌握核技术和外层空间技术的国家之一。国防科技工业沿着独立自主、自力更生的发展道路，建立了专业门类基本齐全，科研、试验、生产手段基本配套的国防科技工业体系，奠定了进行国防现代化建设最重要的物质基础；掌握了大量新技术、新工艺，研制了许多新设备、新材料，以"两弹一星"、"神舟"号载人航天为代表的国防尖端技术，大大提高了国家的科技水平和竞争力，使中国在世界高科技领域占有了一席之地。十一届三中全会以来，伴随着改革开放的伟大实践，国防科技工业适时地实行战略转移，大量军工技术转向民用，为发展国民经济作出了重要贡献。

国防科技工业是知识密集型产业，国防科技工业发展中的一切问题归根到底都是人才问题。50 多年来，国防科技工业培养和造就了一支以"两弹一星"元勋为代表的优秀的科技人才队伍，他们具有强烈的爱国主义思想和艰苦奋斗、无私奉献的精神，勇挑重担，敢于攻关，为攀登国防科技高峰进行了创造性劳动，成为推动我国科技进步的重要力量。面向新世纪的机遇与挑战，高等院校在培养国防科技人才，生产和传播国防科技新知识、新思想，攻克国防基础科研和高技术研究难题当中，具有不可替代的作用。国防科工委高度重视，积极探索，锐意改革，大力推进国防科技教育特别是高等教育事业的发展。

高等院校国防特色专业教材及专著是国防科技人才培养当中重要的知识载体和教学工具，但受种种客观因素的影响，现有的教材与专著整体上已落后于当今国防科技的发展水平，不适应国防现代化的形势要求，对国防科技高层次人才的培养造成了相当不利的影响。为尽快改变这种状况，建立起质量上乘、品种齐全、特点突出、适应当代国防科技发展的国防特色专业教材体系，国防科工委全额资助编写、出版200种国防特色专业重点教材和专著。为保证教材及专著的质量，在广泛动员全国相关专业领域的专家、学者竞投编著工作的基础上，以陈懋章、王泽山、陈一坚院士为代表的100多位专家、学者，对经各单位精选的近550种教材和专著进行了严格的评审，评选出近200种教材和学术专著，覆盖航空宇航科学与技术、控制科学与工程、仪器科学与技术、信息与通信技术、电子科学与技术、力学、材料科学与工程、机械工程、电气工程、兵器科学与技术、船舶与海洋工程、动力机械及工程热物理、光学工程、化学工程与技术及核科学与技术等学科领域。一批长期从事国防特色学科教学和科研工作的两院院士、资深专家和一线教师成为编著者，他们分别来自清华大学、北京航空航天大学、北京理工大学、华北工学院、沈阳航空工业学院、哈尔滨工业大学、哈尔滨工程大学、上海交通大学、南京航空航天大学、南京理工大学、苏州大学、华东船舶工业学院、东华理工学院、电子科技大学、西南交通大学、西北工业大学和西安交通大学等，具有较为广泛的代表性。在全面振兴国防科技工业的伟大事业中，国防特色专业重点教材和专著的出版，将为国防科技创新人才的培养起到积极的促进作用。

党的十六大提出，进入21世纪，我国进入了全面建设小康社会、加快推进社会主义现代化的新的发展阶段。全面建设小康社会的宏伟目标，对国防科技工业发展提出了新的更高的要求。推动经济与社会发展，提升国防实力，需要造就宏大的人才队伍，而教育是奠基的柱石。全面振兴国防科技工业必须始终把发展作为第一要务，落实科教兴国和人才强国战略，推动国防科技工业走新型工业化道路，加快国防科技工业科技创新步伐。国防科技工业为有志青年展示才华，实现志向，提供了缤纷的舞台，希望广大青年学子刻苦学习科学文化知识，树立正确的世界观、人生观、价值观，努力担当起振兴国防科技工业、振兴中华的历史重任，创造出无愧于祖国和人民的业绩。祖国的未来无限美好，国防科技工业的明天将再创辉煌。

张华祝

前 言

本书曾是作者本人在上海交通大学船舶流体力学专业研究生讲课时的讲稿，在校内使用过多次。1994年由中国船舶工业总公司教材编审室组织出版。这次纳入"国防科工委'十五'规划教材"进行再版，作了部分修改和补充，主要是适应学科在近年来的发展，同时也吸收了教学中的一些经验，并使其对相关学科的研究生在随机问题的研究上有一定的参考价值。船舶和海洋结构在海浪上的运动问题，包括两个重要方面：一方面是它的力学或确定性问题，即应用力学原理研究计算船舶的运动问题；另一方面，则是由于海洋波浪的随机性所带来的随机问题。前者目前已有不少著作出版，但后者比较少。因此，本书试图填补这一方面的空缺。

船舶耐波性中随机理论的发展是从20世纪50年代开始的。由于它对耐波性理论实际应用的巨大促进，使得船舶耐波性这门学科的面貌发生了重大改观，即从过去纯学院式理论研究发展成与船舶工程实际设计工作紧密结合的工程学科。近50年来，这一理论方法有了长足的进步。不论是基础理论还是工程应用都有新成果出现。总结下来，大致有以下几点：

① 在基础理论方面，一个重大的进展是非线性系统的随机响应理论。非线性系统响应是船舶和海洋结构运动近代理论发展的核心，具有相当的难度。而船舶耐波性作为研究船舶在波浪上运动的学科，涉及到流体力学、刚体力学以及海洋随机波理论的各个方面，并最终会归结为非线性系统的随机响应问题。这方面的理论进展可以说与相应的理论发展是同步的。一个最明显的例子是关于系泊船舶在波浪上运动的预测问题。而近代关于船舶在极限海况中倾覆问题的研究，从另一方面展现了有关非线性系统随机响应以及强非线性问题研究的进程。

② 近50年来发展起来的舰船在随机波浪中运动的极短期预报技术与工程控制技术紧密结合，有着非常广泛的应用领域。

③ 在舰船结构的可靠性分析中，作为一个十分重要的因素，其波浪外载荷的确定问题直接牵涉到随机估算问题，此项研究也得到了相应的发展。

本书的主要目的是将近代有关船舶与海洋结构运动随机理论发展的大致轮廓介绍给读者。但由于篇幅有限，同时也限于本人水平，只能将其中一部分与舰船波浪上运动有关的部分作简单的介绍。本书中的错误和疏漏之处，望读者指正。

编 者

2004年5月

前言

目　　录

第1章 概 述

1.1 船舶及海洋结构运动的随机性及处理方法

海洋环境条件,即风、浪、流等均具有随机性。以海浪为例,其随机性十分明显。即使是在实验室内人工产生的规则波,也很少有两个是完全相同的。因此,在自然界中,波浪的出现是无法准确预测的,海洋中的海浪就是典型的随机事件。而船舶及海洋结构在这一随机波激励下产生的各种响应,如结构的运动、作用在结构上的载荷以及结构的弹性振动等,也具有随机特点。从工程实际出发,研究并掌握这一随机现象将是十分必要的。

自从20世纪50年代,St. Danis和Jr. Pierson首先将随机过程理论方法引入船舶耐波性的研究以来,船舶在波浪上的运动理论就向实际应用大大推进了一步。随后的数值计算方法的发展和计算机的应用等,使得船舶耐波性以及海洋工程流体力学这两个与工程设计有密切关系的学科,成为20世纪后半叶最活跃的工程学科之一。所以,可以这样说,随机理论是使船舶耐波性理论和海洋工程流体动力学理论方法真正走向应用的主要推动力。

但是,船舶和浮式海洋结构的运动问题是一个十分复杂的问题。50年前发展起来的船舶耐波性随机理论方法,主要还是建立在线性假设的基础上,而且是以频率域方法为主。近几十年有关工程设计以及相应理论的深入发展,已将非线性问题提到日程上来,并且已经找出一些解决的方法和方案。但是,介绍有关这些进展的书籍资料很少。本书的目的就是从这一现状出发,力图能对这一空缺作一些填补,以开阔研究生和研究人员的眼界。

1.2 随机海浪及随机响应的研究方法

研究随机现象的方法也就是概率论的方法。作为本课程的前置课程,要求读者具有工科本科数学中的概率论的知识。但为了阅读方便,也为了使概率论中的内容与本教程更好地衔接,在这里简单地回顾一下有关理论。限于篇幅,此处不重述有关内容的细节。

在概率论中,随机变量和相应的概率分布是问题的核心。概率论的主要任务就是根据所掌握的资料来求得概率分布函数。在早期,人们为寻求概率分布提出了多种概率模型。其中最有名的就是二项分布,而由二项分布可以进一步导出有名的正态分布及泊松分布。这两个分布分别属于性质不同的两种现象。在本节中将对二项分布以及两种极限分布作一简单介绍。首先提一下有关随机变量的基本定义。

1.2.1 随机变量概念及概率分布函数

一个事件组成的集合 A 包含所有事件 $\{X\leqslant x\}$ 的元素。当 x 取不同值时，事件 $\{X\leqslant x\}$ 的概率 $P\{X\leqslant x\}$ 为与 x 有关的数值，换句话说，为 x 的函数，用 $F(x)$ 表示，称为随机变量 X 的(累积)概率分布函数。

$$F(x)=P\{X\leqslant x\},\qquad -\infty<x<\infty \tag{1-1}$$

分布函数具有如下特性：

① $F(\infty)=1,\ F(-\infty)=0$； (1-2)

② $F(x)$ 为一个 x 的非降函数；

③ 如 $F(x_0)=0$，则对所有的 $x\leqslant x_0$，有 $F(x)=0$；

④ $P\{X>x\}=1-F(x)$；

⑤ $P\{x_1<X\leqslant x_2\}=F(x_2)-F(x_1)$。

这些特性均可由累积概率分布函数的定义导出。

随机变量根据其变量的特征可分为连续型、间断型和混合型三种。连续型的随机变量，其分布函数为连续。显然，对每一个 x，都有

$$P\{X=x\}=0$$

如果 $F(x)$ 为阶梯型函数，则称其为间断型的随机变量。设 x_i 为 $F(x)$ 的间断点，则

$$F(x_i)-F(x_i^-)=P(X=x_i)=p_i$$

这里 x_i^- 代表左极限值。如果 $F(x)$ 为间断型的，且非阶梯型的，则称为混合型的随机变量。

如果 U 具有有限个元素，则任一定义在 U 上的随机变量均为离散型的随机变量。但是，即使 U 具有无穷多个元素也不一定是连续的。对于连续型的随机变量，定义概率密度分布函数为累积概率分布函数的导数

$$f(x)=\frac{\mathrm{d}F(x)}{\mathrm{d}x} \tag{1-3}$$

如果随机变量为取值 x_i 及相应概率为 p_i 的离散型随机变量，则定义

$$f(x)=\sum_i p_i\delta(x-x_i)$$

式中，$p_i=P\{X=x_i\}$，$\delta(x)$ 为狄拉克 δ 函数。

由概率密度分布函数的定义，可以得到如下特性：

① 单调性即 $f(x)\geqslant 0$；

② $\int_{-\infty}^{\infty}F(x)\mathrm{d}x=1$。

1.2.2 几种重要概率分布

1. 二项分布

进行 N 次互相独立的试验。每次出现的结果只有两种可能，而且其出现和不出现的概率分别为 p 和 $q=1-p$。第一种可能出现 n_1 次，第二种可能出现 $n_2=N-n_1$ 次的概率由相互独立事件的乘法定理应为 $p^{n_1}q^{n_2}$。又由互不相容事件的加法定理，则在 N 次试验中，所有 n_1 个第一种可能的不同次序的组合的总概率为

$$P_N(n_1)=\frac{N!}{n_1!n_2!}p^{n_1}q^{n_2} \tag{1-4}$$

这就是二项分布。

在二项分布中，令 $N\to\infty$，$p\to 0$，$Np=a$ 为有限值。对式(1-4)中的阶乘项应用斯特林公式

$$N!=\sqrt{2\pi N}\left(\frac{N}{\mathrm{e}}\right)^N$$

$$(N-n_1)=\sqrt{2\pi(N-n_1)}\left(\frac{N-n_1}{\mathrm{e}}\right)^{N-n_1}$$

由此可以得出

$$\frac{N!}{(N-n_1)!}\approx\frac{\sqrt{2\pi N}\left(\dfrac{N}{\mathrm{e}}\right)^N}{\sqrt{2\pi(N-n_1)}\left(\dfrac{N-n_1}{\mathrm{e}}\right)^{N-n_1}}\sim N^{n_1}$$

由于
$$q^{n_2}=(1-p)^{N-n_2}\approx(1-p)^N=(1-p)^{\frac{a}{p}}\approx\mathrm{e}^{-a}$$
则式(1-4)可化为

$$P_N(n_1)=a^{n_2}\mathrm{e}^{-a}/n_1! \tag{1-5}$$

这就是泊松分布。

2. 拉普拉斯极限定理

如果 p,q 是某一介于0和1之间的数(不接近0或1)，则对三个阶乘 $N!$，$(N-n_1)!$，$n_1!$ 应用斯特林公式

$$P_N(n_1)=\frac{1}{\sqrt{2\pi N}}\exp\left[-\left(n_1+\frac{1}{2}\right)\ln\left(\frac{n_1}{N}\right)-\left(N-n_1+\frac{1}{2}\right)\ln\left(\frac{N-n_1}{N}\right)+\right.$$
$$\left.n_1\ln p+(N-n_1)\ln(1-p)\right]$$

此一分布在 $n_1=\langle n_1\rangle=Np$ 处为极大。由于 $\langle n_1\rangle$ 大于1，n_1 可以当作连续变量处理。将指数在 $\langle n_1\rangle$ 处作泰勒(Taylor)展开，取到二阶项得到

$$P_N(n_1)=\frac{1}{\sqrt{2\pi\sigma_N}}\exp\left\{-\frac{1}{2}\frac{(n_1-\langle n_1\rangle)^2}{\sigma_N}\right\} \tag{1-6}$$

这就是正态分布，或称为高斯分布。

以上关系即从离散的二项分布推出连续的正态分布的过程，又称为拉普拉斯极限定理。

1.2.3 随机变量的数字表征

为了表征一个随机变量，除了概率分布函数之外，常采用其统计平均值来表示。从概率分布函数来看，这一类平均值就是分布函数的矩。不同的统计平均值对应不同的矩。例如，一般的平均值即为概率分布函数对其原点的矩

$$m_i = \int_0^{\infty} x^i p(x)\mathrm{d}x \qquad i = 1,2,\cdots \tag{1-7}$$

除去对原点的矩之外，为表征分布相对其一阶平均值的分散程度，还有中心矩。显然，中心矩只从二阶开始

$$\sigma^2 = \int_0^{\infty} (x - m_1)^2 p(x)\mathrm{d}x \tag{1-8}$$

式中，σ^2 称为随机变量的方差，σ 又称标准差。它与随机变量为同一物理尺度，可以形象地表征随机变量的离散程度。这一求平均的运算通常又称为求期望，其符号表示为

$$\mathrm{E}[f(x)] = \int_0^{\infty} f(x)p(x)\mathrm{d}x \tag{1-9}$$

期望中的函数并不要求一定是幂函数。如果令这一函数为变量 x 的复指数函数 $\exp(\mathrm{i}sx)$，则这时的期望值为一参数 s 或频率与 x 的函数，即

$$\overline{M}(\mathrm{i}s) = \int_0^{\infty} \mathrm{e}^{\mathrm{i}sx} p(x)\mathrm{d}x \tag{1-10}$$

这一函数称为特征函数。它实际上是随机变量的概率密度分布函数的傅里叶(Fourier)变换，与分布函数的矩有着密切的关系。将积分号内的指数函数 $\mathrm{e}^{\mathrm{i}sx}$ 展开为无穷级数

$$\overline{M}(\mathrm{i}s) = \int_0^{\infty} \left(1 + \mathrm{i}sx + \frac{1}{2!}(\mathrm{i}sx)^2 + \frac{1}{3!}(\mathrm{i}sx)^3 + \cdots\right) p(x)\mathrm{d}x =$$

$$1 + \mathrm{i}sm_1 + \frac{1}{2!}(\mathrm{i}s)^2 m_2 + \frac{1}{3!}(\mathrm{i}s)^3 m_3 + \cdots$$

另一方面，特征函数对变量 s 求导，并令 $s=0$，得到

$$\left.\frac{\mathrm{d}^n \overline{M}(\mathrm{i}s)}{\mathrm{d}s^n}\right|_{s=0} = (\mathrm{i}s)^n \int_0^{\infty} x^n p(x)\mathrm{d}x = (\mathrm{i}s)^n m_n$$

式中

$$m_n = \frac{1}{(\mathrm{i}s)^n} \left.\frac{\mathrm{d}\overline{M}(\mathrm{i}s)}{\mathrm{d}s}\right|_{s=0} \tag{1-11}$$

由这些关系式可见，如果确定了特征函数，可以很容易地求出任意阶的矩。反之，如果有

足够多的矩的知识,也可以形成特征函数。由于特征函数的定义实际上是概率分布函数的傅里叶变换,因此应用反变换就可以由特征函数算出概率分布函数。

1. 半不变量或累积量系数

虽然矩的概念比较直观,但在某些情况下有一定的缺点。这表现在对大多数概率分布来说,矩常常是不可截断的,也就是说,如用矩来构成特征函数,必须要用到无限阶的矩;而采用另一种累积量系数时,有些分布可以大大简化。累积量系数的定义如下,定义特征函数 $\overline{M}(\mathrm{i}s)$ 的对数为

$$K(\mathrm{i}s) = \log M(\mathrm{i}s) = \log(1+z) \tag{1-12}$$

式中:z 为 $\overline{M}(\mathrm{i}s)$ 的数值。将 $K(\mathrm{i}s)$ 中 $\log(1+z)$ 展开成无穷级数,得到

$$K(\mathrm{i}s) = z - \frac{z^2}{2} + \frac{z^3}{3} + \cdots = \sum_{j=1}^{\infty}\frac{k_j}{j!}(\mathrm{i}s)^j$$

另一方面,根据定义

$$\overline{M}(\mathrm{i}s) = \exp(\log \overline{M}(\mathrm{i}s)) = \exp(K(\mathrm{i}s))$$

将右边指数函数对 $K(\mathrm{i}s)$ 展开为无穷级数,得到

$$\overline{M}(\mathrm{i}s) = 1 + \sum_{j=1}^{\infty}\frac{k_j}{j!}(\mathrm{i}s)^j + \frac{1}{2!}\left[\sum_{j=1}^{\infty}\frac{k_j}{j!}(\mathrm{i}s)^j\right]^2 + \frac{1}{3!}\left[\sum_{j=1}^{\infty}\frac{k_j}{j!}(\mathrm{i}s)^j\right]^3 + \cdots$$

将此式与用矩表示的特征函数相对比,相同的 $(\mathrm{i}s)^j$ 项前的系数应相等,从而得出了确定矩与累积量系数间的关系

$$\left.\begin{aligned}
k_1 &= m_1 \\
k_2 &= m_2 - m_1^2 = \sigma^2 \\
k_3 &= m_3 - 3m_1m_2 + 2m_1^3 \\
k_4 &= m_4 - 3m_2^2 - 4m_1m_3 + 12m_1^2m_2 - 6m_1^4 \\
&\cdots
\end{aligned}\right\} \tag{1-13}$$

也可以得出用累积量系数表示矩的关系式

$$\left.\begin{aligned}
m_1 &= k_1 \\
m_2 &= k_2 + k_1^2 \\
m_3 &= k_3 + 3k_1k_2 + k_1^3 \\
m_4 &= k_4 + 3k_2^2 + 4k_1k_3 + 6k_1^2 + k_1^4 \\
&\cdots
\end{aligned}\right\} \tag{1-14}$$

系数 k_j 即为累积量系数,又称为半不变量。这是因为对分布作平移时,除 k_1 之外所有高阶 k_j 皆保持不变。

2. 应用累积量系数表示正态分布

考虑一个随机变量,其一阶累积量系数为零,并只存在二阶累积量系数 k_2。可以根据累

积量系数的定义写出其特征函数的形式为

$$\overline{M}(s) = \exp\left(-\frac{1}{2}k_2 s^2\right) \tag{1-15}$$

概率密度分布函数 $p(x)$ 可以由对特征函数进行傅里叶变换求得

$$p(x) = \frac{1}{2\pi}\int_{-\infty}^{\infty} M(s)\mathrm{e}^{-\mathrm{i}sx}\mathrm{d}s = \frac{1}{2\pi}\int_{-\infty}^{\infty}\exp\left[\left(-\frac{1}{2}\right)\left(\sqrt{k_2 s}+\mathrm{i}\frac{x}{\sqrt{k_2}}\right)^2\right]\exp\left[\frac{1}{2}\left(\frac{\mathrm{i}x}{\sqrt{k_2}}\right)^2\right]\mathrm{d}s =$$

$$\frac{1}{\sqrt{2\pi}}\mathrm{e}^{-\frac{x^2}{2k_2}}\int_{-\infty}^{\infty}\exp\left\{\frac{1}{2}\left[-\left(\sqrt{k_2}s+\frac{\mathrm{i}x}{\sqrt{k_2}}\right)^2\right]\right\}\mathrm{d}s = \frac{1}{\sqrt{2\pi}}\mathrm{e}^{-\frac{x^2}{2\sigma^2}} \tag{1-16}$$

这就是正态(高斯)随机变量的概率密度分布函数。可以看出,虽然正态随机变量具有无限阶的矩,但它只包含到二阶的累积量系数,也就是说,其累积量系数在二阶截断。既然分布函数的矩和累积量之间具有一定的关系,即式(1-13)和式(1-14),那么正态随机变量应反映出这一关系。在式(1-13)中,令高于二阶的累积量系数为零,可以得到正态随机变量的用低阶矩求取高阶矩的公式。实际上,所有的正态随机变量的高于二阶的矩,均可用其二阶中心矩(方差)表示。

显然,如果一个正态随机变量的平均值为零,那么根据其分布的对称性质,所有的奇次矩都应为零,可以通过对分布函数式(1-16)进行相应的积分运算求其矩。对于 $(n+1)$ 阶的矩,如果 n 为奇数,也就是 $(n+1)$ 为偶数时,则

$$\mathrm{E}[x^{n+1}] = \sqrt{\frac{2^{n+1}}{\pi}}\sigma_x^{n+1}\Gamma\left(\frac{n+2}{2}\right) \tag{1-17}$$

而当 n 为偶数时,即奇次矩时,则

$$\mathrm{E}[x^{n+1}] = 0 \tag{1-18}$$

应用式(1-13)可以容易地推导出正态随机变量高于二阶的矩的表达式。在此读者可以自行推出这些关系式。

3. 多维随机变量的概率密度分布函数

一个多元的随机变量表示该随机变量的出现值是多元的,那么其相应的概率密度分布函数也将是多元分布。设多元随机变量 $\xi_1,\xi_2,\xi_3,\cdots,\xi_r$ 由 r 维联合概率密度分布函数 $p_{\xi_1,\xi_2,\cdots,\xi_r}(x_1,x_2,\cdots,x_r)$ 表征。这一多维联合概率密度分布函数的定义与一维的分布函数类似,具有正定性,且其概率密度分布函数下的体积(或在高于三阶时类似定义)为 1:

$$\int_{-\infty}^{\infty}\int_{-\infty}^{\infty}\cdots\int_{-\infty}^{\infty} p_{\xi_1,\xi_2,\cdots,\xi_n}(x_1,x_2,\cdots,x_n)\mathrm{d}x_1\mathrm{d}x_2\cdots\mathrm{d}x_n = 1$$

并且

$$p_{\xi_1}(x_1) = \int_{-\infty}^{\infty}\int_{-\infty}^{\infty}\cdots\int_{-\infty}^{\infty} p_{\xi_1,\xi_2,\cdots,\xi_n}(x_1,x_2,\cdots,x_n)\mathrm{d}x_2\cdots\mathrm{d}x_n \tag{1-19}$$

式中，$p_{\xi_1}(x_1)$称为 x_1 的边缘分布。

对于多元随机变量，除上面所定义的矩等数字表征外，为说明各元间的相互相关程度，通常用相关系数来表示。两个变量 ξ_1 和 ξ_2 之间，可以用协方差系数表示，即

$$K[\xi_1,\xi_2]=\mathrm{E}[\xi_1\xi_2]-\mathrm{E}[\xi_1]\mathrm{E}[\xi_2] \tag{1-20}$$

而三阶相关则牵涉到三个变量，即 ξ_1,ξ_2,ξ_3 之间的相关系数，为消除低阶的影响，可表示为

$$K[\xi_1,\xi_2,\xi_3]=\mathrm{E}[\xi_1\xi_2\xi_3]-\mathrm{E}[\xi_1]\mathrm{E}[\xi_2\xi_3]-\mathrm{E}[\xi_2]\mathrm{E}[\xi_1\xi_3]-\mathrm{E}[\xi_3]\mathrm{E}[\xi_1\xi_2]-\mathrm{E}[\xi_1]\mathrm{E}[\xi_2]\mathrm{E}[\xi_3] \tag{1-21}$$

如果设 $\xi_1=\xi_2=\xi_3$，则

$$K[\xi,\xi,\xi]=k_3$$

即转化为三阶累积量系数。因此，相关系数与累积量系数类似。

4. 多元随机变量的特征函数

在多元随机变量的情况下，特征函数可表示为

$$M(s_1,s_2,\cdots,s_r)=\mathrm{E}[\exp\mathrm{i}(s_1x_1+s_2x_2+\cdots+s_rx_r)]=\int_{-\infty}^{\infty}\cdots\int_{-\infty}^{\infty}p(x_1,x_2,\cdots,x_r)\mathrm{e}^{\mathrm{i}[s_1x_1+\cdots+s_rx_r]}\mathrm{d}x_1\cdots\mathrm{d}x_r \tag{1-22}$$

显然，与一元时一样，有

$$\mathrm{E}[\xi_1,\cdots,\xi_r]=\frac{1}{\mathrm{i}^r}\frac{\partial^r M(s_1,\cdots,s_r)}{\partial s_1\cdots\partial s_r}\bigg|_{s_1=s_2=\cdots=s_r=0} \tag{1-23}$$

而对 r 阶的多元相关系数 $K[\xi_1,\cdots,\xi_r]$则有

$$K[\xi_1,\cdots,\xi_r]=\frac{1}{\mathrm{i}^r}\frac{\partial^r\ln M(s_1,\cdots,s_r)}{\partial s_1\cdots\partial s_r}\bigg|_{s_1=s_2=\cdots=s_r=0} \tag{1-24}$$

对于多元随机变量，如果其相关系数只存在到二阶，则可按前面一元时用累积量求分布的方法，由相关系数通过多重傅里叶变换，求得多元情况下的正态分布密度函数。

1.2.4 随机过程或时间的随机函数

在船舶与海洋工程的设计研究中，随机问题是不可避免的问题，其主要来源于海浪的随机性；而海洋工程结构在波浪作用下的响应是一个动态问题，其特点在于，不仅要知道结构在某一时刻的性态，而且还必须知道结构在波浪作用下的整个过程中的表现。因此，作为某一特定时刻出现值的随机变量模型，就难以满足要求。所以，在设计研究中必须选用随机过程这一理论工具。

所谓的随机过程，就是以时间为参数的随机变量的序列，或在时间连续的情况下，为时间的随机函数。在时间取离散值的情况下，随机过程即为随机序列或一系列的随机变量组合。随机过程可以看成由许多时刻的出现值组成的多元的随机变量。因此，不仅要知道某一时刻的随机变量的概率分布，还必须掌握各时刻间的相关特性。这一序列在一般情况下具有很多

的，甚至是无穷的个数。对这一随机过程可以用过程的有限维的概率密度分布函数来表征，即 $p(x_1,x_2,\cdots,x_r;t_1,t_2,\cdots,t_r)$。其特征函数为

$$M_r(s_1,s_2,\cdots,s_r;t_1,t_2,\cdots,t_r)=\mathrm{E}[\mathrm{e}^{\mathrm{i}s_1\xi(t_1)+\cdots+\mathrm{i}s_r\xi(t_r)}] \tag{1-25}$$

此时的矩为时刻 $t_1,t_2,\cdots,t_r$ 的函数，称为矩函数，即 $m_1(t_1),m_2(t_1,t_2),m_3(t_1,t_2,t_3),\cdots$；也可以用相关函数表示，即 $k_1(t_1),k_2(t_1,t_2),k_3(t_1,t_2,t_3),\cdots$。它们的定义与式(1-20)的相关函数 $K(\xi_1,\xi_2)$ 相同。应用将特征函数表示为矩或相关函数的无穷级数的表达式，有

$$M_r(s_1,s_2,\cdots,s_r)=1+\sum_{j=1}^{\infty}\frac{\mathrm{i}^j}{j\,!}\sum_{\alpha,\cdots,\omega=1}^{r}m_j(t_\alpha,\cdots,t_\omega)s_1\cdots s_r \tag{1-26}$$

或用相关函数表示则为

$$M_r(s_1,\cdots,s_r;t_1,\cdots,t_r)=\exp\left\{\sum_{j=1}^{\infty}\frac{\mathrm{i}^j}{j\,!}\sum_{\alpha,\cdots,\omega=1}^{r}k_j(t_\alpha,\cdots,t_\omega)s_1\cdots s_r\right\} \tag{1-27}$$

1. 正态(高斯)随机过程

由上面的讨论可以看出，相关函数对描述一个随机过程的统计特征的重要性。如果考虑一个最简单的情况，即对于某一随机过程 $\xi(t)$，其相关函数除一阶 $k_1(t_1)$ 和二阶 $k_2(t_1,t_2)$ 外，其他高于二阶的相关函数均为零，则此一过程称为正态过程。在这一情况下，其特征函数为

$$M_r(s_1,\cdots,s_r;t_1,\cdots,t_r)=\exp\left\{\sum_{j=1}^{r}k_1(t_j)s_j-\frac{1}{2}\sum_{j,l=1}^{r}k_2(t_j,t_l)s_js_l\right\} \tag{1-28}$$

其分布函数可以用对式(1-28)进行傅里叶变换求得，即

$$p(\xi_1,\cdots,\xi_r)=\int_{-\infty}^{\infty}\cdots\int_{-\infty}^{\infty}\exp\left\{-\mathrm{i}\sum_{j=1}^{r}s_j\xi_j\right\}M_r(s_1,\cdots,s_r;t_1,\cdots,t_r)\mathrm{d}s_1\mathrm{d}s_2\cdots\mathrm{d}s_r \tag{1-29}$$

从上面的讨论中可以看到，相关函数在描述一个多维的联合分布密度函数中的重要作用。而一个随机过程的统计特征则是由其在各不同时刻出现值的有限维分布函数确定的。一个最简单的情况，即对于某一随机过程 $\xi(t)$ 其高阶相关函数，除一阶 $k_1(t_1)$ 和二阶 $k_2(t_1,t_2)$ 外皆为零。这与讨论随机变量时得到的正态分布的情况类似，相对应这一条件得出的分布称为联合正态分布，而其相应的过程为正态过程。其特征函数可以写为

$$M_r(s_1,\cdots,s_r;t_1,\cdots,t_r)=\exp\left\{\sum_{j=1}^{r}k_1(t_j)s_j-\frac{1}{2}\sum_{j,l=1}^{r}k_2(t_j,t_l)s_js_l\right\} \tag{1-30}$$

对这一特征函数进行傅里叶变换，可得出概率密度分布函数，即

$$p_r(\xi_1,\cdots,\xi_r)=\int_{-\infty}^{\infty}\cdots\int_{-\infty}^{\infty}\exp\left\{-\mathrm{i}\sum_{j=1}^{r}s_j\xi_j\right\}M_r(s_1,\cdots,s_r;t_1,\cdots,t_r)\mathrm{d}s_1\cdots\mathrm{d}s_r \tag{1-31}$$

式(1-28)中的 $\sum\limits_{j,l=1}^{r}k_2(t_j,t_l)s_js_l$ 可以写成 $\mathrm{E}\left[\left\{\sum\limits_{j=1}^{r}[\xi(t_j)-k_1(t_j)]\right\}^2\right]$ 的形式。这是一个正定的

二次形。所以,式(1-28)所表示的特征函数的绝对值不会因 $s_1,\cdots,s_r$ 的增大而增大。这表明,即使存在无穷的积分限,这一积分仍存在。对式(1-31)计算得到

$$p(\xi_1,\cdots,\xi_r)=(2\pi)^{-\frac{r}{2}}\left[\det(k_2(t_j,t_l))\right]^{-\frac{1}{2}}\exp\left\{-\frac{1}{2}\sum_{j,l}^{r}\alpha_{jl}[\xi_j-k_1(t_j)][\xi_l-k_l(t_l)]\right\} \tag{1-32}$$

式中,$\det(k_2(t_j,t_l))$为相关函数矩阵的行列式

$$\det[k_2(t_j,t_l)]=\begin{vmatrix} k_2(t_1,t_1) & k_2(t_1,t_2) & \cdots & k_2(t_1,t_r) \\ \vdots & \vdots & & \vdots \\ k_2(t_r,t_1) & k_2(t_r,t_2) & \cdots & k_2(t_r,t_r) \end{vmatrix}$$

而(α_{jl})为相关函数矩阵的逆矩阵,即

$$(\alpha_{jl})=(k_2(t_j,t_l))^{-1},\quad \sum_{l=1}^{r}\alpha_{jl}k_2(t_j,t_l)=\delta_{jr}$$

式中 δ_{jr}为克罗内克 δ 函数,即

$$\delta_{jl}=\begin{cases}1 & \text{当 } j=r \\ 0 & \text{当 } j\neq r\end{cases}$$

具有式(1-32)形式的概率分布函数的随机过程称为正态(高斯)随机过程。

令 $r=1$,则式(1-32)中的矩阵及其逆矩阵均化为单个元素,即

$$\alpha_{11}=\frac{1}{k_2(t_1,t_2)}=\frac{1}{\sigma^2}$$

这样,一维概率分布函数为

$$p[\xi(t)]=\frac{1}{\sqrt{2\pi\sigma}}\exp\left\{-\frac{1}{2\sigma^2}[\xi(t)-k_1(t_1)]^2\right\}$$

正态过程的所有有限维的概率分布函数均为正态。正态分布具有一些十分重要的特性。其一为正态随机变量是可以叠加的,即不同的正态随机变量相加组成的变量仍为正态的。换句话说,一些正态随机变量经过有限次的线性运算(加、减、微、分、积分)仍为正态。因此,将这一类随机过程应用于微分方程求解将十分有利。另一特性则是它的所有高于二阶的矩均可由其二阶矩表示出来。这也大大地简化了求分布特性的过程。

对于一 n 元的联合正态分布函数 $p_n(\xi_1,\cdots,\xi_n)$,应用特征函数的方法,并考虑到正态分布的特点,可以证明

$$\mathrm{E}[\xi_1,\cdots,\xi_n]=\sum_{\text{对所有可能的组合}}\mathrm{E}[\xi_j\xi_k]\mathrm{E}[\xi_l\xi_m] \tag{1-33}$$

2. 平稳随机过程

在正态(高斯)随机过程中,如果其统计特征包括其有限维概率分布函数或其统计平均值,即各阶矩不随时间坐标原点的改变而变化,则称为平稳随机过程。如果过程在时间原点移动

后，其有限维概率分布函数不变，则称这一过程为严平稳；如果只到某一阶矩保持不变，则这一过程称为宽平稳。这一类过程的例子可举出海上风生波达到完全发展的情况。在此情况下，任意两个时刻 t_1 和 $t_2(t_2>t_1)$ 间的相关系数将只与这两个时刻间的间隔长度 τ 有关。这里 $\tau=t_2-t_1$，即对于严平稳，有

$$p(x_1,x_2,\cdots,x_r;t_1,t_2,\cdots,t_r)=p(x_{1+\tau},x_{2+\tau},\cdots,x_{r+\tau};t_1+\tau,t_2+\tau,\cdots,t_r+\tau)$$

而相应的期望值为

$$m_1(t)=\text{常数}$$

$$\sigma^2(t)=\text{常数}$$

$$R(x_1,x_2)=\mathrm{E}[X_{t_1},X_{t_2}]=\mathrm{E}[X_{t_1},X_{t_1+\tau}]=R(\tau)$$

即自协方差函数为时间间隔 τ 的函数。以式(1-32)为例，令 $r=2$，则相关矩阵的逆矩阵为

$$\begin{bmatrix} k_2(0) & k_2(\tau) \\ k_2(\tau) & k_2(0) \end{bmatrix}^{-1}=\begin{bmatrix} \dfrac{k_2(0)}{k_2^2(0)-k_2^2(\tau)} & \dfrac{-k_2(\tau)}{k_2^2(0)-k_2^2(\tau)} \\ \dfrac{-k_2(\tau)}{k_2^2(0)-k_2^2(\tau)} & \dfrac{k_2(0)}{k_2^2(0)-k_2^2(\tau)} \end{bmatrix}$$

注意，$k_2(0)$为方差，$k_2(\tau)$为 t_1 与 t_2 出现值间的协方差系数，即

$$k_2(0)=\sigma^2$$

$$k_2(\tau)=R(\xi_{t_1},\xi_{t_2})=R(\xi_{t_1},\xi_{t_1+\tau})=R(t_2-t_1)=R(\tau)$$

因此，二维概率密度函数为

$$p_2(\xi_1,\xi_2)=\frac{1}{2\pi\sigma^2\sqrt{1-\rho^2(\tau)}}\exp\left\{-\frac{1}{2\sigma^2}\frac{\xi_1^2-2\rho(\tau)\xi_1\xi_2+\xi_2^2}{1-\rho^2(\tau)}\right\}$$

式中 $\rho(\tau)$为正规化的相关函数，即

$$\rho(\tau)=\frac{R(\tau)}{\sigma^2}$$

显然，由于过程的平稳性，对于二阶分布，即对任意两个时刻的过程联合分布，只需知道其两个时间间隔所对应的自相关函数即可求出。同时，也说明了对于一个平稳过程，自相关函数的重要意义。

1.3 船舶与海洋结构运动的一些特殊性质

1. 非线性与记忆性

船舶与海洋结构在波浪作用下的流体动力载荷及运动，由于流体与浮体间的相互作用和流体的惯性性质，具有较明显的记忆效应。这反映在当浮体做简谐振荡时，其水动力系数与振荡频率有显著的关系。海洋工程流体力学所牵涉到的问题可以分为两类：一类是确定作用在某一固定的海洋结构上的波浪力，如波浪作用在固定结构如防波堤上的波浪力；或者是在水中

以某一给定形式运动的结构物上的流体反力，如垂荡板等在水中随浮式结构运动时流体作用的反力等。另一类则是浮动结构的运动响应，除需要确定流体外力外，还需要根据浮体的运动微分方程解出结构的运动。下面分别加以分析介绍。

2. 问题分析

对于第一类问题，所要解决的是如何根据来波或结构的运动来确定其作用力。通常采用动力系统的概念，认为结构的受力与作用在结构上的波或结构本身的运动间的关系，为系统的输入与输出之间的关系，例如有名的莫里森公式。这一公式确定了作用在结构上的力与结构相对流体的运动速度和加速度间的关系。设结构为一圆柱体，作用在圆柱上的水平力可以根据在某一时刻的波浪作用下的水流速度和加速度进行计算，即

$$F(t)=\frac{\pi D^2}{4}C_M\frac{\mathrm{d}U(t)}{\mathrm{d}t}+DC_DU(t)\mid U(t)\mid \tag{1-34}$$

式中：$U(t)$为在时刻 t 作用在柱体上的水流速度；D 为圆柱直径；C_M 为惯性系数；C_D 为拖曳力系数。

这是一个在海洋工程结构计算中应用很广的公式，是根据直观经验提出的。其中的系数由试验结果拟合求得。通过分析这一公式，可以得出如下结论：首先，公式表明流体的反作用力与水流间的关系是非线性的。这可由第二项看出。其次，在时刻 t 的受力 $F(t)$只与该时刻的水流速度 $U(t)$和加速度$\frac{\mathrm{d}U(t)}{\mathrm{d}t}$有关。换句话说，就是流体的运动和这一运动所产生的结果（作用力）与过去的流动情况无关，也就是无记忆效应。这两个结论都值得讨论。公式表明的非线性，显然是正确的。但是莫里森公式的非线性项只保留到二阶。将某一力函数在其平衡位置附近作泰勒级数展开

$$F(\dot{x},\ddot{x})=\frac{\partial}{\partial\dot{x}}F(0,0)\dot{x}+\frac{\partial}{\partial\ddot{x}}F(0,0)\ddot{x}+\frac{\partial^2}{\partial^2\dot{x}}F(0,0)\dot{x}^2+\frac{\partial^2}{\partial\dot{x}\partial\ddot{x}}F(0,0)\dot{x}\ddot{x}+\frac{\partial^2}{\partial^2\ddot{x}}F(0,0)\ddot{x}^2+\cdots \tag{1-35}$$

式中包含了运动速度 $\dot{x}$ 和加速度 $\ddot{x}$，它们作为变量输入。将这一方程与莫里森公式对照，可以看出，在取项上莫里森公式大大简化了。这里应提请注意的是，式(1-35)中的第三项与莫里森公式中的第二项是完全不同的项。莫里森公式的第二项是速度的奇函数，而式(1-35)中的第三项显然是偶函数。因此，对一个非线性的力函数，应该取哪些项，必须根据实际情况加以分析选取。例如，一个对称物体在其对称面内运动，其流体反力应该是对其运动反对称的。由此可以断定，在以上的表达式(1-35)中只应包含奇次项。

莫里森公式的最大问题是忽略了流体运动的记忆效应问题。近代的研究表明，由于流体的惯性、重力等的作用，其在结构上的反力是有时间延后的作用的。也就是说，在某一时刻作用在运动结构上的力还包含过去运动所留下的效应。以某一浮式结构在水面上做纵荡为例。研究表明，其纵荡的兴波反力应该用下列公式计算：

$$F(t) = \int_{-\infty}^{t} K(\tau)\dot{x}(t-\tau)\mathrm{d}\tau \tag{1-36}$$

式中：$K(t)$称为时延函数，代表过去时刻的扰动对当前流体动力的影响；$\dot{x}(t)$为纵荡运动时间历程。这一表达式清楚地说明了这一记忆效应的物理机理；但它还只是线性的。表征某一结构运动的记忆效应的函数就是时延函数，也就是计算式(1-36)中的积分核函数。如果把这一概念推广到非线性，可以仔细考察一下卷积计算式。在线性情况下，当前时刻的力应该是过去所有时刻的效应的叠加。当这一力函数为非线性时，还应包含两个或者更多个过去时刻的扰动的共同作用结果。以二阶为例，这一力的表达式将推广为

$$F_2(t) = \int_{-\infty}^{t}\int_{-\infty}^{t} K_2(\tau_1,\tau_2)x(t-\tau_1)x(t-\tau_2)\mathrm{d}\tau_1\mathrm{d}\tau_2 \tag{1-37}$$

这一表达式可以推广至更高阶的情况。

对于线性系统来说，记忆效应主要表现在时延函数上；而这一时延函数又与其频率域内相应的函数有关。如果这一时延函数可以看成为某一系统的脉冲响应函数，即

$$H(\omega) = H^{\mathrm{R}}(\omega) + \mathrm{i}H^{\mathrm{I}}(\omega) = \int_{-\infty}^{\infty} K(t)\mathrm{e}^{-\mathrm{i}\omega t}\mathrm{d}t \tag{1-38}$$

式中：$H^{\mathrm{R}}(\omega)$和$H^{\mathrm{I}}(\omega)$代表$H(\omega)$的实部和虚部，$H(\omega)$为所对应系统的频率响应函数。将式(1-38)中实部与虚部分列，可得

$$H^{\mathrm{R}}(\omega) = \int_{-\infty}^{\infty} K(t)\cos\omega t\,\mathrm{d}t$$

它为ω的偶函数，而

$$H^{\mathrm{I}}(\omega) = -\int_{-\infty}^{\infty} K(t)\sin\omega t\,\mathrm{d}t$$

则为ω的奇函数。另外，可以将式子写成

$$K(t) = \frac{1}{2\pi}\int_{-\infty}^{\infty} H(\omega)\mathrm{e}^{-\mathrm{i}\omega t}\mathrm{d}\omega =$$

$$\frac{1}{2\pi}\int_{-\infty}^{\infty}[\{H^{\mathrm{R}}(\omega)\cos\omega t - H^{\mathrm{I}}(\omega)\sin\omega t\} + \mathrm{i}\{H^{\mathrm{R}}(\omega)\sin\omega t + H^{\mathrm{I}}(\omega)\cos\omega t\}]\mathrm{d}\omega$$

在式中第二个花括号内的函数为ω的奇函数，因此相应的积分值为零。这样

$$K(t) = \frac{1}{2\pi}\int_{-\infty}^{\infty}[\{H^{\mathrm{R}}(\omega)\cos\omega t - H^{\mathrm{I}}(\omega)\sin\omega t\}]\mathrm{d}\omega$$

根据物理可实现条件，即对于$t<0$，$K(t)=0$，也就是未来出现的值应对现在的值无影响，则对于$t<0$有

$$K(t)=\frac{1}{2\pi}\int_{-\infty}^{\infty}\{H^{R}(\omega)\cos\omega t-H^{I}(\omega)\sin\omega t\}\mathrm{d}\omega=0 \tag{1-39}$$

而将 t 换为 $-t$,则对 $t>0$ 可得

$$K(-t)=\frac{1}{2\pi}\int_{-\infty}^{\infty}\{H^{R}(\omega)\cos\omega t+H^{I}(\omega)\sin\omega t\}\mathrm{d}\omega=0 \tag{1-40}$$

将式(1-39)与式(1-40)相加或相减,得到

$$K(t)=\frac{1}{\pi}\int_{-\infty}^{\infty}H^{R}(\omega)\cos\omega t\mathrm{d}\omega=\frac{2}{\pi}\int_{0}^{\infty}H^{R}(\omega)\cos\omega t\mathrm{d}\omega$$

或

$$K(t)=-\frac{1}{\pi}\int_{-\infty}^{\infty}H^{I}(\omega)\sin\omega t\mathrm{d}\omega=-\frac{2}{\pi}\int_{0}^{\infty}H^{I}(\omega)\sin\omega t\mathrm{d}\omega$$

显然,上述关系说明,在物理可实现条件下,频率响应函数的实部与虚部之间必须满足如下条件:

$$\frac{1}{\pi}\int_{-\infty}^{\infty}H^{R}(\omega)\cos\omega t\mathrm{d}\omega=-\frac{2}{\pi}\int_{0}^{\infty}H^{I}(\omega)\sin\omega t\mathrm{d}\omega \tag{1-41}$$

但并不是所有的频率响应函数都满足这个条件。因为应用船舶运动频域计算程序所得出的船舶运动频率响应函数,基本上都不满足这个物理可实现条件,因此不宜用傅里叶反变换的方法直接进行时域在线计算。

对于浮体运动微分方程这类问题,由于流体动力的反作用力存在的记忆效应,将具有积微分方程的形式,即

$$m\ddot{x}+\int_{-\infty}^{t}K(t-\tau)\dot{x}(\tau)\mathrm{d}\tau+Cx=F(t) \tag{1-42}$$

对于这一方程,并不像在频率域方程那样,要求输入必须是某一个正弦函数,当然就很难对这一方程给出解析解,而必须根据给定的外干扰数值求解。

这里还需对外干扰的表达式 $F(t)$ 作一说明。在时域微分方程式(1-42)中,存在着右端项 $F(t)$。这一项对应于频域中的波浪干扰力系数和波浪表面坐标 $\zeta(t)$。在处理为时域方程时,特别是在作实时非线性计算的情况下,希望能将此外干扰力也写成如时延函数计算流体反力的卷积形式。也就是求得某一表征波浪力的时延函数,再通过对波面坐标时历的历程卷积得到波浪干扰力。但是遗憾的是,通常通过频域数值计算得到的波浪干扰力系数的频率响应函数一般不满足物理可实现条件式(1-41),因而难以求得所希望的时延函数。为了解决这一困难,一个方法是在频域内将相应的波谱乘以波浪干扰力频率响应函数,转换成波浪干扰力谱;再通过反变换转换成波浪干扰力的时间历程。这一做法的缺陷是,在进行某些非线性时域计算无法考虑一些非线性因素对外干扰的影响。可以想像,如果在方程中同时存在高阶非线

性项和记忆效应，这一方程的形式将十分复杂。实际上，现在还只对线性条件下，时域方程得出了用时延函数卷积表示的积微分方程；而在非线性情况下是否还有类似的形式以及这一函数的求法，目前都还没有完整的理论叙述。

思考题

1.1 试证明：如果两个随机变量 X 和 Y 具有正态分布，则此两个随机变量的和$(X+Y)$与差$(X-Y)$均具有正态分布。

1.2 对一个 n 元的联合正态分布函数 $p_n(\xi_1,\cdots,\xi_n)$，证明如下关系：

$$\mathrm{E}[\xi_1,\cdots,\xi_n]=\sum_{\text{对所有可能的组合}}\mathrm{E}[\xi_j\xi_k]\mathrm{E}[\xi_l\xi_m]$$

1.3 一个动力系统包含如式(1－41)中的记忆项，即方程中除导数外，还包含卷积项

$$m\ddot{x}+\int_{-\infty}^{t}K(t-\tau)\dot{x}(\tau)\mathrm{d}\tau+Cx=F(t)$$

问：是否可将其转化成单纯的微分方程(不含卷积项)？具体形式是如何？

参考文献

1 Priestley M B. Spectral analysis and time series. Academic Press Inc，1981

2 Price W G. Bishop R E D. Probabilistic Theory of Ship Dynamic. Chapman and Hall London, 1974

3 Cunnins W E. The Impulse Response Function and Ship Motion Schiffstechnik. 1962，9

4 Stratonovitch R L. Topics in the theory of random noise. Gorden and Breach，1964

第 2 章　随机波浪理论

本章讨论随机海浪的处理方法问题。本章的作用有两个：一是船舶与海洋结构的随机运动主要来自随机波浪的激动，因此有必要对海浪的随机性作深入的了解；二是随机海浪的处理方法有其普遍性，同样可用于如船舶及海洋结构的运动等随机响应的处理。因此，本章一些主要内容，特别是随机处理的方法，并不只限于海浪。

海洋波浪理论包含两个方面：一方面是确定性理论，另一方面是随机理论。确定性海浪理论在其他的课程，如“船舶在波浪上的运动”中已经介绍过。本章讨论随机波浪理论。

由流体动力学中的波浪理论可知，决定波浪运动的自由面条件是非线性的，因此海洋波浪运动，在本质上是非线性的。只是从工程应用上，为了求解，引入摄动方法，从而有简化的线性解。在一般工程问题中，大多将问题简化为线性的，将在线性假设下进行讨论。一些重要的非线性问题及其处理方法，将在 4.2 节介绍。

2.1　波浪理论基础

从流体力学理论可知，波浪的运动主要是由于重力的作用。流体粘性的影响较小，因此一般应用势流理论的方法，求解其扰动速度势 $\varphi_1(x,y,z;t)$，即解如下定解问题：

- $\nabla^2\varphi_1=0$，流体中；
- $\dfrac{\partial\varphi_1}{\partial z}=0, z=-d$；
- $\dfrac{\partial^2\varphi_1}{\partial t^2}+g\dfrac{\partial\varphi_1}{\partial z}=0$，自由面上 $z=0$；
- $\zeta_1=-\dfrac{1}{g}\dfrac{\partial\varphi_1}{\partial t}$，自由面上 $z=0$。

以上各式中：x,y,z 固定于空间坐标系；xOy 面在静水面内；z 垂直向上为正；d 为水深；ζ_1 为波面高度坐标。

扰动速度势问题的周期性解是

$$\varphi_1(x,y,z;t)=\frac{g}{\omega}\frac{\cosh k(z+d)}{\cosh kd}a\cos(kx+\omega t) \tag{2-1}$$

式中：a 为波幅；ω 为波振荡频率，$\omega=\dfrac{2\pi}{T}$，T 为波周期；k 为波形数，$k=\dfrac{2\pi}{\lambda}$，λ 为波长，波长与波频率间具有一定的关系，称为色散关系，即

$$\omega^2 = gk\tanh(kd) \tag{2-2}$$

当水深趋于无限时，式(2-2)转化为

$$\omega^2 = gk$$

波面则为

$$\zeta_1(x,y;t) = a\cos(kx+\omega t) \tag{2-3}$$

由于定解问题的线性性质，不同的解可以叠加。假如在水面上同时存在多个不同频率及振幅的波，则解为各个单元波的叠加组合，即

$$\zeta(t) = \sum_n a_n \cos(k_n x + \omega_n t + \delta_n)$$

式中：a_n 为第 n 个单元波的波幅，ω_n 为其频率，k_n 为波形数。它们分别满足前面得到的色散关系。

同样，其速度势可写成

$$\varphi_1(x,y,z;t) = \sum_n \frac{g}{\omega_n} a_n \frac{\cosh k_n(z+d)}{\cosh k_n d} \cos(k_n x + \omega_n t + \delta_n)$$

如果波浪是沿与 x 轴成某一夹角 α 方向传播的，则可写成

$$\zeta(t) = \sum_n a_n \cos(k_n x\cos\alpha + k_n y\sin\alpha + \omega_n t + \delta_n) \tag{2-4}$$

式中，δ_n 为单元波的初相位角。

通过上面的结果，利用线性叠加的方法来构造随机波浪模型。显然，式(2-3)和式(2-4)代表的是一个确定性的波浪时间历程。由于存在不同的频率分量，其波形具有不规则的特点。因为在式中所有的参数都是给定的。但是如果引入某个随机变量，情况将变化。为此，朗格特-希金斯(Longuet-Higgins)假设式中的初相位角 δ_n 是随机的。也就是假设初相位角为一个在$(-\pi,\pi)$区间内均匀分布的随机变量。这样，所构成的每一个波浪历程将取决于随机相位角的取值，即这一历程是随机的，从而使它具有随机过程的特点。

2.2 随机过程的谱分析

2.1 节中讨论的随机波浪模型具有明显的谐和分析的特点，但又与一般的、确定性的傅里叶分析有明显的不同。下面具体讨论这一问题。

讨论随机过程的傅里叶分析，有必要对随机过程作一研讨。一个随机过程既可以看成是由一系列的随机变量组成，也可以看成是包含了许多随机时间历程，又称为“实现”(抽样)，组成的总体。直接将傅里叶分析的方法用于这一随机过程，目前还很困难。为克服这一困难，先来看一个具体的时间历程，或一个波浪记录 $\zeta^{(n)}(t)$，即一个“实现”。为了简便，假设这一记录 $\zeta^{(n)}(t)$的均值 $E[\zeta^{(n)}(t)]$为零，并且设这一过程为平稳；但即使是对一个确定性的“实现”，要对它进行傅里叶分析，仍然存在问题。因为在傅里叶分析中，包含了用于有周期函数的傅里叶级

数和用于非周期的时间历程的分析方法——傅里叶积分两种方法。如果用傅里叶级数方法，则被分析的函数必须有周期性，或者是分析长度为有限的情况。显然，对于随机波的情况，这一周期并不存在。如果采用对非周期的时间历程的分析方法——傅里叶积分，则要求时间历程满足绝对可积条件，即

$$\int_{-\infty}^{\infty} |x(t)| \mathrm{d}t < \infty$$

但是，这要求此时间历程在 $t\rightarrow\infty$ 时趋于零；而由于过程的平稳性，将使整个过程趋于零。显然，这也不可行。这说明，采用常规的办法无法对随机波浪的时间历程进行傅里叶分析。为克服这一困难，可以采用"截断"技术来处理这一问题，即定义一个新函数 $\zeta_T(t)$，它和原时间历程 $\zeta(t)$ 间具有如下关系：

$$\zeta_T(t) = \begin{cases} \zeta(t) & -T \leqslant t \leqslant T \\ 0 & \text{其他部分} \end{cases} \tag{2-5}$$

也就是选择某一任意长的时间间隔 T，并将"实现"在 $t=-T$，$t=T$ 间隔以外的部分舍去。这样，$\zeta_T(t)$ 在 $t=\pm\infty$ 处将为零。显然，$\zeta_T(t)$ 满足绝对可积分条件。因此，在过程是连续的情况下，$\zeta_T(t)$ 可用傅里叶积分表示为

$$\zeta_T(t) = \frac{1}{\sqrt{2\pi}}\int_{-\infty}^{\infty} G_T(\omega)\mathrm{e}^{\mathrm{i}\omega t}\mathrm{d}\omega \tag{2-6}$$

这里

$$G_T(\omega) = \frac{1}{\sqrt{2\pi}}\int_{-\infty}^{\infty} \zeta_T(t)\mathrm{e}^{-\mathrm{i}\omega t}\mathrm{d}t$$

因为在 $(-T,T)$ 区间内 $\zeta(t)$ 与 $\zeta_T(t)$ 相同，有

$$\zeta(t) = \zeta_T(t) = \frac{1}{\sqrt{2\pi}}\int_{-T}^{T} \zeta(t)\mathrm{e}^{-\mathrm{i}\omega t}\mathrm{d}t \tag{2-7}$$

由 Parseval 定理知

$$\int_{-\infty}^{\infty} \zeta_T^2(t)\mathrm{d}t = \int_{-\infty}^{\infty} |G(\omega)|^2\mathrm{d}\omega \tag{2-8}$$

式(2-8)表示，一个"实现"在时间域内计算得到的总能量，与其在各频率上的能量和相等。式中：$G(\omega)$ 代表了这一"实现"的能量在各频率上的分布；$\{|G(\omega)|^2\mathrm{d}w\}$ 为在某一频率从 ω 至 $(\omega+\mathrm{d}\omega)$ 间隔内过程的能量对总能量的贡献。在记录长度"截断"的情况下，它代表对 $\zeta_T(t)$ 的总能量的贡献。如 $T\rightarrow\infty$，$\zeta_T(t)\rightarrow\zeta(t)$，而 $\lim\limits_{T\rightarrow\infty}|G_t(\omega)|^2$ 将能描述 $\zeta(t)$ 能量在频率上分布的特性；但是当 $T\rightarrow\infty$ 时，$\zeta(t)$ 的总能量将趋于无穷大，即这一极限不存在。为了能表示出在时间趋于无穷大情况下能量在频率上的分布，可将总能量换成功率。因为功率的定义是单位时间

内的能量，而这一比值不会随记录时间长度的增长而增加，即$\lim\limits_{T\to\infty}\dfrac{|G_T(\omega)|^2}{2T}$对所有的$\omega$为有限值。这样，$\lim\limits_{T\to\infty}\dfrac{|G_T(\omega)|^2}{2T}$将可解释为一个功率密度(分布)函数。但是，到现在为止只讨论了一个“实现”，即单个记录，故$\lim\limits_{T\to\infty}\dfrac{|G_T(\omega)|^2}{2T}$的值与特定的“实现”有关，将随不同的“实现”而变化。一个随机过程具有无限个“实现”，为了表征在整个过程中的功率特性，应取所有“实现”上的$\lim\limits_{T\to\infty}\dfrac{|G_T(\omega)|^2}{2T}$的平均值，并在取$T\to\infty$的极限之前，对$\dfrac{|G_T(\omega)|^2}{2T}$取期望，即$\mathrm{E}\left[\dfrac{|G_T(\omega)|^2}{T}\right]$；最后定义

$$S(\omega)=\lim_{T\to\infty}\left\{\mathrm{E}\left[\frac{|G_T(\omega)|^2}{2T}\right]\right\} \tag{2-9}$$

$S(\omega)\mathrm{d}\omega$为$\zeta(t)$在频率$\omega$与$\omega+\mathrm{d}\omega$之间的所有分量对总功率的贡献的平均。$S(\omega)$称为(未正规化的)功率谱密度函数。

2.3 谱密度函数与自相关函数及自协方差函数的关系

在2.2节中通过随机过程的谱分析得到的谱密度函数是十分有用的。这里介绍它与另一表征随机过程十分有用的函数——自相关函数间的关系。下面先介绍在傅里叶分析中很重要的卷积定理。

卷积定理 如果两个实函数$f(t)$和$g(t)$分别具有傅里叶变换$F(\omega)$和$G(\omega)$，则

$$F(\omega)=\int_{-\infty}^{\infty}f(t)\mathrm{e}^{-\mathrm{i}\omega t}\mathrm{d}t,\quad G(\omega)=\int_{-\infty}^{\infty}g(t)\mathrm{e}^{-\mathrm{i}\omega t}\mathrm{d}t$$

那么

$$F(\omega)*G^*(\omega)=\int_{-\infty}^{\infty}k(t)\mathrm{e}^{-\mathrm{i}\omega t}\mathrm{d}t \tag{2-10}$$

这里

$$k(t)=\int_{-\infty}^{\infty}f(u)g(u-t)\mathrm{d}u$$

证明 因为

$$\int_{-\infty}^{\infty}k(t)\mathrm{e}^{-\mathrm{i}\omega t}\mathrm{d}t=\int_{-\infty}^{\infty}\int_{-\infty}^{\infty}f(u)g(u-t)\mathrm{e}^{-\mathrm{i}\omega t}\mathrm{d}u\mathrm{d}t=\int_{-\infty}^{\infty}\mathrm{e}^{-\mathrm{i}\omega u}f(u)\left\{\int_{-\infty}^{\infty}\mathrm{e}^{\mathrm{i}\omega(u-t)}g(u-t)\mathrm{d}t\right\}\mathrm{d}u$$

但对每一个u有

$$\int_{-\infty}^{\infty} g(u-t)\mathrm{e}^{\mathrm{i}\omega(u-t)}\mathrm{d}t \xlongequal{\text{令 } y=u-t} \int_{-\infty}^{\infty} g(y)\mathrm{e}^{\mathrm{i}\omega y}\mathrm{d}y \xlongequal{\text{与 } u \text{ 无关}} G^*(\omega)$$

因此

$$\int_{-\infty}^{\infty} k(t)\mathrm{e}^{-\mathrm{i}\omega t}\mathrm{d}t = G^*(\omega)\left\{\int_{-\infty}^{\infty} f(u)\mathrm{e}^{-\mathrm{i}\omega u}\mathrm{d}u\right\} = G^*(\omega)F(\omega)$$

特别是，当 $f(t)=g(t)$ 时，有

$$|F(\omega)|^2 = \int_{-\infty}^{\infty} k(t)\mathrm{e}^{-\mathrm{i}\omega t}\mathrm{d}t \tag{2-11}$$

式中

$$k(t) = \int_{-\infty}^{\infty} f(u)f(u-t)\mathrm{d}u$$

应用卷积定理，可以得到谱密度函数 $S(\omega)$ 与自协方差函数 $R(\tau)$ 间具有互为傅里叶变换关系对的结论，即

$$S(\omega) = \frac{1}{2\pi}\int_{-\infty}^{\infty} R(\tau)\mathrm{e}^{-\mathrm{i}\omega\tau}\mathrm{d}\tau \tag{2-12}$$

如将式(2-11)应用于 $G_T(\omega)$，则

$$|G_T(\omega)|^2 = \int_{-\infty}^{\infty} \mathrm{e}^{-\mathrm{i}\omega\tau}\left\{\int_{-\infty}^{\infty} \frac{X_T(u)}{\sqrt{2\pi}}\frac{X_T(u-\tau)}{\sqrt{2\pi}}\mathrm{d}u\right\}\mathrm{d}\tau$$

因此

$$\frac{|G_T(\omega)|^2}{2T} = \frac{1}{2\pi}\int_{-\infty}^{\infty} \hat{R}_T(\tau)\mathrm{e}^{-\mathrm{i}\omega\tau}\mathrm{d}\tau$$

式中

$$\hat{R}_T(\tau) = \frac{1}{2T}\int_{-\infty}^{\infty} \zeta_T(u)\zeta_T(u-\tau)\mathrm{d}u \tag{2-13}$$

则

$$S(\omega) = \lim_{T\to\infty}\left\{\mathrm{E}\left[\frac{|G_T(\omega)|^2}{2T}\right]\right\} = \lim_{T\to\infty}\left\{\frac{1}{2\pi}\int_{-\infty}^{\infty} \mathrm{E}[\hat{R}_T(\tau)]\mathrm{e}^{-\mathrm{i}\omega\tau}\mathrm{d}\tau\right\} \tag{2-14}$$

但由 $\zeta_T(t)$ 的定义，可以得到

$$\hat{R}_T(\tau) = \begin{cases} \dfrac{1}{2T}\displaystyle\int_{-(T-|\tau|)}^{T} \zeta(u)\zeta(u-|\tau|)\mathrm{d}u & |\tau| \leqslant 2T \\ 0 & |\tau| > 2T \end{cases}$$

这样，对$|\tau|\leqslant 2T$有

$$\mathrm{E}[\hat{R}(\tau)]=\frac{1}{2T}\int_{-(T-|\tau|)}^{T}\mathrm{E}[\zeta(u)\zeta(u-|\tau|)]\mathrm{d}u=\frac{1}{2T}\int_{-(T-|\tau|)}^{T}R(\tau)\mathrm{d}\tau=R(\tau)\left\{1-\left(\frac{|\tau|}{2T}\right)\right\}$$

另外，对于$|\tau|>2T$，有$\mathrm{E}[R(\tau)]=0$。因此，由式(2-14)得

$$S(\omega)=\lim_{T\to\infty}\left\{\frac{1}{2\pi}\int_{-2T}^{2T}\left[1-\left(\frac{|\tau|}{2T}\right)\right]\mathrm{e}^{-\mathrm{i}\omega\tau}R(\tau)\mathrm{d}\tau\right\} \tag{2-15}$$

为了确定这一极限，通过函数$\left[1-\left(\frac{|\tau|}{2T}\right)\right]$在$T\to\infty$时的形式可以看出，这一函数为一条在原点为1，$\tau=\pm 2T$时为零的斜线。这一斜线的倾斜度随“截断”长度$T$的加长而减缓。当“截断”长度$T\to\infty$时，将趋于1。这样，如果$R(\tau)$足够快地趋于零，即$R(\tau)$的衰减很快，则可以得到当$T\to\infty$时的极限为

$$S(\omega)=\frac{1}{2\pi}\int_{-\infty}^{\infty}R(\tau)\mathrm{e}^{-\mathrm{i}\omega\tau}\mathrm{d}\tau \tag{2-16}$$

从而证明了式(2-12)的关系。

如果自协方差函数$R(\tau)$满足绝对可积条件

$$\int_{-\infty}^{\infty}|R(\tau)|\mathrm{d}\tau<\infty$$

并在$\tau=0$时连续，则可将$R(\tau)$表示成$S(\omega)$的傅里叶反变换，即

$$R(\tau)=\int_{-\infty}^{\infty}S(\omega)\mathrm{e}^{\mathrm{i}\omega\tau}\mathrm{d}\omega \tag{2-17}$$

一般情况下，$S(\omega)$为ω的复函数；但在过程为实数的情况下，$R(\tau)$为实函数，由于$R(\tau)$对于τ为偶函数，即$R(-\tau)=R(\tau)$。这样，在式(2-16)中的虚部积分将为零，即

$$S(\omega)=\frac{1}{2\pi}\int_{-\infty}^{\infty}\cos\omega\tau R(\tau)\mathrm{d}\tau \tag{2-18}$$

而其反变换为

$$R(\tau)=\int_{-\infty}^{\infty}\cos\omega\tau S(\omega)\mathrm{d}\omega \tag{2-19}$$

由式(2-19)可以看出，如假设$\tau=0$，则得到

$$R(0)=\int_{-\infty}^{\infty}S(\omega)\mathrm{d}\omega=\sigma^2$$

即功率谱密度函数的积分或功率谱密度函数下的面积等于这一过程的方差。将功率谱密度函数正规化，即定义正规化的谱密度函数为

$$S'(\omega)=\frac{S(\omega)}{\sigma^2} \tag{2-20}$$

注意，对于一个实际的过程，虽然它满足绝对可积条件，但是不一定具有谱密度函数 $S(\omega)$。或者说，此时它的能谱函数对频率 ω 是不可导的。为此，引进积分谱的概念，即

$$H(\omega)=\int_{-\infty}^{\omega} S'(\theta)\mathrm{d}\theta \tag{2-21}$$

此时，如果 $H(\omega)$ 是连续可导的，则

$$S'(\omega)=\frac{\mathrm{d}H(\omega)}{\mathrm{d}\omega} \tag{2-22}$$

谱密度函数 $S(\omega)$ 具有如下特性：

① $\int_{-\infty}^{\infty} S(\omega)\mathrm{d}\omega=\sigma^2$；

② 对所有的 ω，$S(\omega)\geqslant 0$；

③ 对于实数过程有 $S(-\omega)=S(\omega)$。

积分谱函数 $H(\omega)$ 具有如下特性：

① 对所有的频率 ω，$0\leqslant H(\omega)\leqslant 1$；

② $H(-\infty)=0$，$H(\infty)=1$；

③ $H(\omega)$ 为 ω 的非降函数。

积分谱的优点在于，当谱不具有连续的导数时，仍可应用。可以证明，对于积分谱，傅里叶变换对关系式(2-16)和式(2-17)仍然成立。这就是所谓的维纳-辛钦定理。

维纳-辛钦定理在平稳随机过程的分析上有重大的意义。实际上，在工程实际问题中，一些过程的谱分析或者谱的测量，都是建立在这一理论的基础上的。但为了能实际计算所需的过程在时域内的统计特征，例如自相关函数，涉及到如何取平均的问题。对于随机过程，可以有两种不同的平均方式：一种是通常意义下的总体平均即取期望值 $\mathrm{E}[F(X,t)]$；另一种则为时间平均

$$\langle F(X,t)\rangle=\lim_{T\to\infty}\frac{1}{2T}\int_{-T}^{T}F(X,t)\mathrm{d}t$$

其中：$F(X,t)$ 为时间历程 $X(t)$ 的某一函数。

显然，时间平均的方法对于实际分析计算要简便的多。但是，这两种平均是否等价，牵涉到一个理论问题。在概率论理论中，如果一个平稳随机过程具有各态历经性，则它的这两种平均是相等的。对于各态历经过程，要求其自相关函数随时间趋于零。

2.4 离散参数过程的谱分析

前面的理论均是对时间参数为连续的情况推导的。但是，在现实情况中，处理连续随机过程的情况并不多。由于计算机和数据采集系统的广泛应用，所遇到的实验数据总是以离散参数的形式表示的。本节将讨论在离散参数过程谱分析中出现的一些问题。时间参数离散的随机过程就是时间只在整数点上取值的过程（在实际情况中具体的整数可定义为一个时间间隔），可以用上面同样的方法进行谱分析，只是将积分用有限和式来取代，并且所有的谱函数均定义在频率为$-\pi \leqslant \omega \leqslant \pi$内。但是由于离散的原因会出现一些问题，例如由于离散对分析得到的谱密度函数的影响，以及如何确定离散的时间间隔等，将在下面进行讨论。

设序列$\{\rho(r), r=0,\pm 1,\pm 2,\cdots\}$为某一离散参数平稳过程$\{X_t, t=0,\pm 1,\pm 2,\cdots\}$的自相关函数，将相邻的$\rho(r)$用直线相连接，从而将离散的$\{\rho(r)\}$序列转换成一个连续的$\rho(\tau)$。这样，得到一个对所有$\tau$定义的函数$\rho^c(\tau)$为

$$\rho^c(\tau) = (s+1-\tau)\rho(s) + (\tau - s)\rho(s+1), \quad s \leqslant \tau \leqslant s+1$$

$$\rho^c(-\tau) = \rho^c(\tau)$$

这样构造的函数$\rho^c(\tau)$显然是处处连续的，并且存在一个连续参数的平稳随机过程，其自相关函数为$\rho^c(\tau)$。因此，由维纳-辛钦定理，必存在一个非降函数$Q(\omega)$，使得$\rho^c(\tau)$可以写成

$$\rho^c(\tau) = \int_{-\infty}^{\infty} e^{i\omega\tau} dQ(\omega) \tag{2-23}$$

因为式(2-23)对所有的τ适合，因此对τ取整数的r时刻也适合。这时，$\rho^c(r)$与$\rho(r)$相同，可以写为

$$\rho(r) = \int_{-\infty}^{\infty} e^{i\omega r} dQ(\omega), \quad r = 0, \pm 1, \pm 2, \cdots$$

如将积分区间分割成不相交的间隔，每个长度为2π，则可写为

$$\rho(r) = \sum_{s=-\infty}^{\infty} \int_{(2s-1)\pi}^{(2s+1)\pi} e^{i\omega r} dQ(\omega) = \sum_{s=-\infty}^{\infty} \int_{-\pi}^{\pi} \exp[i(\omega + 2s\pi)r] dQ(\omega + 2s\pi)$$

但由于s和r均只取整数，故对所有的s和r都有

$$\exp(i2\pi sr) = 1$$

因此

$$\rho(r) = \sum_{s=-\infty}^{\infty} \int_{-\pi}^{\pi} \exp(i\omega r) dQ(\omega + 2s\pi) = \int_{-\pi}^{\pi} \exp(i\omega r) \left\{ \sum_{s=-\infty}^{\infty} dQ(2\omega + s\pi) \right\} \tag{2-24}$$

将 $\mathrm{d}F(\omega)$表示为

$$\mathrm{d}F(\omega) = \sum_{s=-\infty}^{\infty} \mathrm{d}Q(\omega + 2\pi) \quad (\text{积分 } F(-\pi) \text{ 定义为零})$$

得到

$$\rho(r) = \int_{-\pi}^{\pi} \mathrm{e}^{\mathrm{i}\omega r} \mathrm{d}F(\omega), \quad r = 0, \pm 1, \pm 2, \cdots \tag{2-25}$$

这就是 Wold 定理,即式(2-25)。

从上面的讨论可以看到,在谱分量中,无法区别相应于 $\exp(\mathrm{i}\omega t)$和 $\exp[\mathrm{i}(\omega+2s\pi)t]$,$s$ 为任一整数的项。这样,如果离散随机过程$\{X_t\}$是由在 $t=0,\pm1,\pm2,\cdots$时刻观察一个连续参数过程得到的,则在 $X(t)$中频率为 $\omega-2\pi,\omega+2\pi,\omega-4\pi,\omega+4\pi,\cdots$的分量,将表现为相同的频率 ω。这一由离散取样引起的频率变化现象,称为"假化(aliasing)"效应。为了避免"假化"效应的产生,要求在对某一记录进行谱分析前,消除或保证在记录中无高于相应采样频率的"截断"频率的谱分量。

2.5　平稳过程的谱表达式

虽然前面应用在"截断"区间$(-T,T)$内将一个平稳过程的"实现"展开为傅里叶级数或傅里叶积分的办法定义了谱密度函数及积分谱,但是没有解决根本的理论问题,即是否可以把一个完全的"实现"表示为正弦与余弦的和。如果这一问题不解决,就不能保证谱密度函数的物理解释。因为频率分布的意义是建立在存在正弦和余弦的前提之下的,因而可以应用较傅里叶积分更为一般的傅里叶-斯蒂尔杰斯积分。它不仅可以统一地描述傅里叶级数和傅里叶积分,而且还可以代表不具有傅里叶级数和傅里叶积分的函数。这样,可以把一个连续参数过程 $X(t)$的"实现"表示为

$$X(t) = \int_{-\infty}^{\infty} \mathrm{e}^{\mathrm{i}\omega t} \mathrm{d}Z(\omega) \tag{2-26}$$

这一表达式对任一"实现"均相同,只是 $Z(\omega)$将随不同的"实现"而变化,即为一随机过程。而对于每一个 ω,$Z(\omega)$为一复随机变量。这一积分是在均方意义上的随机积分。式(2-26)称为过程 $X(t)$的谱表达式。过程 $Z(\omega)$具有如下性质:

① 对所有的 ω,有

$$\mathrm{E}[\mathrm{d}Z(\omega)]=0$$

② 对所有的 ω,有

$$\mathrm{E}[|\mathrm{d}Z(\omega)|^2] = \mathrm{d}H(\omega) \tag{2-27}$$

③ 对任何两个不同的频率 $\omega,\omega'(\omega\neq\omega')$,有

$$\mathrm{Cov}[\mathrm{d}Z(\omega),\mathrm{d}Z(\omega')] = \mathrm{E}[\mathrm{d}Z^*(\omega)\mathrm{d}Z(\omega')] = 0 \tag{2-28}$$

即过程 $Z(\omega)$为一正交增量过程。

2.6 过程概率特性与谱密度函数间的关系

随机波浪作为一个平稳随机过程，其统计分布的确定一般来说是很复杂的，特别是在高海浪的情况下。但是，如果海浪属于中等，也就是说，其波陡在一定范围之内，实测数据表明，正态过程的假定是合适的，即过程的有限维分布满足正态分布。如果过程由在 $t_1, t_2, \cdots, t_n$ 个时刻的波浪出现值(波面高度)X_n 组成，则其分布函数将是

$$p_{X_1, X_2, \cdots X_n}(X_1, X_2, \cdots, X_n) = \frac{1}{(2\pi)^{\frac{n}{2}} \, |\boldsymbol{\Delta}|^{\frac{1}{2}}} \exp\left[\frac{-1}{2\,|\boldsymbol{\Delta}|} \sum_{j=1}^{n} \sum_{k=1}^{n} |\boldsymbol{\Delta}|_{jk} (x_j - \mathrm{E}[X_j])(x_k - \mathrm{E}[X_k])\right] \tag{2-29}$$

这里:为了表示关系式可普遍用于所有正态过程，用 $X(t)$ 取代波面坐标 $\zeta(t)$。其中，$|\boldsymbol{\Delta}| \neq 0$ 为方差和协方差矩阵的行列式

$$\boldsymbol{\Delta} = \begin{bmatrix} \sigma_{X_1}^2 & C_{X_1 X_2} & \cdots & C_{X_1 X_n} \\ C_{X_2 X_1} & \sigma_{X_2}^2 & \cdots & C_{X_2 X_n} \\ \vdots & \vdots & \vdots & \vdots \\ C_{X_n X_1} & C_{X_n X_2} & \cdots & \sigma_{X_n}^2 \end{bmatrix}$$

而

$$C_{X_i X_j} = \mathrm{E}[(X_i - \mathrm{E}[X_i])(X_j - \mathrm{E}[X_j])] = C_{X_j X_i}, \quad i \neq j$$

$|\boldsymbol{\Delta}|_{jk}$ 为 $\boldsymbol{\Delta}$ 的第 j 行第 k 列的余子式。

由式(2-29)可见，要确定这一分布，也就是有限个 t 时刻的联合分布，必须知道所有时刻相应的方差和协方差矩阵。由于平稳假设，这些方差和协方差将不随时间原点移动而改变。如果只观察某一给定时刻的波浪出现值，则分布成为只包含这一时刻的方差的一个参数的正态分布。由于平稳性，这一方差值在任何时刻均为常数。

从前面讨论的维纳-辛钦定理(2-16)可以看到，协方差函数与谱密度函数间存在傅里叶变换对关系；在谱密度函数下，面积就等于方差。从此可以看出，概率密度分布函数与谱密度函数间的关系。实际上，给定了谱密度函数，理论上就可以找出相应的协方差函数；在离散的情况下，根据平稳假设可以组成协方差矩阵，也就确定了概率分布函数。

2.7 随机波浪的要素的统计分布

在平稳正态过程的假定下，根据过程的协方差矩阵或谱密度函数可以确定其概率分布，但所给出的分布只是过程的出现值，而在随机波的情况下就是其波面高度 $\zeta(t)$ 的出现值。在工

程应用中，这一波面高度分布并不总是满足需要的；另外，还必须知道一些重要的参数，如波高、波周期等的概率分布特性或其平均统计值。在随机波的情况下，波面坐标出现的形式是很不规则的，相应波高和波周期的情况与规则波有很大的不同。因此，波高和波周期等参数必须有一个定义。这里用波面坐标出现极值时的高度来表示波高，或称为极大值；当然，对于波谷的情况应是极小值。在不规则波的复杂情况下，为了不发生混乱，定义极大值为在该处波面抬升速度 $\dot{\zeta}(t)=0$ 的情况，加速度 $\ddot{\zeta}(t)<0$ 的情况；而极小值为对应于 $\ddot{\zeta}(t)>0$ 的情况。应该指出的是，极大值不一定是正值；极小值也不一定是负值。波周期的定义可以是过程顺序通过零点的时间长度，称为过零周期（半周期）；也可以是相邻极值点之间的时间，称为峰峰周期。所有这些定义的波浪要素都是随机变量。它们的概率分布是从属于过程本身分布的，可以通过概率论的方法，由过程本身的分布导出。

可以看出，前面所提到的波浪要素都具有特定的波浪表面的物理条件。由于这些条件是用波浪表面的速度或加速度表征的，因此要导出它们的概率分布，首先要具有波浪表面抬升与表面速度和加速度的联合概率分布。如果已经假设波浪是正态的，则根据正态分布的特性，其导数也将是正态的，因此有理由认为这一联合分布为正态分布。为了确定这一分布，还要决定相应的协方差矩阵。在这里，分布是对于过程位移、一次导数及二次导数而言的，所以相关矩阵应是这三个量的协方差函数，即

$$\boldsymbol{\Delta}=\begin{bmatrix} C_{XX} & C_{X\dot{X}} & C_{\ddot{X}} \\ C_{\dot{X}X} & C_{\dot{X}\dot{X}} & C_{\dot{X}\ddot{X}} \\ C_{\ddot{X}X} & C_{\ddot{X}\dot{X}} & C_{\ddot{X}\ddot{X}} \end{bmatrix} \tag{2-30}$$

这一协方差矩阵可以通过谱密度函数来求得。应用谐和函数的特点，可以有

$$S_{\dot{X}}(\omega)=\omega^2 S(\omega) \tag{2-31}$$

$$S_{\ddot{X}}(\omega)=\omega^4 S(\omega) \tag{2-32}$$

这里 $S(\omega)$，$S_{\dot{X}}(\omega)$，$S_{\ddot{X}}(\omega)$ 分别为波谱、波面速度谱、加速度谱。由式(2-19)，并根据功率谱密度函数可以求得其自协方差函数。当取时延 $\tau=0$ 时，有

$$R(0)=\sigma^2=\int_{-\infty}^{\infty} S(\omega)\mathrm{d}\omega \tag{2-33}$$

也就是当有了波谱密度函数之后，可以用式(2-31)、(2-32)和(2-33)求出相应的速度和加速度的方差。对于位移、速度和加速度的交叉相关项，可以先考察一下平稳随机过程自相关函数的各阶导数的一些特性。假设自相关函数为 $R(\tau)$，则对 τ 求导

$$\dot{R}_{XX}(\tau)=\langle X^{(1)}(t)\dot{X}^{(1)}(t+\tau)\rangle=R_{X\dot{X}}(\tau)$$

式中，$X^{(1)}(t)$代表过程 $X(t)$的某一“实现”；符号$\langle\quad\rangle$为沿时间平均，即

$$\langle\quad\rangle-\lim_{T\to\infty}\frac{1}{2T}\int_{-T}^{T}(\quad)\mathrm{d}t \tag{2-34}$$

在平稳过程具有各态历经性时，这一时间平均与总体平均相等，即

$$\langle \quad \rangle = \mathrm{E}[\quad] \tag{2-35}$$

也可以相等地求出

$$\dot{R}_{XX}(\tau) = \langle -\dot{X}^{(1)}(t-\tau)X^{(1)}(t)\rangle$$

而在 $\tau=0$ 时，可求得

$$\dot{R}_{XX}(0) = \langle X^{(1)}(t)\dot{X}^{(1)}(t)\rangle = -\langle \dot{X}^{(1)}(t)X^{(1)}(t)\rangle$$

所以

$$R_{X\dot{X}}(0) = R_{\dot{X}X}(0) = 0 \tag{2-36}$$

也就是说，在矩阵式(2-30)中，交叉相关系数为 0，即

$$C_{X\dot{X}} = C_{\dot{X}X} = C_{\dot{X}\ddot{X}} = C_{\ddot{X}\dot{X}} = 0$$

而

$$C_{XX} = \sigma_X^2 = \int_{-\infty}^{\infty} S(\omega)\mathrm{d}\omega = m_0$$

$$C_{\dot{X}\dot{X}} = \sigma_{\dot{X}}^2 = \int_{-\infty}^{\infty} \omega^2 S(\omega)\mathrm{d}\omega = m_2$$

$$C_{\ddot{X}\ddot{X}} = \sigma_{\ddot{X}}^2 = \int_{-\infty}^{\infty} \omega^4 S(\omega)\mathrm{d}\omega = m_4$$

对于过程 $X(t)$，式中的 m_n 定义为谱矩，与谱的形状有关。

这样，可以得到位移、速度和加速度的联合概率密度分布函数为

$$p_{XX}(x,\dot{x},\ddot{x}) = \frac{1}{(2\pi)^{3/2}\ |\boldsymbol{\Delta}|^{1/2}}\exp\left[-\frac{1}{2\,|\boldsymbol{\Delta}|}(m_2 m_4 x^2 + 2m_2^2 x\ddot{x} + m_0 m_2 \ddot{x}^2)\right] \tag{2-37}$$

$$\boldsymbol{\Delta} = \begin{bmatrix} m_0 & 0 & m_2 \\ 0 & m_2 & 0 \\ m_2 & 0 & m_4 \end{bmatrix}$$

根据有关波浪要素的条件，可以从这一分布函数导出相应的概率分布函数。具体的作法是：为了识别并计数所给定的条件达到的次数，在过程的“实现”上定义计数函数。这一计数函数是这样构成的，即组成一个在达到条件的时刻 t 开始的单位阶跃函数 $\varepsilon(t)$，再对这一阶梯函数进行形式上的求导，从而在这一条件达到处，产生一个大小为时间历程，且在此处的导数乘以一个具有单位面积的 $\delta(t)$ 函数的计数函数。下面以 $X^{(1)}(t)$ 通过某一高度 x_ζ 的交点为例来说明。

如图 2-1 所示，设在时刻 t_1 至 $t_2(t_1\leqslant t\leqslant t_2)$ 间的一段“实现” $X^{(1)}(t)$，求在此时间间隔内 $X^{(1)}(t)$ 穿过 x_ζ 的交点个数。为此，须寻求一个计算交点个数的计数函数。首先应用阶跃函数将时间历程转换成在交点处发生的阶跃时间历程，即

$$Y^{(1)}(t) = \varepsilon\{X^{(1)}(t) - x_\zeta\}$$

其中，阶跃函数 $\varepsilon(x)$ 定义为

$$\varepsilon(x)=\begin{cases}1 & \text{当 } x\geqslant 0\\ 0 & \text{当 } x<0\end{cases}$$

也就是，当 $X^{(1)}(t)<x_\zeta$ 时，$Y^{(1)}(t)=0$；当 $X^{(1)}(t)$ 越过 x_ζ 后，$Y^{(1)}(t)$ 保持为 1，直至 $X^{(1)}(t)$ 重新回至 x_ζ 之下，$Y^{(1)}(t)$ 重新为 0。对此函数求导

$$\dot{Y}^{(1)}(t)=\dot{X}^{(1)}(t)\delta\{X^{(1)}(t)-x_\zeta\}$$

这里应用了广义函数的理论公式

$$\frac{\mathrm{d}}{\mathrm{d}t}\varepsilon(t)=\delta(t)$$

$\delta(t)$ 为狄拉克脉冲函数(Delta)。可见，$\dot{Y}^{(1)}(t)$ 是由许多在交点处的单位面积箭矢构成，交点以外的函数为零。箭矢的指向与在该处的原时间历程的导数方向一致。

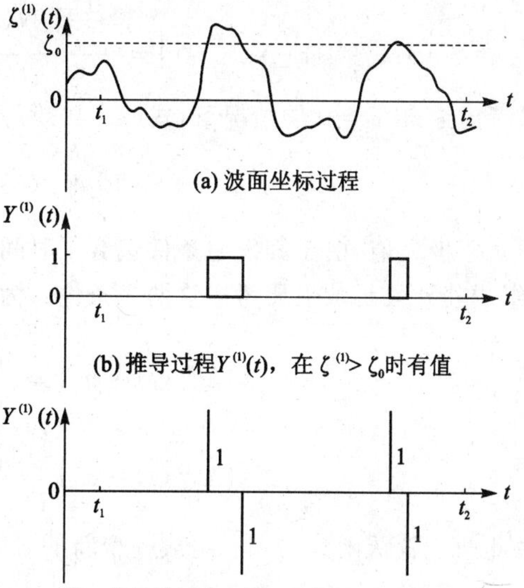

(a) 波面坐标过程

(b) 推导过程 $Y^{(1)}(t)$，在 $\zeta^{(1)}>\zeta_0$ 时有值

(c) $Y^{(1)}(t)$ 的导数过程，显示 $\zeta^{(1)}$ 在 ζ_0 向上及向下交点

图 2-1 过阈分析示意图

米德尔顿(Midelton)推导出的计入上下所有方向穿过交点的计数泛函为

$$n(x_\zeta,t)=|\dot{X}^{(1)}(t)|\delta\{X^{(1)}(t)-x_\zeta\}$$

则在时间间隔 (t_1,t_2) 内的零点总数为

$$N(x_\zeta,t_1,t_2)=\int_{t_1}^{t_2}|\dot{X}^{(1)}(t)|\delta\{X^{(1)}(t)-x_\zeta\}\mathrm{d}t \tag{2-38}$$

应该指出的是，这一计数函数是对“实现”定义的，因此是一个随机变量，其期望值为

$$\begin{aligned}\mathrm{E}[N(x_\zeta,t_1,t_2)]&=\int_{t_1}^{t_2}\mathrm{E}[|\dot{X}(t)|\delta\{X(t)-x_\zeta\}]\mathrm{d}t=\\&\int_{t_1}^{t}\int_{-\infty}^{\infty}\int_{-\infty}^{\infty}|\dot{X}|\delta\{X-x_\zeta\}p_{X\dot{X}}(X,\dot{X})\mathrm{d}X\mathrm{d}\dot{X}\mathrm{d}t=\\&(t_2-t_1)\int_{-\infty}^{\infty}|\dot{X}|p_{X\dot{X}}(x_\zeta,\dot{X})\mathrm{d}\dot{X}\end{aligned} \tag{2-39}$$

将 $p_{X\dot{X}}(X,\dot{X})$（可由式(2-37)求 X 和 $\dot{X}$ 的边缘分布得到）代入，即可求出相应的统计值。单位时间间隔内的上升过零交点的个数应为

$$E[N_+(x_\zeta)]=\frac{\frac{1}{2}E[N(x_\zeta,t_1,t_2)]}{t_2-t_1}=\frac{1}{2\pi}\sqrt{\frac{m_2}{m_0}}\ e^{-\frac{x_\zeta^2}{2m_0}} \tag{2-40}$$

而在考虑零点 $x_\zeta=0$ 的情况下，式(2-40)写为

$$E[N_+(0)]=\frac{1}{2\pi}\sqrt{\frac{m_2}{m_0}}$$

对于极大值，由于其发生条件包含了时间的一阶导数为零和二次导数小于零两个要求，因此，组成其计数函数也要考虑这两个条件。为此，先考虑两个阶跃函数

$$\varepsilon\{\dot{X}^{(1)}(t)-\dot{x}_\zeta\}=\begin{cases}1 & 当\ \dot{X}^{(1)}(t)\geqslant\dot{x}_\zeta\\0 & 当\ \dot{X}^{(1)}(t)<\dot{x}_\zeta\end{cases}$$

$$\varepsilon\{X^{(1)}(t)-x_\zeta\}=\begin{cases}1 & 当\ X^{(1)}(t)\geqslant x_\zeta\\0 & 当\ X^{(1)}(t)<x_\zeta\end{cases}$$

并由此两个阶跃函数的乘积组成一个新的时间历程 $Y^{(1)}(t)$ 为

$$Y^{(1)}(t)=\varepsilon\{\dot{X}^{(1)}(t)-\dot{x}_\zeta\}\cdot\varepsilon\{X^{(1)}(t)-x_\zeta\}=\begin{cases}1 & 当\ \dot{X}^{(1)}(t)\geqslant\dot{x}_\zeta,X^{(1)}(t)\geqslant x_\zeta\\0 & 其他\end{cases}$$

对此一时间历程求导，得出

$$\dot{Y}(t)=\dot{X}^{(1)}(t)\varepsilon\{\dot{X}^{(1)}(t)-\dot{x}_\zeta\}\cdot\delta\{X^{(1)}(t)-x_\zeta\}+\ddot{X}^{(1)}(t)\delta\{\dot{X}^{(1)}(t)-\dot{x}_\zeta\}\cdot\varepsilon\{X^{(1)}(t)-x_\zeta\}$$

可以看出，这一时间历程的导数提供了两个计数泛函。其中，第一项给出了与前面求通过某高度的交点个数相同的结果；而第二项则代表了一个在 $\dot{X}^{(1)}(t)=\dot{x}_\zeta$ 且实现 $X^{(1)}(t)\geqslant x_\zeta$ 时的一个单位面积矢量。现在如果要考虑单位时间内极大值的个数，则所求的计数泛函必须满足 $\dot{X}^{(1)}(t)=0$ 和 $\ddot{X}^{(1)}(t)\leqslant 0$ 的条件。这样，泛函将是

$$n(x_\zeta,0,t)=-\ddot{X}^{(1)}(t)\delta\{\dot{X}^{(1)}(t)-0\}\cdot\varepsilon\{X^{(1)}(t)-x_\zeta\}$$

这里假定在极大值处的 $X^{(1)}(t)$ 大于 x_ζ。

在 $\tau=t_2-t_1$ 间隔内的极大值总数为

$$N(x_\zeta,0,t_1,t_2)=-\int_{t_1}^{t}\ddot{X}^{(1)}(t)\delta\{\dot{X}^{(1)}-0\}\cdot\varepsilon\{X^{(1)}(t)-x_\zeta\}dt \tag{2-41}$$

与前面一样，求单位时间间隔内大于 x_ζ 极大值的期望值

$$E[N(x_\zeta,0)]=-\int_{-\infty}^{\infty}dX\int_{-\infty}^{\infty}d\dot{X}\int_{-\infty}^{\infty}\ddot{X}\delta(\dot{X}-0)\cdot\varepsilon(X-x_\zeta)p_{X\dot{X}\ddot{X}}(X,\dot{X},\ddot{X})d\ddot{X}=$$

$$-\int_{x_\zeta}^{\infty}dX\int_{-\infty}^{0}\ddot{X}p_{X\dot{X}\ddot{X}}(X,0,\ddot{X})d\ddot{X} \tag{2-42}$$

将式(2-37)代入式(2-42)中联合概率密度函数 $p_{X\dot{X}\ddot{X}}(X,\dot{X},\ddot{X})$，可以求得 $E[N(x_\zeta,0)]$。而

在单位时间内,存在于$(x,x+\delta x)$间隔内的极大值个数的期望值为

$$\mathrm{E}[N(x,0)]=-\int_{x}^{x+\delta x}\mathrm{d}X\int_{-\infty}^{0}\ddot{X}p_{X\dot{X}\ddot{X}}(X,0,\ddot{X})\mathrm{d}\ddot{X}=-\delta x\int_{-\infty}^{0}\ddot{X}p_{X\dot{X}\ddot{X}}(X,0,\ddot{X})\mathrm{d}\ddot{X}$$

因此极值在$(x,x+\delta x)$间隔内的概率可定义为

$$P[x<x_{\max}\leqslant x+\delta x]=p_{x\max}(x)\delta x=\frac{\mathrm{E}[N(x,0)]}{\mathrm{E}[N(-\infty,0)]}=$$

$$-2\pi\sqrt{\frac{m_2}{m_4}}\delta x\int_{-\infty}^{0}\ddot{X}p_{X\dot{X}\ddot{X}}(X,0,\ddot{X})\mathrm{d}\ddot{X} \tag{2-43}$$

将式(2-37)代入式(2-43),经过积分运算后得到

$$p_{x\max}(x)=\frac{\varepsilon}{\sqrt{2\pi m_0}}\mathrm{e}^{-\frac{x^2}{2m_0\varepsilon^2}}+\frac{(1-\varepsilon^2)^{\frac{1}{2}}}{m_0}x\mathrm{e}^{-\frac{x^2}{2m_0}}\left[0.5+\mathrm{erf}\left\{\frac{x}{\varepsilon}\left(\frac{1-\varepsilon^2}{m_0}\right)^{\frac{1}{2}}\right\}\right] \tag{2-44}$$

这里

$$\varepsilon^2=1-\frac{m_2^2}{m_0m_4},\quad \mathrm{erf}(x)=\frac{1}{2\pi}\int_0^x\mathrm{e}^{-\frac{z^2}{2}}\mathrm{d}z,\quad \mathrm{erf}\begin{Bmatrix}0\\ \infty\end{Bmatrix}=\begin{Bmatrix}0\\ 0.5\end{Bmatrix}$$

式中,ε代表谱的宽度$0<\varepsilon<1$;$\mathrm{erf}(x)$为误差函数。而极小值的分布则为极大值分布对原点的反映像。

由式(2-44)可以看出,$p_{x\max}(x)$与谱宽系数有关。图2-2为这一极大值概率的分布函数。实际上,从谱的最窄和最宽两个极限情况$\varepsilon=0$和$\varepsilon=1$可以看出,当$\varepsilon=0$时,即相应于波谱集中于某一频率附近的规则情况,$p_{x\max}(x)$为

$$p_{x\max}(x)=\frac{x}{m_0}\mathrm{e}^{-\frac{x^2}{2m_0}}$$

这是所谓的雷利分布函数。应该注意的是,在这一分布中,对应于负的可能出现的极值中其概率密度皆为零。当$\varepsilon=1$时,即谱最宽的情况,$p_{x\max}(x)$为

$$p_{x\max}(x)=\frac{1}{\sqrt{2\pi m_0}}\mathrm{e}^{-\frac{x^2}{2m_0}}$$

这是正态分布。此分布对于原点(即静水面)对称。为了理解这两种极限情况,此处对极大值和极小值的负值的意义作一说明。极大值的条件是,在该处一次导数为零,二次导数为负,但其本身数值可以为正也可以为负;正值代表其在静水面之上,而负值则在静水面之下。极小值则正相反。形象地说,负极大值代表一个不超过静水面的波峰,而负极小值则为一个不低于静水面的波谷。这一负极值产生的原因可以用谱宽来解释。因为朗格特-希金斯模型波浪的时间历程是由给定谱离散成的单元波随机组成的。当谱窄时,波形规则,不会形成在长周期波上叠加短周期波的情况;而谱宽时,则可能在长周期波上叠加短周期波,从而形成负极值。

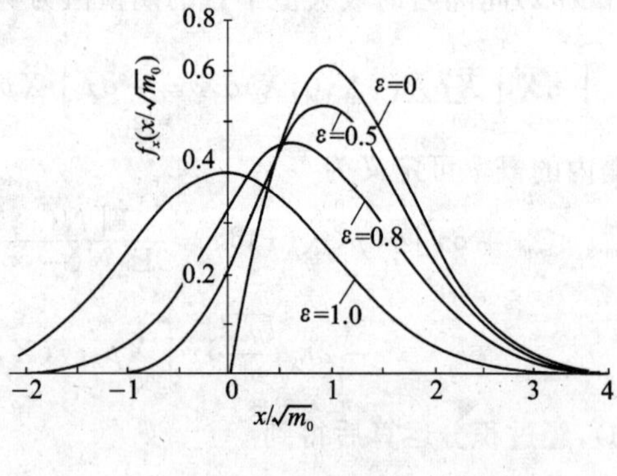

图 2-2 波面坐标极大值概率分布函数

2.8 波谱的测量

海洋波浪的谱密度函数是海浪的重要统计信息，因此求得这一函数是十分重要的。海浪谱随海浪的气象水文情况而变化，很难有一个统一的表达式。当然，为了海洋气象水文预测的需要，海洋动力学家提出了各种海浪生成模式和一系列半经验半理论的海浪谱。这些波谱可以用做预报或船舶与海洋工程结构设计的依据。有关资料可以在许多设计参考书和文献中找到。限于篇幅，本书不再重复。但是，为了实际考察海浪或其他类似的随机过程，如海浪引起的船舶及海洋结构的运动响应，研究谱的测量问题也是十分重要的。本节介绍实际测量分析海浪谱的有关理论、方法和具体步骤。

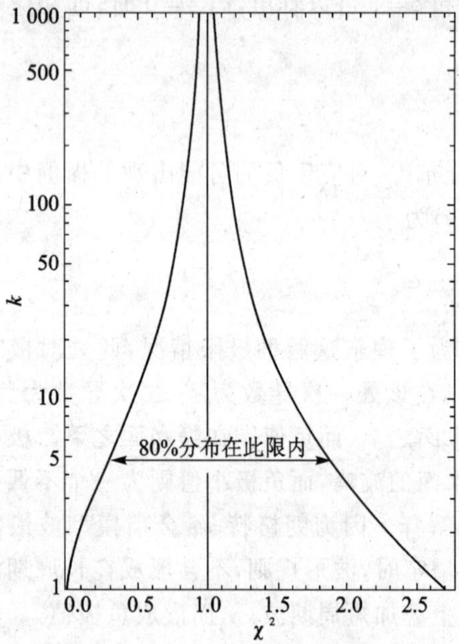

图 2-3 χ^2-k 离散图

从实际海浪记录中分析，海浪谱的问题是一个统计问题。因为海浪是一个随机过程，而每一个测量记录曲线是过程的一个“实现”，也就是一个总体中的样本，那么从这个样本中估计得出的谱，其统计可信度如何，是首先需要解决的问题。统计问题与概率论中的问题的思路正好相反。在概率论中，过程的统计平均值被认为是确定的量；但是在作具体统计时，由于每个样本本身是随机的，从中得到的统计平均值也只能是一个随机变量，所以只能要求这个统计量估计值本身的离散度小于一定的数量。作为判断估计值可信的数量标志,就是所谓的统计置信度。显然,这个统计置信度与原随机变量的概率分布有关。

在这里首先介绍一个简单的统计模型。这个模型是由正态随机变量推导的,它不仅在随机统计学中具有重要的意义,而且完全符合谱分析的论述。因为如果依照平稳随机过程的谱表示方法,则一个平稳随机过程可以转换成在频率上的正交增量过程的傅里叶-斯蒂尔杰斯变换。由式(2-27)可知,谱即为这些随机变量的平方和。这一模型的叙述如下:

如果 $Y_i(i=1,2,\cdots,n)$ 为 n 个相互独立的正态随机变量,且它们满足

$$\mathrm{E}[Y_i]=0$$

$$\mathrm{E}[Y_i^2]=1$$

$$\mathrm{E}[Y_iY_j]=0,\qquad i\neq j$$

则 k 个这样的随机变量的平方和 χ^2 为

$$\chi^2=Y_1^2+Y_2^2+\cdots+Y_k^2$$

满足

$$\mathrm{E}[\chi^2]=\sum_{i=1}^{k}\mathrm{E}[Y_i^2]=k$$

其方差

$$\mathrm{Var}\,\chi_k^2=\mathrm{E}[\chi_k^4]-(\mathrm{E}[\chi_k^2])^2=\sum_{i=1}^{k}\sum_{j=1}^{k}\mathrm{E}[Y_i^2Y_j^2]-k^2$$

由正态分布的特性知

$$\mathrm{E}[Y_i^2Y_j^2]=\mathrm{E}[Y_i^2]\mathrm{E}[Y_j^2]+2\mathrm{E}[Y_iY_j]\mathrm{E}[Y_jY_i]=\begin{cases}3 & 当\ i\neq j\\ 1 & 当\ i=j\end{cases}$$

所以

$$\sum_{i=1}^{k}\sum_{j=1}^{k}\mathrm{E}[Y_i^2Y_j^2]=k^2+2k$$

$$\mathrm{Var}\,\chi_k^2=2k$$

以 m 表示 χ^2 平均值 $\mathrm{E}[\chi_k^2]$,σ 表示均方根或标准差,即 $\sigma=\sqrt{\mathrm{Var}\,\chi_k^2}$,则

$$\left(\frac{\sigma}{m}\right)_{\chi_k^2}=\frac{\sqrt{2k}}{k}=\sqrt{\frac{2}{k}}$$

这一表达式表明,对于 χ^2 来说,其估计值的离散度 σ 与其平均值之比随估计平均的个数 k 的增加而减小。这里个数 k 称为随机变量的自由度,或($n=k-2$)。因此,要使估计平均值可靠,重要的是增加平均值的个数。在数理统计中,已经推导出了 χ^2 的理论分布规律。

从一个过程的时间历程或一个足够长的"实现"具体分析功率谱的方法主要有两种:一是应用自相关函数的方法,即首先根据时间历程计算分析出自相关函数,再通过傅里叶分析得出

功率谱密度函数。这就是所谓的 Blackman-Turkey 法。另一个方法则是不通过自相关函数，直接求过程时间历程的傅里叶变换，由所得的振幅平方求相应的功率谱，称为谱图法。下面具体介绍这两种方法及其相应的问题。

1. Blackman-Turkey 方法

Blackman-Turkey 方法是根据维纳-辛钦定理由过程的自相关函数求功率谱。为此，首先求过程的自相关函数。在具体应用数值方法求取自相关函数时，只能应用时间平均的方法。这就要求过程具有各态历经性。设过程 $X(t)$ 具有各态历经性，其自协方差函数的时间平均定义为

$$R(\tau)=\lim_{T\to\infty}\frac{1}{2T}\int_{-T}^{T}x(t)x(t+\tau)\mathrm{d}t \tag{2-45}$$

一般情况下，时间历程是用离散形式即系列数据表示的，通常由定时间间隔的数据采样得到，而且记录长度也只能是有限值。这时，式(2-45)将成为

$$\hat{R}_r=R_X(r\Delta h)=\frac{1}{N-r}\sum_{n}^{N-r}x_n x_{n+r} \tag{2-46}$$

式中：Δh 为记录的时间间隔；r 为自相关函数的滞后步数。时间历程的总长度应为 $2T=2(N-1)\Delta h$。这里所说的长度相当于“截断”长度，因为理论上此长度应为无限。关于所采用的采样步长，有一点必须注意，即由离散过程谱分析中的式(2-24)可以看出，在离散的情况下，如果采样间隔已定，而记录中存在较采样间隔短的波形，则运算将无法区别短波与相应的长波分量，而将短波混杂于长波之中。这被称为折叠效应。因此，在选取采样的时间间隔时，必须使采样间隔不大于记录中最高频率或最短周期的一半，以保证没有折叠出现，即

$$\Delta h\leqslant\frac{1}{2f_c} \tag{2-47}$$

式中，f_c 为傅里叶分析中的最高频率，又称 Nyquest 频率。在确定了有关参数，并采样得出 x_i，$i=1,2,\cdots,N$ 时间序列之后，可应用式(2-46)计算得到自协方差函数序列 $\hat{R}_r$，$r=1,2,\cdots,m$，并应用傅里叶变换求功率谱密度函数，即

$$S_x(f)=2\int_{-\infty}^{\infty}R_x(\tau)\cos 2\pi f\tau\,\mathrm{d}\tau$$

由于此时自协方差函数为在离散时间步上的离散数值，故积分均转为有限和式。对于 $0<f\leqslant f_c$ 有

$$\widetilde{S}_x(f)=2\Delta h\left[\hat{R}_0+\sum_{r=1}^{m-1}\hat{R}_r\cos\left(\frac{\pi rf}{f_c}\right)+\hat{R}_m\cos\left(\frac{\pi mf}{f_c}\right)\right] \tag{2-48}$$

式中，$\widetilde{S}_x(f)$ 为 $S_x(f)$ 的估计值，并且积分限为 $\pm\tau_{\mathrm{m}}$，也就是自协方差函数在 $\pm\tau_{\mathrm{m}}$ 处截断。如果将式(2-48)写成连续积分形式，可以表示为

$$\widetilde{S}_x(f)=2\int_{-\tau_{\mathrm{m}}}^{\tau_{\mathrm{m}}}\hat{R}_x(\tau)\cos 2\pi f\tau\,\mathrm{d}\tau=2\int_{-\infty}^{\infty}u_{\tau_{\mathrm{m}}}(\tau)\hat{R}_x(\tau)\cos 2\pi f\tau\,\mathrm{d}\tau \tag{2-49}$$

式中

$$u_{\tau_m}(t)=\begin{cases}0 & \text{当 } \tau<-\tau_m\\ 1 & \text{当 } -\tau_m\leqslant\tau\leqslant\tau_m\\ 0 & \text{当 } \tau>\tau_m\end{cases}$$

也就是说，式(2-48)可以理解为对无限长的自协方差函数 $R_x(\tau)$ 乘以一个“截断”函数，使其在 $\pm\tau_m$ 处截断。此“截断”函数又可称为窗函数。这一窗函数具有如下的傅里叶变换，并被称为谱窗函数：

$$U_{\tau_m}(f)=\int_{-\infty}^{\infty}u_{\tau_m}(\tau)\mathrm{e}^{-\mathrm{i}2\pi f\tau}\mathrm{d}\tau=\int_{-\tau_m}^{\tau_m}\mathrm{e}^{-\mathrm{i}\pi f\tau}\mathrm{d}\tau=2\tau_m\left(\frac{\sin 2\pi f\tau_m}{2\pi f\tau_m}\right) \tag{2-50}$$

应用傅里叶变换的卷积定理式(2-10)，谱估计值可以表示为

$$\widetilde{S}_x(f)=\int_0^{\infty}S_x(\alpha)U_{\tau_m}(f-\alpha)\mathrm{d}\alpha \tag{2-51}$$

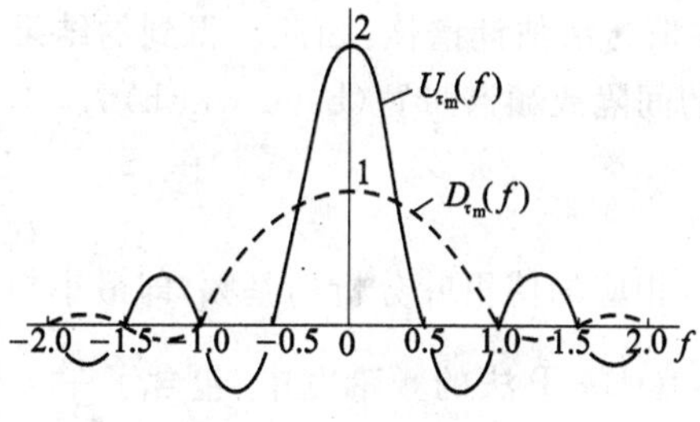

图 2-4　谱窗函数

式(2-51)表明，在某一频率 f 处的谱估计值 $\widetilde{S}_x(f)$ 可以看成是以 f 为中心，谱窗函数与真实谱的乘积的积分。因此，如果谱窗函数为一 δ 函数，则这一估计值是完全的，但实际的谱窗函数则难以达到这一要求。图 2-4 为上述谱窗函数的形式。由图可见，其虽然在原点处具有一峰值，但两侧出现的副瓣，则会使附近的谱值与中心混淆。这一谱窗函数存在的事实，给出一条减小估计误差，提高精度的途径。这就是寻求具有更集中，少副瓣特性的谱窗函数。因此，关于谱窗函数的研究应运而生，并有不少谱窗函数被提出。下面介绍其中之一，即所谓的汉明窗，其在时域内的形式为

$$u_r=u(r\Delta h)=\begin{cases}\dfrac{1}{2}\left(1+\cos\dfrac{\pi r}{m}\right)=D_r, & r=,0,1,2,\cdots,m\\ 0 & ,\quad r>m\end{cases}$$

如果应用此谱窗函数计算在 $f=\dfrac{kf_c}{m}$，$k=0,1,2,\cdots,m$ 处的谱估计值，则

$$\hat{S}_k=\widetilde{S}_x\left(\frac{kf_c}{m}\right)=2\Delta h\left[\hat{R}_0+2\sum_{r=1}^{m-1}D_r\hat{R}_r\cos\left(\frac{\pi rk}{m}\right)\right]$$

对于 $k=0$，则有

$$\hat{S}_0=2\Delta h\left(\hat{R}_0+\sum_{r=1}^{m-1}D_rR_r\right)=2\Delta h\left\{\hat{R}_0+\sum_{r=1}^{m-1}\hat{R}_r\left[1+\cos\left(\frac{\pi r}{m}\right)\right]\right\}=0.5\widetilde{S}_0+0.5\widetilde{S}_1$$

对于 $k=m$，有

$$\ddot{S}_m = 2\Delta h\left\{\hat{R}_0 + \sum_{r=1}^{m-1}\hat{R}_r\left[1+\cos\left(\frac{\pi r}{m}\right)\right]\cos\pi r\right\} =$$

$$2\Delta h\left\{\hat{R}_0 + \sum_{r=1}^{m-1}\hat{R}_r\left[\cos\frac{\pi r(m-1)}{m} + \cos\pi r\right]\right\} = 0.5\widetilde{S}_{m-1} + 0.5\widetilde{S}_m$$

对于 $k=1,2,\cdots,m-1$,有

$$\ddot{S}_k = 2\Delta h\left\{\hat{R}_0 + \sum_{r=1}^{m-1}\hat{R}_r\left[1+\cos\left(\frac{\pi r}{m}\right)\cos\left(\frac{\pi rk}{m}\right)\right]\right\} =$$

$$2\Delta h\left\{\hat{R}_0 + \sum_{r=1}^{m-1}\hat{R}\left[\frac{1}{2}\cos\left(\frac{\pi r}{m}\right) + \cos\frac{\pi r}{m}(k-1)\right]\right\} =$$

$$0.25\widetilde{S}_{k-1} + 0.5\widetilde{S}_k + 0.25\widetilde{S}_{k+1}$$

这一谱窗函数可以用其时域窗函数进行傅里叶变换得到。其形式如图 2-4 中的虚线。很显然,它能起到抑制副瓣,改善泄漏的作用。

Blackman-Turkey 方法(简称 B-T 法)应用数值方法估计谱值,因此所得到的结果是离散的,只在某些离散的频率上给出结果。各离散点的间隔或频谱带宽(band width)为

$$B_e = \frac{1}{m\Delta h}$$

但是由于采样间隔为 Δh,而记录总长度为 $T=N\Delta h$,相应的傅里叶分析的基频,即最小频率为 $f=\frac{1}{T}$或最小频带宽度为 $B=\frac{1}{T}=\frac{1}{N\Delta h}$。可以看出,在 B-T 法的频带宽中,包含了$\frac{B}{B_e}=\frac{N}{m}$个频率分量。在这里,对照 χ_k^2 模型,将某一频带宽中的波分量的振幅平方看作一个 χ_k^2 随机变量。显然,这一变量的离散度将与分量个数 k 有关。在 B-T 法的情况下,$k=\frac{N}{m}$。在一定的步长总数下,自协方差函数的长度个数越少,则统计置信度越大。这一比值被称为自由度。

2. 谱图法

所谓谱图法,即根据谱密度函数的定义式(2-9)对给定"截断"的"实现"进行傅里叶变换。根据下式求出振幅谱(注意非功率谱)

$$\zeta_T^{(1)}(t) = \begin{cases} \zeta^{(1)}(t) & 当 -\frac{T}{2} < t < \frac{T}{2} \\ 0 & 其他 \end{cases}$$

对这个"截断"的"实现"进行傅里叶变换,得到相应的振幅谱 $G_T(\omega)$为

$$G_T(\omega) = \frac{1}{2\pi}\int_{-\infty}^{\infty}\zeta_T(t)\mathrm{e}^{-\mathrm{i}\omega t}\,\mathrm{d}t$$

如 $\zeta(t)$为零均值,则其方差为

$$\langle \zeta_T^2(t) \rangle = \frac{1}{T}\int_{-\infty}^{\infty} \zeta(t)\left\{\int_{-\infty}^{\infty} G_T(\omega)\mathrm{e}^{-\mathrm{i}\omega t}\,\mathrm{d}\omega\right\}\mathrm{d}t =$$

$$\frac{1}{T}\int_{-\infty}^{\infty} G_T(\omega)\left\{\int_{-\infty}^{\infty} \zeta_T(t)\mathrm{e}^{-\mathrm{i}\omega t}\,\mathrm{d}t\right\}\mathrm{d}\omega =$$

$$\frac{2\pi}{T}\int_{-\infty}^{\infty} G_T(\omega)G_T^*(\omega)\,\mathrm{d}\omega$$

所以可以得到

$$\langle \zeta^2(t) \rangle = \int_{-\infty}^{\infty} \lim_{T\to\infty}\left\{\frac{2\pi}{T}\mid G_T(\omega)\mid^2\right\}\mathrm{d}\omega$$

定义

$$S(\omega) = \lim_{T\to\infty}\left\{\frac{2\pi}{T}\mid G_T(\omega)\mid^2\right\} \tag{2-52}$$

在一般的数据处理问题中，常常应用频率 $f=\frac{1}{T}$ 代替角频率 ω，T 为振荡周期。所以式(2-52)又可改写为

$$S'(f) = 2\pi \lim_{T\to\infty}\mathrm{E}\left[\mid \chi(f)\mid^2\right]$$

其中：

$$\chi(f,t) = \int_0^T x(t)\mathrm{e}^{-\mathrm{i}2\pi f t}\,\mathrm{d}t$$

$x(t)$为分析的时间历程记录。

谱估计值的计算表达式为

$$\widetilde{S}(f) = \frac{2\pi}{T}\mid \chi(f,T)\mid^2$$

具体计算步骤如下：

① "截断"记录数据序列，使得数据适合快速傅里叶变换的要求，即总点数(数据个数)为 2 的 P 次方个，即 2^P 个，P 为一正整数。

② 用余弦坡度窗削尖两端数据，对数据作预处理。

③ 计算 χ_k 为

$$\chi_k = \frac{\chi(f_k,T)}{\Delta h} = \sum_{n=0}^{N-1} x_n \exp\left[-\mathrm{i}\,\frac{2\pi k n}{N}\right]$$

$$f_k = \frac{k}{T} = \frac{k}{N\Delta h},\quad k = 0,1,2,\cdots,N-1$$

式中：Δh 为数据间时间步长，N 为记录总点数。

④ 计算 $\widetilde{S}_k(k=0,1,2,\cdots,N-1)$，即应用上面得出的复值的振幅谱值，计算功率谱：

$$\widetilde{S}_k = (f_k^{\mathrm{R}})^2 + (f_k^{\mathrm{I}})^2, \quad k = 0,1,2,\cdots,N-1$$

由于一般所用的总点数较多，所生成的谱坐标数也很多，因此由此得出的谱形式十分粗糙；同时按照前面提到过的统计模型，由于在所得到的谱值中基本上都是在该频率处的单个频率对应的值，没有任何平均。显然，其统计置信度很差，造成结果沿频率坐标大幅波动。

⑤ 平滑：为了加大估计谱的统计置信度，对以 k 为中心的频率，取其相邻的 l 个谱值进行平均，并将平均后的谱作为在此一频率上的谱，即

$$\widetilde{S}_k = \frac{1}{l}\left[\widetilde{S}_{k-l/2} + \cdots + \widetilde{S}_{k-1} + \widetilde{S}_k + \widetilde{S}_{k+1} + \cdots + \widetilde{S}_{k+l/2}\right]$$

由于傅里叶分析得到的复数振幅 $\chi(f,T)=\chi^{\mathrm{R}}(f,T)+\mathrm{i}\chi^{\mathrm{I}}(f,T)$ 为一零均值的正态随机变量。邻近的不同频率的振幅分量的平方和，组成了一个 l 元的 χ^2 分布。这一组合的变量的统计离散度与平均频率的个数 l 有关。由这个 χ^2 分布，可以对每一个频率处的谱值，确定其给定置信区间的变化范围；而对整个谱来说，将是一个置信带。显然，这一置信区间的离散程度，将随平均个数的增加而减小，但将使整个谱的频率分解度降低。

思考题

2.1 应用 Longuet - Higgins 模型生成随机波列。其统计特征即概率分布函数、矩、相关函数等是否对任意长的时间段均有意义？在多长的时间长度范围内是有意义的？为什么？适用范围如何确定。(注意：生成时时间和频率皆取有限值)

2.2 试用过阈分析的方法，求水面下水分子速度幅值的概率分布。

2.3 应用窄谱假定，即相当于在式(2 - 44)中 $\varepsilon\to 0$ 的情况下，直接用谐波分析的方法推导波浪极大值的概率分布

$$P_{x\max}(x) = \frac{x}{m_0}\mathrm{e}^{-\frac{x^2}{2m_0}}$$

并说明其物理含意。

2.4 实际测量海浪用于分析海浪谱时，如何确定测量时间长度和采样间隔？它们与测量结果的关系如何？请列式说明。

参考文献

1 Priestley M B. Spectral analysis and time series. Academic Press Inc，1981

2 贝达特 J S，皮尔索 A G. 随机数据分析方法. 凌福根译. 北京：国防工业出版社，1976

3 Crandal S H，Mark W P. Random vibration in mechanical system. New York Academic Pr，1963

4 Price W G. Bishop R E D. Probabistic theory of ship dynamic. Chapman and Hall London，1974

第3章 船舶与海洋工程结构在波浪上运动响应的线性理论

船舶与海洋工程结构在波浪作用下发生运动和对其他如结构载荷、振动等的响应，是工程设计中主要注意的焦点。本章将讨论如何确定一个海洋结构在随机波浪作用下的运动响应问题。首先来分析一下海洋结构的运动响应过程。在船舶运动学的课程中，已经学过船舶在波浪作用下发生摇摆等运动的基本原理。为了叙述的连续性，在这里再提纲挈领地把有关问题重新叙述一遍。在船舶运动理论中，船舶被看作一个刚体。这一刚体在波浪作用力、船体运动所产生的流体作用反力及船舶静平衡力等外力作用下发生运动，因此求解船舶在波浪上的运动牵涉到刚体动力学问题，同时也牵涉到流体力学的问题。为了建立起封闭的、确定船舶运动的微分方程以求解运动响应，需要把流体作用力表示成波浪运动以及船体运动的函数。但是，这一函数关系由于问题较复杂，一般很难用解析法求得。这一力与运动间的函数关系有如下重要特点：一是非线性特点，特别是在横向运动中，由于运动幅度大，使非线性更加明显；另一个特点是船舶的流体作用反力有不可忽视的记忆效应。这两个特点都是很难处理的问题。在一般工程应用中，常根据具体问题，采用摄动方法将问题简化。取低阶摄动，使大多数问题线性化，即有一阶解，最多只到二阶。当然在某些极端的问题如倾覆等，将不再应用摄动方法，必须另外寻求解决的途径。有关的问题将在第7章加以介绍。本章先讨论线性假定下的船舶在随机波浪上的运动求解方法。有关非线性问题，将在后面章节中讨论。

用摄动法求解非线性问题需要确定一个表征非线性函数量级的小参数。通常，对船舶运动取船舶运动的速度幅值作为小参数，而对波浪则用波面陡度作为小参数。运用摄动方法将控制方程和边界条件展开成一系列的摄动方程。这些摄动方程是线性的。其中：一阶方程即为线性化方程，可以直接求解；而二阶以上的高阶摄动方程，由于方程中包含低阶项，因此必须循序进行。对于船舶在波浪上的运动，即使是线性方程，由于流体运动的记忆效应，其运动微分方程与一般刚体运动的微分方程也有重大的区别，即在其流体反力的表达式中，出现记忆项或速度的卷积项，使方程变为积微分方程的形式

$$m\ddot{x}(t)+\int_{-\infty}^{t}K(t-\tau)\dot{x}(\tau)\mathrm{d}\tau+Cx(t)=F(t) \tag{3-1}$$

式中：m 为包括附加质量（非记忆部分）和结构自身质量的质量；$K(t-\tau)$为流体记忆效应的时延函数；C 为复原力系数；$F(t)$为对此运动模态的波浪干扰力时间序列。

式(3-1)的求解是比较困难的，一般只能在时域内进行数值求解，但是可以将此方程转化为频域方程。假设运动时间历程 $x(t)$可以表示为

$$x(t)=\int_{-\infty}^{\infty}X(\omega)\mathrm{e}^{-\mathrm{i}\omega t}\mathrm{d}\omega$$

如将式(3-1)两边都进行傅里叶变换，得到

$$\int_{-\infty}^{\infty}\left[m\ddot{x}(t)+\int_{-\infty}^{\infty}K(\tau)\dot{x}(t-\tau)\mathrm{d}\tau+Cx(t)\right]\mathrm{e}^{-\mathrm{i}\omega t}\mathrm{d}t=\int_{-\infty}^{\infty}F(t)\mathrm{e}^{-\mathrm{i}\omega t}\mathrm{d}t \tag{3-2}$$

令

$$\int_{-\infty}^{\infty}x(t)\mathrm{e}^{-\mathrm{i}\omega t}\mathrm{d}t=X(\omega)$$

$$\int_{-\infty}^{\infty}K(t)\mathrm{e}^{-\mathrm{i}\omega t}\mathrm{d}t=H(\omega)$$

并且

$$\int_{-\infty}^{\infty}\dot{x}(t)\mathrm{e}^{-\mathrm{i}\omega t}\mathrm{d}t=-\mathrm{i}\omega X(\omega) \tag{3-3}$$

$$\int_{-\infty}^{\infty}\ddot{x}(t)\mathrm{e}^{-\mathrm{i}\omega t}\mathrm{d}t=-\omega^2X(\omega) \tag{3-4}$$

$$\int_{-\infty}^{\infty}\mathrm{e}^{-\mathrm{i}\omega t}\mathrm{d}t\int_{-\infty}^{\infty}K(\tau)\dot{x}(t-\tau)\mathrm{d}\tau=-\mathrm{i}\omega H(\omega)X(\omega) \tag{3-5}$$

式(3-5)是根据傅里叶变换的卷积定理得到的，因此式(3-2)可改写为

$$-[m\omega^2+\mathrm{i}\omega H(\omega)]X(\omega)+CX(\omega)=F(\omega) \tag{3-6}$$

其中

$$F(\omega)=\int_{-\infty}^{\infty}F(t)\mathrm{e}^{-\mathrm{i}\omega t}\mathrm{d}t$$

由于 $H(\omega)$ 为复函数，将其写为

$$H(\omega)=H_{\mathrm{R}}(\omega)+\mathrm{i}H_{\mathrm{I}}(\omega)$$

则式(3-6)可写为

$$-[m\omega^2-\omega H_{\mathrm{I}}(\omega)]X(\omega)-\mathrm{i}\omega H_{\mathrm{R}}(\omega)X(\omega)+CX(\omega)=F(\omega)$$

$$-\left[m-\frac{H_{\mathrm{I}}(\omega)}{\omega}\right]\omega^2X(\omega)-\mathrm{i}\omega H_{\mathrm{R}}(\omega)X(\omega)+CX(\omega)=F(\omega)$$

对照单自由度弹簧质点系统的运动微分方程，可以得到相应的质量系数 $M(\omega)$ 为

$$M(\omega)=\left[m-\frac{H_{\mathrm{I}}(\omega)}{\omega}\right] \tag{3-7}$$

阻尼系数 $\delta(\omega)$ 为

$$\delta(\omega) = -H_R(\omega) \tag{3-8}$$

这样，船舶在波浪上的运动方程可以化成与单自由度弹簧质点运动方程相似的形式，只是其系数将随频率而变化。

3.1 船舶与海洋结构运动的频域理论

在线性假定下，估算船舶在随机波上运动最方便的方法是频域方法，也就是通过谱分析来计算船舶的运动响应，因此叠加原理适用。只要能够知道在某一频率上，船舶运动对这一频率的输入的响应，就可以由叠加得到所有频率上的响应和。为此，首先要得到输入与输出间的关系，即给定某一个频率的输入，系统就产生相应的输出值。下面是船舶运动输入（波浪干扰力）和输出（船舶某一运动模态的运动）间的关系。由于船舶及海洋结构的运动作为一个刚体，有6个运动自由度，因此，其运动方程在频率域内可写为

$$\sum_{j=1}^{6}[M_{kj}+A_{kj}(\omega)]\ddot{x}_j(t)+\delta_{kj}(\omega)\dot{x}_j(t)+C_{kj}x_j(t)=F_k(\omega)\zeta(t),\quad k=1,2,\cdots,6 \tag{3-9}$$

如果设船舶的运动 $x(t)$ 与干扰波浪同为频率 ω 的正弦振荡，则按照正弦运动的求导法则，有

$$\begin{aligned}\zeta(t)&=\mathrm{e}^{\mathrm{i}\omega t}\\ x_k(t)&=\bar{x}_k\mathrm{e}^{\mathrm{i}\omega t}\\ \dot{x}_k(t)&=\mathrm{i}\omega\bar{x}_k\mathrm{e}^{\mathrm{i}\omega t}\\ \ddot{x}_k(t)&=-\omega^2\bar{x}_k\mathrm{e}^{\mathrm{i}\omega t}\end{aligned}$$

将这些关系式代入耦合运动方程式(3-9)中，得到6个运动自由度的频域微分方程如下：

$$\begin{bmatrix}K_{11}(\omega)&K_{12}(\omega)&K_{13}(\omega)&K_{14}(\omega)&K_{15}(\omega)&K_{16}(\omega)\\K_{21}(\omega)&K_{22}(\omega)&K_{23}(\omega)&K_{24}(\omega)&K_{25}(\omega)&K_{26}(\omega)\\K_{31}(\omega)&K_{32}(\omega)&K_{33}(\omega)&K_{34}(\omega)&K_{35}(\omega)&K_{36}(\omega)\\K_{41}(\omega)&K_{42}(\omega)&K_{43}(\omega)&K_{44}(\omega)&K_{45}(\omega)&K_{46}(\omega)\\K_{51}(\omega)&K_{52}(\omega)&K_{53}(\omega)&K_{54}(\omega)&K_{55}(\omega)&K_{56}(\omega)\\K_{61}(\omega)&K_{62}(\omega)&K_{63}(\omega)&K_{64}(\omega)&K_{65}(\omega)&K_{66}(\omega)\end{bmatrix}\begin{bmatrix}x_1(\omega)\\x_2(\omega)\\x_3(\omega)\\x_4(\omega)\\x_5(\omega)\\x_6(\omega)\end{bmatrix}=\begin{bmatrix}F_1(\omega)\\F_2(\omega)\\F_3(\omega)\\F_4(\omega)\\F_5(\omega)\\F_6(\omega)\end{bmatrix} \tag{3-10}$$

式中：$$K_{kj}(\omega)=\{-\omega^2[M_{kj}+A_{kj}(\omega)]+C_{kj}\}+\mathrm{i}\omega\delta_{kj}(\omega),\quad k,j=1,\cdots,6 \tag{3-11}$$

式(3-11)表示方程中矩阵的元素 $K_{kj}(\omega)$ 是由与船舶有关的质量系数 M_{kj}、附加质量系数 $A_{kj}(\omega)$ 及阻尼系数 $\delta_{kj}(\omega)$ 等有关的参数组成的，它们均为频率的函数，而波浪干扰力系数 $F_k(\omega)$ 则代表单位振幅的频率为 ω 的规则波，在第 k 个运动模态内的干扰力（力矩）的幅值，要注意所有的

量均为复数，代表一频率为 ω 的振荡量的复数振幅。方程的解即运动 $\boldsymbol{X} = [x_1 \quad x_2 \quad x_3 \quad x_4 \quad x_5 \quad x_6]^{\mathrm{T}}$ 为

$$\boldsymbol{X} = \boldsymbol{K}^{-1}\boldsymbol{F} \tag{3-12}$$

定　义　第 k 个运动模态的频率响应函数为

$$Y_k(\omega) = \frac{x_k(\omega)}{r} \tag{3-13}$$

式中：r 代表波振幅，在此为单位高度，即取为 1。频率响应函数的模为

$$|Y_k(\omega)| = \frac{|X_k(\omega)|}{r} \tag{3-14}$$

即运动振幅与波幅的比值，而其幅角则为运动与波浪的初相位差。这一频率响应函数可以通过理论方法由数值计算得出，也可由模型试验或实航试验测得。

应用这一频率响应函数和叠加原理，不难求出船舶运动的响应谱。有关的算法在一般船舶耐波性的课程中均有介绍，在此不多叙述。这里将详细讨论如何从一个实际的测量结果中分析得出频率响应函数的问题。具体地说，就是从实验得到的波浪(输入)时间历程和相应的运动响应(输出)分析运动响应的频率响应函数。

假设在模型试验室中的随机波浪上同时测得的两个船舶运动试验时间历程分别为波浪时间历程 $x_i, i=1,2,\cdots,N$ 和运动时间历程 $y_i, i=1,2,\cdots,N$。首先定义一个交叉相关函数为

$$R_{XY}(\tau) = \langle x(t)y(t+\tau)\rangle = \lim_{T\to\infty}\frac{1}{2T}\int_{-T}^{T} x_i y_{i+r}\,\mathrm{d}t = \frac{1}{N-r}\sum_{i=1}^{N-r} x_i y_{i+r} = R_{XY}(r) \tag{3-15}$$

式(3-15)中包含了输入和输出的信息。对这个交叉相关函数进行傅里叶变换，得到交叉谱密度分布函数为

$$S_{XY}(\omega) = \frac{1}{2\pi}\int_{-\infty}^{\infty} R_{XY}(\omega)\mathrm{e}^{\mathrm{i}\omega t}\,\mathrm{d}t \tag{3-16}$$

这个谱密度函数一般为复函数，可以将其表示成

$$S_{XY}(\omega) = S_{XY}^{c}(\omega) + \mathrm{i}S_{XY}^{q}(\omega) \tag{3-17}$$

式中：实部 $S_{XY}^{c}(\omega)$ 称为合谱函数，代表输入和输出同相位的部分；$S_{XY}^{q}(\omega)$ 则称为交叉谱或输出与输入成 90°的部分。由此可以看出，由于交叉谱分析包含了输入和输出两个信号，它的特点也描述了二者的相位关系。如果将交叉谱与输入谱相除，则

$$H_{XY}(\omega) = \frac{S_{XY}(\omega)}{S_{XX}(\omega)} \tag{3-18}$$

这里可以进一步考虑这一交叉谱分析。如果输入 $x(t)$ 和输出 $y(t)$ 分别有傅里叶变换 $X(\omega)$ 和 $Y(\omega)$，即输入和输出的振幅谱，则根据卷积定理，交叉谱可以写成

$$S_{XY}(\omega) = X(\omega)Y(\omega) = C(\omega) + \mathrm{i}Q(\omega)$$

而 $H_{XY}(\omega)$ 为

$$H_{XY}(\omega)=\frac{C(\omega)+\mathrm{i}Q(\omega)}{S_{XX}(\omega)} \tag{3-19}$$

这样,用交叉谱求频率响应的方法有两种:一种是应用交叉相关函数求傅里叶变换得出交叉谱;另一种则是通过输入和输出的谱由式(3-19)求出。第二种方法可以不通过相关函数计算。

频率响应函数 $H_{XY}(\omega)$为复函数。其模为

$$|H_{XY}(\omega)|=\frac{\sqrt{S_{XX}(\omega)S_{YY}(\omega)}}{S_{XX}(\omega)}=\sqrt{\frac{S_{YY}(\omega)}{S_{XX}(\omega)}}$$

是输入与输出的振幅比,而其幅角则代表两者的初相位差。

相干问题 为了判断从谱分析方法得出的频率响应函数的可靠性,可以应用所谓的相干系数或凝聚系数来判断结果的可靠性。这一系数定义为

$$\gamma_{XY}^2=\frac{|S_{XY}(f)|^2}{S_{XX}(f)S_{YY}(f)}$$

可以证明这一相干系数在 0 与 1 之间,即

$$0<\gamma_{XY}^2<1$$

在系统为线性且信号内不含噪声的情况下,γ_{XY}^2应为 1。在模型实验时,实验测量结果常混有较强的噪声,同时输入的谱所占据的谱宽有限。因此,在低频范围内,输入谱很小,但相应频带内,由于运动的非线性效应或噪声作用,仍可能有一定的能量。这些情况均可能造成γ_{XY}^2偏低。一般在波谱所占频带内,γ_{XY}^2在 0.9 附近被认为是允许的,而过低的 γ_{XY}^2值要慎重对待。图 3-1 为某一试验分析结果的例子。图中的点为试验分析得到的垂荡频率响应值,虚线为γ值。

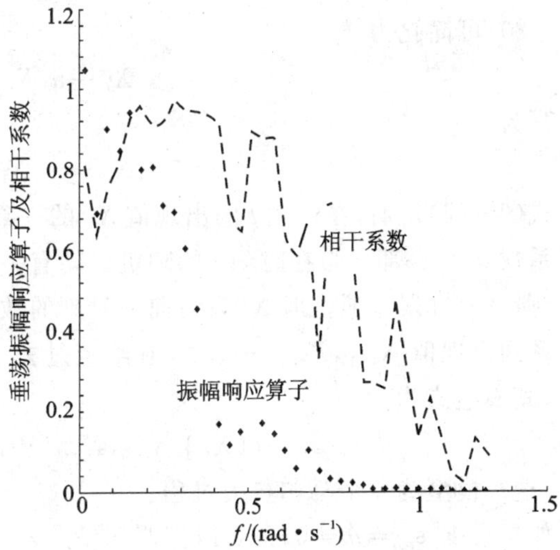

图 3-1 模型试验得到的船模波浪上垂荡响应函数

3.2 船舶及海洋结构随机波浪运动的时域模型

在前面已经介绍了海洋结构对随机波的响应的频率域分析方法。下面简单地介绍一些时域分析的方法。这里只作一些概念性的介绍。一些深入具体的应用方法,读者可以自行参阅有关书籍。

3.2.1 自回归模型

将船舶在波浪上的运动看成是一个动力系统在随机干扰下的响应。一个动力系统的重要特点是它具有记忆效应。记忆效应的不同将改变系统的形式。下面介绍现有的几个随机响应的时域模型。

为了避免一些理论上的困难,先从离散时间问题进行讨论。首先介绍所谓的自回归模型AR(k)(Auto-Regression),即 A(uto)R(egression)模型。

假设一个时间序列为 $X_t, t=1,2,\cdots,N$。这里,X_t 为在时刻 t 的出现值,满足差分方程

$$X_t + a_1 X_{t-1} + a_2 X_{t-2} + \cdots + a_k X_{t-k} = \varepsilon_t \tag{3-20}$$

式中:$X_t, X_{t-1}, \cdots, X_{t-k}$ 为时间序列 X_t 在时刻 $t, t-1, \cdots, t-k$ 的出现值;ε_t 为在时刻 t 的纯随机过程(白噪声);$a_1, a_2, \cdots, a_k$ 则是模型参数,与过程或系统特性有关。在这一差分方程中,左端所包含的项数称为模型的阶数,与模型所表征的记忆效应直接有关。为了说明问题,从最简单的模型入手,考虑一阶自回归模型 AR(1)。为了讨论方便,取 X_{t-1} 前的符号为负,这时式(3-20)可简化为

$$X_t - a_1 X_{t-1} = \varepsilon_t \tag{3-21}$$

并可写为

$$X_t = a_1 X_{t-1} + \varepsilon_t \tag{3-22}$$

式(3-22)说明,在时刻 t 的出现值 X_t 的一部分与前一时刻的出现值 X_{t-1} 有关(相差一个比例系数 a_1),一部分与在时刻 t 的随机扰动有关。显然,式(3-21)代表 X_t 和 X_{t-1} 的线性回归,ε_t 则为随机误差项。但 X_t 只与前一时刻的数值有关,而与过去的出现值无关,如给出过去的一系列出现值 $X_{t-1}, X_{t-2}, \cdots$。X_t 在给定过去一系列出现值条件下的条件分布将只与 X_{t-1} 有关,其表达式为

$$p(X_t \mid X_{t-1}, X_{t-2}, \cdots) = p(X_t \mid X_{t-1}) \tag{3-23}$$

因此,这一模型为一个马尔科夫过程。

如果设 $\mathrm{E}[\varepsilon_t]=\mu_\varepsilon=0$,则可以证明 $\mathrm{E}[X_t]=0$,因为

$$X_t = \varepsilon_t + a_1 X_{t-1} = \varepsilon_t + a_1(\varepsilon_{t-1} + a_1 X_{t-2}) = \cdots = \varepsilon_t + a_1\varepsilon_{t-1} + a_1^2\varepsilon_{t-2} + \cdots + a_1^{t-1}\varepsilon_1 \tag{3-24}$$

所以

$$\mathrm{E}[X_t] = \mu_\varepsilon(1 + a_1 + a_1^2 + \cdots + a_1^{t-1}) = \begin{cases} \mu_\varepsilon\left(\dfrac{1-a_1^t}{1-a_1}\right) & \text{当 } a_1 \neq 1 \\ \mu_\varepsilon t & \text{当 } a_1 = 1 \end{cases} \tag{3-25}$$

显然,当 $\mu_\varepsilon=0$,$\mathrm{E}[X_t]=0$ 时,令纯随机过程 ε_t 的方差为 σ_ε^2,由纯随机过程的定义有

$$\mathrm{Cov}(\varepsilon_t, \varepsilon_s) = 0, \quad s \neq t$$

$$\mathrm{Var}(\varepsilon_t) = \mathrm{E}[\varepsilon_t^2] = \sigma_\varepsilon^2$$

X_t 的方差应为

$$\sigma_X^2 = \mathrm{Var}[X_t] = \mathrm{E}[\varepsilon_t + a_1\varepsilon_{t-1} + \cdots + a_1^{t-1}\varepsilon_1]^2 =$$

$$\sigma_\varepsilon^2(1 + a_1^2 + a_1^4 + \cdots + a_1^{2t-2}) = \begin{cases} \sigma_\varepsilon^2\left(\dfrac{1-a_1^{2t}}{1-a_1^2}\right) & 当\ |a_1| \neq 1 \\ \sigma_\varepsilon^2 t & 当\ |a_1| = 1 \end{cases} \tag{3-26}$$

如令 $r>0$,则可计算过程的相关系数 $\mathrm{Cov}(X_tX_{t+r}) = \mathrm{E}[X_t, X_{t+r}]$,那么

$$\mathrm{E}[X_t, X_{t+r}] = \mathrm{E}[(\varepsilon_{t+r} + a_1\varepsilon_{t+r-1} + \cdots + a_1^{t=r-1}\varepsilon_1)(\varepsilon_t + a_1\varepsilon_{t-1} + \cdots + a_1^{r-1}\varepsilon_1)] =$$

$$\begin{cases} \sigma_\varepsilon^2 a_1^r\left(\dfrac{1-2a_1^{2t}}{1-a_1^2}\right) & 当\ |a_1| \neq 1 \\ \sigma_\varepsilon^2 t & 当\ |a_1| = 1 \end{cases} \tag{3-27}$$

综上所述可以看出,方差、平均值等在一般情况下都不收敛,也就是过程不平稳;只有在系数 a_1 小于 1 时才会渐近平稳,即当 $|a_1|<1$,而 t 足够大时,则

$$\sigma_X^2 \sim \frac{\sigma_\varepsilon^2}{1-a_1^2} \tag{3-28}$$

$$\mathrm{Cov}\{X_t, X_{t+r}\} \sim \frac{\sigma_\varepsilon^2 a_1^r}{1-a_1^2}$$

其协方差函数 $R(r,), r\geqslant 0$ 具有如下形式:

$$R(r) = \sigma_\varepsilon^2 \frac{a_1^{|r|}}{(1-a_1^2)}, \qquad r = 0, \pm 1, \pm 2, \cdots \tag{3-29}$$

其自相关函数 $\rho(r)$ 为

$$\rho(r) = \frac{R(r)}{R(0)} = a_1^{|r|}, \qquad r = 0, \pm 1, \pm 2, \cdots \tag{3-30}$$

离散时间的自回归模型是一个差分方程。在时间趋于连续的情况下,将转化为微分方程。先来考察一阶自回归模型。下面为一个离散参数模型:

$$X_n - aX_{n-1} = Y_n, \qquad n = 0, \pm 1, \pm 2, \cdots \tag{3-31}$$

这里 Y_n 为一个纯随机过程,具有方差 σ_Y^2。将式(3-31)改写成

$$X_n(1-a) + a(X_n - X_{n-1}) = Y_n \tag{3-32}$$

应用差分算子 Δ,定义为

$$\Delta X_n = X_n - X_{n-1}$$

式 (3-32)可以写成

$$\Delta X_n + \left(\frac{1-a}{a}\right)X_n = \frac{Y_n}{a} \tag{3-33}$$

将式(3-33)左右除以 Δt,得到

$$\frac{\Delta X_n}{\Delta t} + \frac{(1-a)}{a\Delta t} = \frac{Y_n}{a\Delta t} \tag{3-34}$$

令

$$\alpha = \frac{(1-a)}{a\Delta t}$$

$$\varepsilon(t) = \frac{Y_n}{a\Delta t}$$

然后令 $\Delta t \to 0$。这样,方程式(3-33)将转化为微分方程

$$\dot{X}(t) + \alpha X(t) = \varepsilon(t) \tag{3-35}$$

式(3-35)称为随机微分方程,因为式中包含了纯随机函数;同时可以看出参数 α 为有限值。由于 α 表达式中的分母包含 Δt,当 $\Delta t \to 0$ 时,要保持 α 为有限值,只有$(1-a)\to 0$,即 $a \to 1$。

现在讨论方程式(3-35)右端的扰动过程$\{\varepsilon(t)\}$。显然,它是一个非通常意义下的过程。它取在无穷小间隔上不相关的数值。在前面讨论的时间参数为间断的情况下,式(3-28)给出了过程 X_t 的方差与右端纯随机过程方差间的关系为

$$\sigma_X^2 = \frac{\sigma_\varepsilon^2}{(1-a^2)}$$

由 α 的表示式可以推出

$$a = \frac{1}{(1+\alpha\Delta t)} \sim 1 - \alpha\Delta t + O(\Delta t)$$

因此

$$\sigma_X^2 = \frac{\sigma_Y^2}{2\alpha\Delta t}[1 + O(\Delta t)]$$

显然,为了使 σ_X^2 在 $\Delta t \to 0$ 时保持有限,必须使 $\sigma_Y^2 = O(\Delta t)$,即为 Δt 量阶的。这样,由 $\varepsilon(t)$的表示式得到

$$\sigma_\varepsilon^2 = \mathrm{Var}[\varepsilon(t)] = \frac{\sigma_Y^2}{[a^2(\Delta t)^2]} \xrightarrow{\text{对小的 }\Delta t(\text{因 } a\to 0)} \frac{\sigma_Y^2}{(\Delta t)^2} = O\left(\frac{1}{\Delta t}\right) \tag{3-36}$$

这样,$\varepsilon(t)$为一个波动为 $O\left[\frac{1}{(\Delta t)^{\frac{1}{2}}}\right]$的零均值过程。在 $\Delta t \to 0$ 的情况下,$\sigma_\varepsilon^2 \to \infty$。因此,过程 $\varepsilon(t)$将不平稳。从数学上讲,式(3-35)将无意义。为此,必须寻求一个能表示方程右端随机变量的方法。这就是引进一个函数 $W(t)$。其定义如下,如果过程 $\varepsilon(t)$在各时刻的值是相互独立的,那么其随时间的积分为

$$W(t) = \int_0^t \varepsilon(u)\,\mathrm{d}u \tag{3-37}$$

式(3-37)被称为可加过程。由于 $W(t)$为独立随机变量的和,因此根据中心极限定理,对每一时刻 t,$W(t)$都具有正态分布。$W(t)$被称为维纳过程。过程 $\varepsilon(t)$在形式上可以描述为维纳过程的时间导数。维纳过程由如下条件定义:

① $W(0)=0$;

② 对所有 $t>0$,都有 $\mathrm{E}[W(t)]=0$;

③ 对每个 $t>0$，$W(t)$ 都为正态；

④ $W(t)$ 具有平稳独立增量。

然而，$W(t)$ 本身为一个非平稳过程。由于 $\Delta W(t)=W(t+\Delta t)-W(t)$，则对小的 Δt 有

$$\Delta W(t) = \int_t^{t+\Delta t} \varepsilon(u)\mathrm{d}u \sim \varepsilon(t)\mathrm{d}t \tag{3-38}$$

因此

$$\mathrm{Var}[\Delta W(t)] \sim (\Delta t)^2 \mathrm{Var}[\varepsilon(t)] \sim \sigma_Y^2 \sim 2\alpha\,\sigma_X^2 \Delta t$$

由于 $W(t)$ 和 $\Delta W(t)$ 为 $\varepsilon(t)$ 在不相交的区域上的积分，所以 $W(t)$ 与 $\Delta W(t)$ 为不相关的随机变量。这样，$W(t+\Delta t)=W(t)+\Delta W(t)$，可以得到

$$\mathrm{Var}[W(t+\Delta t] = \mathrm{Var}[W(t)] + \mathrm{Var}[\Delta W(t)] \approx \mathrm{Var}[W(t)] + 2\alpha\,\sigma_X^2 \Delta t$$

引入量 $\sigma_W^2=\dfrac{\mathrm{d}}{\mathrm{d}t}\{\mathrm{Var}[W(t)]\}$，为 $W(t)$ 方差的时间导数

$$\sigma_W^2 = \lim_{\Delta t\to\infty} \frac{\mathrm{Var}[W(t+\Delta t)] - \mathrm{Var}[W(t)]}{\Delta t} = 2\alpha\,\sigma_X^2 \tag{3-39}$$

由于 σ_W^2 为 $\mathrm{Var}[W(t)]$ 随时间的增长率，故

$$\mathrm{Var}[W(t)] = \int_0^t \sigma_W^2 \mathrm{d}t = t\,\sigma_W^2$$

实际上，可从另一角度来考察。由式(3-37)可以得到

$$\mathrm{Var}[W(t)] = \int_0^t\int_0^t \mathrm{Cov}[\varepsilon(u),\varepsilon(v)]\mathrm{d}u\mathrm{d}v = C\int_0^t\int_0^t \delta(u-v)\mathrm{d}u\mathrm{d}v = C\left(\int_0^t \mathrm{d}u\right) = C\,t \tag{3-40}$$

显然，C 即相应于 σ_W^2。以上推导说明，虽然纯随机过程在时间连续的情况下，不能按通常意义解释；但是通过维纳函数仍然是可以定义的。维纳过程与纯随机过程(白噪声)间的关系就类似阶跃函数与 δ 函数的关系。为了从数学上分析有意义，微分方程式(3-35)最好改写成微分形式，而不是导数的形式

$$\mathrm{d}X(t) + \alpha X(t) = \mathrm{d}W(t) \tag{3-41}$$

将式(3-35)两边都乘以 $\exp(\alpha t)$，可以解出

$$X(t) = \exp(-\alpha t)\int_{-\infty}^{t} \exp(\alpha u)\varepsilon(u)\mathrm{d}u = \int_{-\infty}^{t} \exp[-\alpha(t-u)]\varepsilon(u)\mathrm{d}u \tag{3-42}$$

采用微分算子 $D=\dfrac{\mathrm{d}}{\mathrm{d}t}$，则可将特解写成

$$X(t) = \left(\frac{1}{D+\alpha}\right)\varepsilon(t) \tag{3-43}$$

比较式(3-42)与式(3-43)得到，对于任一函数 $x(t)$ 都有

$$\left(\frac{1}{D+\alpha}\right)x(t) = \int_{-\infty}^{t} \exp[-\alpha(t-u)]x(u)\mathrm{d}u$$

式(3-35)的解则应在特解上加上通解,即齐次方程

$$(D+\alpha)X(t) = 0$$

的解。通解具有 $A\exp(-\alpha t)$ 的形式。其中 A 为由初始条件决定的常数。式(3-35)的一般解为

$$X(t) = A\exp(-\alpha t) + \int_{-\infty}^{t} \exp[-\alpha(t-u)]\varepsilon(u)\mathrm{d}u \tag{3-44}$$

如要过程平稳,通解必须随时间增长趋于零。这只有在 $\alpha > 0$ 时才满足。在此情况下式(3-44)可写成斯蒂尔杰斯(Stieltjes)积分的形式

$$X(t) = \int_{-\infty}^{t} \exp[-\alpha(t-u)]\mathrm{d}W(u) \tag{3-45}$$

由上面的讨论可知,对于可以用一阶常微分方程表示的系统,如外干扰可以用纯随机过程描述,即通常所说的马尔科夫过程。一般情况下,不可能简单地用白噪声模拟外干扰;但是,在线性的范围内,这一外干扰非纯随机的情况(有色噪声)不难解决。下面考虑一些可能遇到的更复杂系统的情况。显然,一般在船舶及海洋结构运动的问题中,所涉及到的运动响应至少是二阶的,因此一般会对高阶的自回归模型感兴趣。下面简单介绍二阶自回归模型 AR(2)。它定义为如果过程$\{X(t)\}$满足差分方程

$$X_t + a_1 X_{t-1} + a_2 X_{t-2} = \varepsilon_t \tag{3-46}$$

则此一过程称为二阶自回归过程。引进后向差分算子 B,即

$$BX_t = X_{t-1}$$

式(3-46)可改写成

$$(1 + a_1 B + a_2 B^2) X_t = \varepsilon_t \tag{3-47}$$

式中,a_1,a_2 为方程参数,由系统特性决定。式(3-47)也可写成

$$(1-\mu_1 B)(1-\mu_2 B) X_t = \varepsilon_t \tag{3-48}$$

式中,μ_1,μ_2 为下列二次方程的根:

$$f(z) = 1 + a_1 z + a_2 z^2$$

方程(3-48)的特解为

$$X_t = \left[\frac{1}{(1-\mu_1 B)(1-\mu_2 B)}\right]\varepsilon_t = \frac{1}{(\mu_1-\mu_2)}\left[\frac{\mu_1}{(1-\mu_1 B)} - \frac{\mu_2}{(1-\mu_2 B)}\right]\varepsilon_t =$$

$$\frac{1}{\mu_1-\mu_2}\left[\sum_{s=0}^{\infty}(\mu_1^{s+1}-\mu_2^{s+1})B^s\right]\varepsilon_t = \sum_{s=0}^{\infty}\left(\frac{\mu_1^{s+1}-\mu_2^{s+1}}{\mu_1-\mu_2}\right)\varepsilon_{t-s} \tag{3-49}$$

式(3-48)的通解可以由特解加上一个辅函数组成,即下列齐次方程的解:

$$X_t + a_1 X_{t-1} + a_2 X_{t-2} = 0$$

这一辅函数形式为

$$X_t = A_1 \mu_1^t + A_2 \mu_2^t$$

式中，A_1，A_2 为积分常数，由初始条件决定。因此式(3-48)的通解为

$$X_t = A_1 \mu_1^t + A_2 \mu_2^t + \sum_{s=0}^{\infty} \left(\frac{\mu_1^{s+1} + \mu_2^{s+1}}{\mu_1 - \mu_2} \right) \varepsilon_{t-s} \tag{3-50}$$

式中，μ_1 和 μ_2 为方程 $f(z)$的根。它们是由 AR(2)模型中的参数 a_1，a_2 决定的。为了使过程平稳，$|\mu_1|$和$|\mu_2|$应小于 1。

在时间连续的情况下，与在一阶 AR(1)模型一样，其差分方程可以转化为微分方程。将式(3-46)改写为

$$a_1 \Delta^2 X_n - (a_1 + 2a_2) \Delta X_n + (1 + a_1 + a_2) X_n = Y_n \tag{3-51}$$

式中

$$\Delta X_n = X_n - X_{n-1}$$

$$\Delta^2 X_n = X_n - 2X_{n-1} + X_{n-2}$$

引入时间间隔 Δt，即 $t=n\Delta t$，并将式(3-51)的各项均除以 $a_2(\Delta t)^2$ 得

$$\frac{\Delta^2 X_n}{(\Delta t)^2} - \frac{(a_1 + 2a_2)}{a_2 \Delta t} \frac{\Delta X_n}{\Delta t} + \frac{(1 + a_1 + a_2)}{a_2 (\Delta t)^2} X_n = \frac{Y_n}{a_2 (\Delta t)^2} \tag{3-52}$$

令

$$\varepsilon(t) = \frac{Y_n}{a_2 (\Delta t)^2}$$

$$\alpha_1 = -\frac{a_1 + 2a_2}{a_2 \Delta t}$$

$$\alpha_2 = \frac{1 + a_1 + a_2}{a_2 (\Delta t)^2}$$

当 $\Delta t \to 0$，式(3-52)转化为如下二阶随机微分方程：

$$\ddot{X}(t) + \alpha_1 \dot{X}(t) + \alpha_2 X(t) = \varepsilon(t) \tag{3-53}$$

式(3-53)右端的外干扰函数性质在 AR(1)模型中已讨论过，在此不再深入。读者有兴趣可参考有关书籍。更高阶的微分方程所描述的系统，可以采用完全类似的方法讨论。

3.2.2 方程中带记忆卷积项的情况

在船舶及海洋工程结构在波浪上运动的问题中，流体作用反力的记忆效应问题不可忽略。这一效应的运动微分方程具有如下的形式：

$$(M + m)\ddot{x}(t) + \int_{-\infty}^{t} K(\tau)\dot{x}(t-\tau)\mathrm{d}\tau + Cx(t) = F(t) \tag{3-54}$$

由于方程中出现卷积项，方程的阶数显然不能简单定为二阶。为了考察这一方程，将其简化为

有限差分及有限和的形式。如将卷积项离散为 l 步，则式(3-54)可以近似写成如下差分形式：

$$\frac{\Delta^2 X_n}{(\Delta t)^2}+K_1\frac{\Delta X_n}{\Delta t}+K_2\frac{\Delta X_{n-1}}{\Delta t}+K_3\frac{\Delta X_{n-2}}{\Delta t}+\cdots+K_l\frac{\Delta X_{n-l}}{\Delta t}+CX_n=\frac{Y_n}{a_1(\Delta t)^2} \tag{3-55}$$

将式(3-55)展开，得到

$$\frac{1}{\Delta t^2}(X_n-2X_{n-1}+X_{n-2})+\frac{C_1}{\Delta t^2}(X_n-X_{n-1})+\frac{C_2}{\Delta t^2}(X_{n-1}-X_{n-2})+$$
$$\frac{C_3}{\Delta t^2}(X_{n-2}-X_{n-3})+\cdots+\frac{C_n}{\Delta t^2}(x_{n-l+1}-x_{n-l})+\frac{C}{a_1\Delta t^2}X_n=\frac{Y_n}{a_1\Delta t^2} \tag{3-56}$$

式中：$C_n=K_n\Delta t, n=1,2,\cdots,l$。令

$$C'=Ca_1\Delta t^2$$

将式(3-56)整理，相同项合并得到

$$a_1\left(1+C_1+\frac{C'}{a_1}\right)X_n+a_1(C_2-C_1-2)X_{n-1}+a_1(C_3-C_2)X_{n-2}+$$
$$a_1(C_4-C_3)X_{n-3}+\cdots=Y_n \tag{3-57}$$

令

$$\alpha_1=a_1\left(1-C_1+\frac{C'}{a_1}\right)$$
$$\alpha_2=a_1(C_2-C_1-2)$$
$$\alpha_3=a_1(C_3-C_2)$$
$$\cdots$$

则差分方程(3-57)为

$$\alpha_1X_n+\alpha_2X_{n-1}+\alpha_3X_{n-2}+\cdots+\alpha_{l+1}X_{n-l}=Y_n \tag{3-58}$$

这就是一个 AR(l)模型。由此可知，虽然在方程中出现了卷积项，但仍可以将其表示成某一高阶的自回归模型，阶数由对卷积的离散分段数决定。反过来，可以知道一般海洋结构在波浪上运动的模型，由于其中包含了代表流体反力记忆效应的卷积项，将不可能只是二阶的，具体的阶数将由其所包含的卷积项的大小及形式决定。

3.2.3 滑动平均模型——外干扰的有色噪声表示模型

在前面动力系统模型的讨论中，右端外干扰项是用纯随机过程即白噪声表示的。按照白噪声的定义，过程在不同时刻的出现值，不管是否紧紧相接，都是全不相关的。这显然与实际中的大多数情况，特别是海浪完全不同。实际海浪的出现值前后具有较强的相关性。从频域上看，纯随机过程相应于无限宽谱的情况。由于波能必须是有限值，故在实际上纯随机过程是不存在的；而实际海浪则具有有限的谱宽和给定的谱密度函数。它被称为有色噪声。为了模

拟这一有色噪声，可以采用滑动平均 MA(Moving Average)模型。

所谓滑动平均模型，即设$\{X_t\}$为一个时间序列，如果它可以表示为一系列时间上的纯随机过程的加权和

$$X_t = b_0\varepsilon_t + b_1\varepsilon_{t-1} + \cdots + b_l\varepsilon_{t-l} \tag{3-59}$$

式中：$\{\varepsilon_t\}$为纯随机过程，其均值为零，方差为σ_ε^2；$b_0, b_1, \cdots, b_l$为加权常数，可以看出，不论$b_0, b_1, \cdots, b_l$为何值，$\{X_t\}$均为平稳，且

① $\sigma_X^2 = \sigma_\varepsilon^2(b_0^2 + b_1^2 + \cdots + b_l^2)$；

② $E[X_t]=0$(如$E[\varepsilon_t]=0$)；

③ 其自相关函数为

$$\rho(r) = \frac{E(X_t X_{t-r})}{\sigma_X^2}\begin{cases}\left(\dfrac{\sigma_\varepsilon^2}{\sigma_x^2}\right)(b_r b_0 + b_{r+1}b_1 + \cdots + b_l b_{l-r}) & \text{当 } 0 \leqslant r \leqslant l \\ 0 & \text{当 } r > l\end{cases}$$

或

$$\rho(r) = \begin{cases}\sum\limits_{s=r}^{l} b_s b_{s-r} \Big/ \sum\limits_{s=0}^{l} b_s^2 & \text{当 } 0 \leqslant r \leqslant l \\ 0 & \text{当 } r > l\end{cases} \tag{3-60}$$

$$\rho(r) = \rho(-r)$$

在纯随机过程的情况下，其自相关函数在不相交的时间上均为零。但对于滑动平均过程，则存在自相关，即不同时刻的出现值存在相关。这一相关函数的具体形式与模型在不同时刻的加权系数$b_0, \cdots, b_l$有关。

在时间连续的情况下，滑动平均模型转变成一卷积。此时，加权系数转变成时间的函数，而纯随机过程序列转换成$\varepsilon(t)$，模型可以写成

$$X(t) = \int_0^l b(u)\varepsilon(t-u)\mathrm{d}u \tag{3-61}$$

从上面可以看到，对于一般的船舶与海洋结构在给定随机波浪上的运动，从船舶作为一个动力系统的角度，可以应用 AR(k)模型(这里阶数k由运动方程的阶数确定)；而其外干扰波浪，则作为一个有色噪声可应用滑动平均模型 MA(l)。将两者联合可以得到所谓的自回归滑动平均模型 ARMA(k,l)，即

$$X_t + a_1 X_{t-1} + a_2 X_{t-2} + \cdots + a_k X_{t-k} = b_0\varepsilon_t + b_1\varepsilon_{t-1} + \cdots + b_l\varepsilon_{t-l} \tag{3-62}$$

应用这一模型，可以估计过程在时域内的概率特性变化。但是，为了建立这一具体的模型，必须从已有记录资料中估计模型的阶数和相应的参数。这里所涉及到的有关统计理论方法，在本书中将不介绍。

3.3 线性系统随机响应的矩方程法

通过平稳过程的时域模型的讨论可以知道，对于一个线性系统，不管其是否包含记忆卷积项，均可化成只包含各阶时间导数的线性微分方程。现在讨论这个可用线性常微分方程表示的系统在给定随机波上的运动响应问题。

设一个系统的输入与输出的关系表示为

$$Lx(t) = F(t) \tag{3-63}$$

式中：$x(t)$为输出过程；$F(t)$为输入过程；L 为一个微分算子形式。

例如：微分方程

$$A\frac{\mathrm{d}^2x}{\mathrm{d}t^2} + B\frac{\mathrm{d}x}{\mathrm{d}t} + Cx = F(t)$$

可以写成

$$Lx = F$$

其中：

$$L = A\frac{\mathrm{d}^2}{\mathrm{d}t^2} + B\frac{\mathrm{d}}{\mathrm{d}t} + C$$

过程 $F(t)$与 $x(t)$的数学期望间的关系可以用对式(3-63)在一组“实现”上的平均来求得。如 L 为线性微分算子，它可以与平均运算调换次序。这样，可以得到方程

$$L\langle x\rangle = \langle F\rangle \tag{3-64}$$

式中$\langle\ \ \rangle$代表沿时间平均。式(3-64)表明，数学期望满足与其相应“实现”相同的微分方程。其初始条件可以由其“实现”的初始条件平均求得。

对于高阶矩可以类似地求得其应满足的微分方程。令 L 表示将过程 $x(t_k)$变换至过程 $F(t_k)$的算子。它只对变量 t_k 的函数进行变换。写出对两个时刻 t_1 和 t_2 的形如式(3-63)的方程，将其相乘并对乘积进行数学期望运算，得到二阶矩函数方程为

$$\underset{t_1}{L}\,\underset{t_2}{L}\langle x(t_1),x(t_2)\rangle = \langle F(t_1),F(t_2)\rangle \tag{3-65}$$

注意，此时由于存在两个自变量(时刻)，此算子将变为偏微分，如

$$\underset{t_1}{L} = A\frac{\partial^2}{\partial t_1^2} + B\frac{\partial}{\partial t_1} + C$$

如 $t_1,t_2,\cdots,t_k$ 为不相交时刻，则 k 阶矩函数由下列方程求出：

$$\underset{t_1}{L}\,\underset{t_2}{L}\cdots\underset{t_k}{L}\langle x(t_1)x(t_2)\cdots x(t_k)\rangle = \langle F(t_1)F(t_2)\cdots F(t_k)\rangle \tag{3-66}$$

如果 $x(t)$和 $F(t)$都为多维随机过程，则此时式(3-63)具有如下形式：

$$\sum_{k=1}^{n} L_{jk}x_k = F_j,\qquad j = 1,2,\cdots,n \tag{3-67}$$

那么相应的矩函数如只写到二阶，则为

$$\sum_{j=1}^{n}\sum_{k=1}^{n} \underset{t_1}{L}\,\underset{t_2}{L}\langle x_j(t_1)x_k(t_2)\rangle = \langle F_j(t_1)F_k(t_2)\rangle,\qquad j,k=1,2,\cdots,n \tag{3-68}$$

这里 $\underset{t_1}{L}$ 算子为 L_j 作用于 t_1 的变量，以此类推。对于线性系统，形式有

$$L_j = a_j\frac{\partial^2}{\partial t_k^2} + b_j\frac{\partial}{\partial t_k} + C_j \tag{3-69}$$

显然，式(3-69)也可以适用于相关函数，即

$$LLK_X(t_1,t_2) = K_F(t_1,t_2) \tag{3-70}$$

上面的方程除式 (3-64)外均为偏微分方程。但对于式(3-65)、(3-68)和(3-70)等二阶函数，当过程为平稳时，二阶矩函数只与时间间隔 $\tau=t_2-t_1$ 有关，方程转化为常微分方程。以上的方程还须辅以变量 $t_1,t_2,\cdots,t_k$ 的初始条件。如果过程 $x(t)$为平稳，则可用在无穷远处有界及对称条件来代替初始条件。

下面举一个应用的例子。讨论一单自由度系统，其初始条件为零。其二阶相关函数 $K_F(t_1,t_2)$在 $t_1\geqslant 0$ 和 $t_2\geqslant 0$ 上处处解析，因此相关函数满足方程(3-70)，即

$$\left(\frac{\partial^2}{\partial t_1^2}+2\varepsilon\frac{\partial}{\partial t_1}+\omega_0^2\right)\left(\frac{\partial^2}{\partial t_2^2}+2\varepsilon\frac{\partial}{\partial t_2}+\omega_0^2\right)K_X(t_1,t_2) = K_F(t_1,t_2) \tag{3-71}$$

对于相关函数的初始条件可以表示为

$$K_X = \frac{\partial K_X}{\partial t_1} = 0,\qquad t_1 = 0 \tag{3-72}$$

如果 $F(t)$和 $x(t)$为平稳，则引入一个新变量 $\tau=t_2-t_1$，并将式(3-71)改写成

$$\left(\frac{\mathrm{d}^2}{\mathrm{d}\tau^2}+2\varepsilon\frac{\mathrm{d}}{\mathrm{d}\tau}+\omega_0^2\right)\left(\frac{\mathrm{d}^2}{\mathrm{d}\tau^2}+2\varepsilon\frac{\mathrm{d}}{\mathrm{d}\tau}+\omega_0^2\right)K_X(\tau) = K_F(\tau)$$

相关函数 $K_x(\tau)$及其导数必须在无穷远处有界，并为偶函数

$$K_X(-\tau) = K_X(\tau)$$

思考题

3.1 写出船舶及海洋结构运动时域微分方程和频域微分方程的物理含意。它们之间的区别和相互关系如何。

3.2 应用有关理论及图 3-1 中给出的频率分析频率响应函数，写出其时域运动微分方程。

3.3 根据下式：

$$\gamma_{XY}^2 = \frac{|S_{XY}(f)|^2}{S_{XX}(f)S_{YY}(f)}$$

说明相干系数的含意，并证明

$$0 < \gamma_{XY}^2 < 1$$

3.4 如果在某次模型纵摇运动试验中,同时测得了模型在给定随机波上的垂荡及纵摇运动时间历程。如何求其首垂线处的升沉运动统计特性?列出相应公式及数据处理的步骤。

参考文献

1 Priestley M B. Spectral analysis and time series. Academic Press Inc,1981

2 Cummins W E. The impulse response function and ship motion Schiffstechnik. 1962, 9

3 Bolotin V V. Statistical methods in structural mechanics. Holden-Day SanFrancisco, 1965

第 4 章　非线性随机波浪理论

4.1　非线性与非高斯过程

前面讨论的问题，都是在线性假定下的；从统计上讲，是在高斯假定下进行的。现在讨论更广泛的问题，即不再是线性及高斯的情况。实际上，非线性与非高斯是两个完全不同的概念，但它们又有着密切的联系。非高斯是指一个过程的统计特性不能用高斯分布来表示；而非线性则是指这一过程的产生与某一非线性系统的作用有关。过程的统计分布特征是无法用非线性系统特性直接描述的。但是，在研究线性问题时，由于高斯过程所具有的可以线性叠加的优良特性，因此通常总是采用高斯过程来描述这一系统所产生的响应过程，使问题大大简化。在这一基础上再对线性系统建立一系列行之有效的求解方法。这在第 3 章中已有介绍。但是，一个非线性系统的输出，即使其输入是正态的，也无法用高斯过程来表述。所以，在非线性系统的情况下，就要面对一个根据具体的系统特性以及输入过程的统计特性（即使这一输入是高斯分布的）来求概率分布的问题。显然，这一概率分布函数将是非高斯的。

近 30 年来，在船舶与海洋工程结构随机波上运动的研究中，主要应用的是线性模型，也就是所应用的理论是线性理论，并取得了丰硕的成果。由于海洋开发日益向深海发展，为了克服深海的严酷环境所带来的困难，满足这一严酷条件对预测结果精确性的要求，必须进一步研究由深海所带来的一些力学问题，因此提出了非线性的问题。在这一非线性力学系统理论的基础上，对随机波作用下输出分布的非正态的问题也相应地引起人们的重视。本章将简单介绍这方面的一些基本理论和应用结果。由于这是当前正在发展的一个领域，因此还不能给出很系统完整的理论和方法。本章中的材料可以作为进一步研究的引导。

4.2　非线性波浪模型

将随机波浪的非线性和非高斯问题作为讨论题目的开始，不仅因为海浪对研究船舶及海洋工程结构的运动及载荷有十分重要的意义，而且这一问题可以帮助更好地理解这一非线性问题的各个方面。

从流体力学理论中知道，水面上波浪的生成，除外部的干扰外，主要是重力场的作用。其他的因素，如粘性、表面张力等，在所讨论的频率范围内基本上无影响，故可以用理想流体理论的势流方法处理。波浪运动用速度势表示，这一速度势 $\varphi(x,y,z,t)$ 应满足如下条件：

$$\begin{aligned}&\nabla^2\varphi = 0, \quad \text{流体中}\\&\frac{\partial\varphi}{\partial z} = 0, \quad z = -d\\&\frac{\partial^2\varphi}{\partial t^2} + g\frac{\partial\varphi}{\partial z} + \left[\frac{\partial}{\partial t} + \frac{1}{2}\nabla\varphi\cdot\nabla\right][(\nabla\varphi)^2]_{z=\zeta} = 0\\&\zeta = -\frac{1}{g}\left[\frac{\partial\varphi}{\partial t} + \frac{1}{2}\left(\frac{\partial\varphi}{\partial x}\right)^2 + \frac{1}{2}\left(\frac{\partial\varphi}{\partial y}\right)^2\right]_{z=\zeta}\end{aligned} \tag{4-1}$$

这是一个非线性问题，通常采用摄动方法求解。对一般的有限水深的情况，可以应用斯托克斯(Stokes)摄动展开式，即以波陡为摄动展开参数展开

$$\varphi = \varphi_1 + \varphi_2 + \cdots \tag{4-2}$$

$$\zeta = \zeta_1 + \zeta_2 + \cdots \tag{4-3}$$

应用摄动方法可以得到不同阶的 φ_i 的边界条件。下面列出到二阶为止的边界条件：

$$\begin{aligned}&\nabla^2\varphi_1 = 0\\&\frac{\partial^2\varphi_1}{\partial t^2} + g\frac{\partial\varphi_1}{\partial z} = 0, \quad z = 0\\&\zeta_1 = -\frac{1}{g}\left(\frac{\partial\varphi_1}{\partial t}\right)_{z=0}\end{aligned} \tag{4-4}$$

$$\begin{aligned}&\nabla^2\varphi_2 = 0\\&\frac{\partial^2\varphi_2}{\partial t^2} + g\frac{\partial\varphi_2}{\partial z} = -\zeta_1\frac{\partial^2}{\partial z^2}\left[\frac{\partial\varphi_1}{\partial t} + g\frac{\partial\varphi_1}{\partial z}\right] - \frac{\partial}{\partial t}(\nabla\varphi)^2_{z=0}\\&\zeta = -\frac{1}{g}\left[\frac{\partial\varphi_1}{\partial t} + \zeta_1\frac{\partial^2\varphi_1}{\partial t} + \frac{1}{2}\left(\frac{\partial\varphi_1}{\partial x}\right)^2 + \frac{1}{2}\left(\frac{\partial\varphi_1}{\partial y}\right)^2\right]_{z=0}\end{aligned} \tag{4-5}$$

可以看出一阶势 φ_1 以及一阶波浪 ζ_1 的边界条件是线性的。它的解就是在第 2 章中已经提到过的线性波或艾利(Airy)波

$$\varphi(x,y,z,t) = \frac{g}{\omega}a\frac{\cosh k(z+d)}{\cosh kd}\sin(kx+\omega t) \tag{4-6}$$

其中

$$\omega^2 = gk\tanh kd \tag{4-7}$$

当水无限深时，式(4-7)写为

$$\omega^2 = gk \tag{4-8}$$

波浪表面的表达式为

$$\zeta_1 = a\cos(\omega t + kx) \tag{4-9}$$

式中：a 为波浪振幅；k 为波形数，$k=\dfrac{2\pi}{\lambda}$，λ 为波长；ω 为波频，$\omega=\dfrac{2\pi}{T}$。

由于这一波浪的边界条件是线性的，所以在更复杂的波形，即当波列中包含多个频率波时仍然适用。这也就是随机波浪理论的根据。考虑波列为复杂的多谐波，边值问题也可以依次迭代求解，那么所得到的结果的形式将复杂得多。海塞尔曼(Hasselmann)曾对二阶问题求得二阶的速度势及波浪表面表达式为

$$\begin{aligned}\varphi=\varphi_1+\varphi_2=&\\&-g\sum_m\frac{a_m}{\omega_m}\frac{\cosh|k_m(z+d)|}{\cosh|k_md|}\sin(\omega_mt-k_mx+\psi_m)-\\&\sum_m\sum_n a_ma_nF(\omega_m,\omega_n;k_m,k_n)\frac{\cosh[|k_m+k_n|(z+d)]}{\cosh[|k_m+k_n|d]}\times\\&\sin[(\omega_m+\omega_n)t-(k_m+k_n)x+(\psi_m+\psi_n)]\end{aligned}\tag{4-10}$$

式中：a_m 为第 m 波分量的一阶波幅；ω_m 为第 m 波分量的圆频率；k_m 为第 m 波分量的波形数；ψ_m 为第 m 波分量的初相位角。

$$\begin{aligned}F(\omega_m,\omega_n;k_m,k_n)=&\frac{2(\omega_m+\omega_n)(g^2k_mk_n-\omega_m^2\omega_n^2)-\omega_m\omega_n(\omega_m^3+\omega_n^3)}{2\omega_m\omega_n(\omega_m+\omega_n)-g^2|k_m+k_n|\tanh[|k_m+k_n|d]}+\\&\frac{g^2(\omega_m^2k_n+\omega_nk_m)}{2\omega_m\omega_n(\omega_m+\omega_n)-g^2|k_m+k_n|\tanh[|k_m+k_n|d]}\end{aligned}\tag{4-11}$$

$$G(\omega_m,\omega_n;k_m,k_n)=\frac{2(\omega_m+\omega_n)+F(\omega_m,\omega_n;k_m,k_n)-g^2\dfrac{k_mk_n}{\omega_m\omega_n}}{2g}+\frac{\omega_m\omega_n^2+\omega_m^2+\omega_n}{2g}\tag{4-12}$$

$$\omega_m^2=gk_m\tanh(k_md)\tag{4-13}$$

波面坐标，依照朗格特-希金斯(Longuet-Higgins)模型，则为

$$\begin{aligned}\zeta=\zeta_1+\zeta_2=&\sum_m a_m\cos(\omega_mt-k_mx+\psi_m)+\\&\sum_m\sum_n a_ma_nG(\omega_m,\omega_n;k_m,k_n)\cos[(\omega_m+\omega_n)t+(k_m+k_n)x+(\psi_m+\psi_n)]\end{aligned}\tag{4-14}$$

由 F 和 G 的表达式(4-11)和(4-12)可以看出，在二阶的情况下，速度势将不再只是单个频率的函数，而是一对频率的函数。这也是一般二阶问题的特点。在第2章波浪随机理论中，介绍了模拟线性波浪的 Longuet-Higgins 模型。可以看出，式(4-14)中的第一项即相当于此随机波模型；而在此出现的第二项，实际上是由于波浪的二阶作用引起的。因此，可以将式(4-14)看成是 Longuet-Higgins 模型在二阶情况下的推广。应用这一表达式，可以推导非线性波的统计平均值。

根据式(2-35)，波浪过程的方差可以由其谱密度函数下的面积计算，即

$$\sigma_\zeta^2=R(0)=\int_0^\infty S_\zeta(\omega)\mathrm{d}\omega$$

$$S_{\zeta}(\omega)\mathrm{d}\omega=\sum_{\mathrm{d}\omega}\frac{a_m^2}{2} \tag{4-15}$$

在具有二阶非线性项的情况下，式(4－15)应为

$$S_{\zeta}(\omega)\mathrm{d}w=\sum_{\mathrm{d}\omega}\frac{a_m^2}{2}+\sum_{\mathrm{d}\omega_m}\sum_{\mathrm{d}\omega_n}\frac{a_m^2}{2}\frac{a_n^2}{2}G^4(\omega_m,\omega_n)=$$

$$S_{\zeta_1}(\omega)+\int_0^{\omega_m}S_{\zeta_1}(\omega_m-\omega_n)S_{\zeta_1}(\omega_n)\mid G(\omega_m-\omega_n)\mid^2\mathrm{d}\omega \tag{4-16}$$

式(4－16)中，$S_{\zeta1}(\omega)$为一阶频率分量的谱密度函数，应注意它与左端的$S_{\zeta}(\omega)$具有不同的含意。因此，在二阶的情况下，对一个波浪记录分析得到的谱密度函数，其含义将比一般情况复杂。这一关系也可以推广到包含更高阶非线性的情况。非线性因素对实验分析结果的影响是应予以密切注意的因素之一。特别是在需要从模型试验结果推算系统响应函数时，更应注意。因为响应函数的分析是根据线性假定进行的。如果已知二阶响应函数$G(\omega_m,\omega_n)$，也可利用式(4－16)的关系，反求出真实的$S_{\zeta_1}(\omega)$，具体可用迭代法。首先假设一阶谱密度函数，即将$S_{\zeta}(\omega)$代入式(4－16)，算出相应的$S_{\zeta_1}(\omega)$，并与假设的$S_{\zeta}(\omega)$比较。当相差较大时，则用求出的$S_{\zeta_1}(\omega)$代入式(4－16)重新计算，直至满足某一预定精度为止。

4.3 非线性波的谱表示——双谱函数

由于非线性波面条件的作用，在波分量中出现了乘积项，对于高阶波来讲，前面推导得到的正态分布将不再适用，也就是说破坏了正态假定。由于正态过程的累积量系数只到二阶，所以为了表征一个正态过程的分布函数，有二阶期望值，如自相关函数、谱密度函数等就已经足够了。但是，在非线性情况下，由于不再适用正态假定，必须考虑更高阶的期望值。为此，计算如下的三阶期望值：

$$\mu_3=\mathrm{E}[\zeta_t,\zeta_{t+\tau_1},\zeta_{t+\tau_2}] \tag{4-17}$$

由于过程是平稳的，所以应该与时间的起始点无关。这样，此一期望值将只与τ_1,τ_2有关，可以写为

$$\mu_3=Q(\tau_1,\tau_2) \tag{4-18}$$

可以看到，类似自相关函数，有表征一对时间间隔上出现数值的相关函数。这一函数即为三阶协方差函数。在正态假定下，此一函数将自动为零。对此函数进行傅里叶变换，可以得到一个二频率变量谱

$$B(\omega_1,\omega_2)=\frac{1}{2\pi}\int_{-\infty}^{\infty}\int_{-\infty}^{\infty}Q(\tau_1,\tau_2)\mathrm{e}^{-\mathrm{i}\omega_1\tau_1-\mathrm{i}\omega_2\tau_2}\mathrm{d}\tau_1\mathrm{d}\tau_2 \tag{4-19}$$

这个二频率ω_1,ω_2的函数谱称为双谱密度函数(bi-spectrum)。与二阶的情况一样，三阶协方差函数是双谱函数的反变换

$$Q(\tau_1,\tau_2) = \frac{1}{2\pi}\int_{-\infty}^{\infty}\int_{-\infty}^{\infty} B(\omega_1,\omega_2)\mathrm{e}^{\mathrm{i}\omega_1\tau_1+\mathrm{i}\omega_2\tau_2}\mathrm{d}\tau_1\mathrm{d}\tau_2 \tag{4-20}$$

由过程的平稳性可以得到

$$\begin{aligned} Q(\tau_1,\tau_2) = & Q(\tau_2,\tau_1) = Q(-\tau_2,\tau_1-\tau_2) = \\ & Q(\tau_1-\tau_2,-\tau_2) = \\ & Q(-\tau_1,\tau_2-\tau_1) = \\ & Q(\tau_2-\tau_1,-\tau_1) \end{aligned} \tag{4-21}$$

相应地，对于双谱有

$$\begin{aligned} B(\omega_1,\omega_2) = & B(\omega_2,\omega_1) = B(\omega_1,-\omega_1-\omega_2) = \\ & B(-\omega_1-\omega_2,-\omega_1) = \\ & B(\omega_2,-\omega_1-\omega_2) = \\ & B(-\omega_1-\omega_2,-\omega_2) \end{aligned} \tag{4-22}$$

由于$Q(\tau_1,\tau_2)$为三个不同时刻出现值的乘积的平均值，它们之间的距离为τ_1和τ_2。当$\tau_1,\tau_2\to 0$时，则此相关函数成为三阶矩，即

$$Q(0,0) = \overline{\zeta}^3 \tag{4-23}$$

由式(4-19)，有

$$\overline{\zeta}^3 = \int_{-\infty}^{\infty}\int_{-\infty}^{\infty} B(\omega_1,\omega_2)\mathrm{d}\omega_1\mathrm{d}\omega_2 \tag{4-24}$$

式(4-24)表明，类似二阶波的情况，$B(\omega_1,\omega_2)$为在二维ω_1,ω_2平面上定义的曲面。而此曲面下的体积则等于过程的三阶矩。三阶协方差函数在具体计算中可以应用过程的各态历经性，由下式计算：

$$Q(\tau_1,\tau_2) = \lim_{T\to\infty}\frac{1}{T}\int_{-T}^{T}\zeta(t)\zeta(t+\tau_1)\zeta(t+\tau_2)\mathrm{d}t \tag{4-25}$$

由平稳过程的谱表示式可以证明：一个平稳过程可以用正交增量过程表示，即可以用傅里叶-斯蒂尔杰斯积分表示

$$\zeta(t) = \int_{-\infty}^{\infty}\mathrm{d}Z(\omega)\mathrm{e}^{\mathrm{i}\omega t} \tag{4-26}$$

式中，$Z(\omega)$为满足下列条件的连续正交过程：

① $\mathrm{E}[Z(\omega_2)-Z(\omega_1)]=0$；

② 若$(\omega_1,\omega_1+\Delta\omega_1)$与$(\omega_2,\omega_2+\Delta\omega_2)$不重叠，则

$$\mathrm{E}[Z(\omega_1,\omega_1+\Delta\omega_1)-Z(\omega_1)]\overline{[Z(\omega_2,\omega_2+\Delta\omega_2)-Z(\omega_2)]} = 0$$

③ $\mathrm{E}[Z(\omega_2)-Z(\omega_1)]^2 - F(\omega_2) \quad F(\omega_1), \omega_2 \geqslant \omega_1$ 。　(4-27)

由上述条件，显然有

$$\mathrm{E}[\mathrm{d}Z(\omega_1)\mathrm{d}Z(\omega_2)] = \begin{cases} F(\omega_1)\mathrm{d}\omega_1 & \text{当 } \omega_1+\omega_2=0 \\ 0 & \text{当 } \omega_1+\omega_2\neq 0 \end{cases}$$

推广至三阶，有

$$\mathrm{E}[\mathrm{d}Z(\omega_1)\mathrm{d}Z(\omega_2)\mathrm{d}Z(\omega_3)] = \begin{cases} B(\omega_1,\omega_2)\mathrm{d}\omega_1,\mathrm{d}\omega_2 & \text{当 } \omega_1+\omega_2+\omega_3=0 \\ 0 & \text{当 } \omega_1+\omega_2+\omega_3\neq 0 \end{cases} \tag{4-28}$$

对于非线性波，考虑摄动展开，即令

$$\zeta(t) = \zeta_1(t) + \zeta_2(t) + \cdots \tag{4-29}$$

在波浪的情况下，一般可以假定$\mathrm{E}[\zeta]$和$\mathrm{E}[\zeta_n]$均为零，并且假定$\zeta_1(t)$为正态过程。按照非线性系统的泛函表示法（有关泛函表示法的理论将在6.1节介绍），高阶非线性项可以表示为

$$\zeta_n(t) = \int_{-\infty}^{t}\cdots\int_{-\infty}^{t} G_n(t-\tau_1,\cdots t-\tau_n)\zeta(\tau_1)\zeta(\tau_2)\cdots\zeta(\tau_n)\mathrm{d}\tau_1\cdots\mathrm{d}\tau_n \tag{4-30}$$

应用傅里叶-斯蒂尔杰斯表示式，式(4-30)可以变换成

$$\mathrm{d}Z_n(\omega) = \int\cdots\int_{\omega_1+\cdots+\omega_n=\omega} K_n(\omega_1,\omega_2,\cdots,\omega_n)\mathrm{d}Z(\omega_1)\mathrm{d}Z(\omega_2)\cdots\mathrm{d}Z(\omega_n) \tag{4-31}$$

式中，K_n为G_n的傅里叶变换（$G_n=0$，当$\tau_1=\tau_2=\cdots=\tau_n<0$）。

应用关系式(4-31)计算双谱，这里只讨论到四阶摄动的三阶平均乘积。

$$\begin{aligned} B(\omega_1,\omega_2)\mathrm{d}\omega_1\mathrm{d}\omega_2 = {} & B^{(3)}(\omega_1,\omega_2)\mathrm{d}\omega_1\mathrm{d}\omega_2 + B^{(4)}(\omega_1,\omega_2)\mathrm{d}\omega_1\mathrm{d}\omega_2 + \cdots = \\ & \mathrm{E}[\mathrm{d}Z_1(\omega_1)\mathrm{d}Z_1(\omega_2)\mathrm{d}Z_1(-\omega_1-\omega_2)] + \\ & \mathrm{E}[\mathrm{d}Z_1(\omega_1)\mathrm{d}Z_1(\omega_2)\mathrm{d}Z_2(-\omega_1-\omega_2)] + \\ & \mathrm{E}[\mathrm{d}Z_1(\omega_1)\mathrm{d}Z_2(\omega_2)\mathrm{d}Z_1(-\omega_1-\omega_2)] + \\ & \mathrm{E}[\mathrm{d}Z_2(\omega_1)\mathrm{d}Z_1(\omega_2)\mathrm{d}Z_1(-\omega_1-\omega_2)] \end{aligned} \tag{4-32}$$

等式右边第一项为三阶，其余三项为$B^{(4)}(\omega_1,\omega_2)$。由于假设$\zeta$为正态过程，故$B^{(3)}(\omega_1,\omega_2)$应为零。将式(4-31)代入式(4-32)，可以得到

$$\begin{aligned} B(\omega_1,\omega_2)\mathrm{d}\omega_1\mathrm{d}\omega_2 = 2[& S(\omega_1)S(\omega_2)K(-\omega_1,-\omega_2) + \\ & S(\omega_1)S(\omega_1+\omega_2)K(-\omega_2,\omega_1+\omega_2) + \\ & S(\omega_2)S(\omega_1+\omega_2)K(-\omega_2,\omega_1+\omega_2)] + \cdots \end{aligned} \tag{4-33}$$

由式(4-33)，可以由测量得到的波谱，通过核函数计算其双谱函数。核函数可以由理论推得。

海塞尔曼(Hasselmann)应用压力传感器测量，得到了在加利福尼亚海边外11 m水深处的波压变化，并由此转换得到该处双谱的结果。这一结果与应用上述理论分析得到的结果相比较，如图4-1所示，符合程度良好，从而证明了这一理论的适用性。

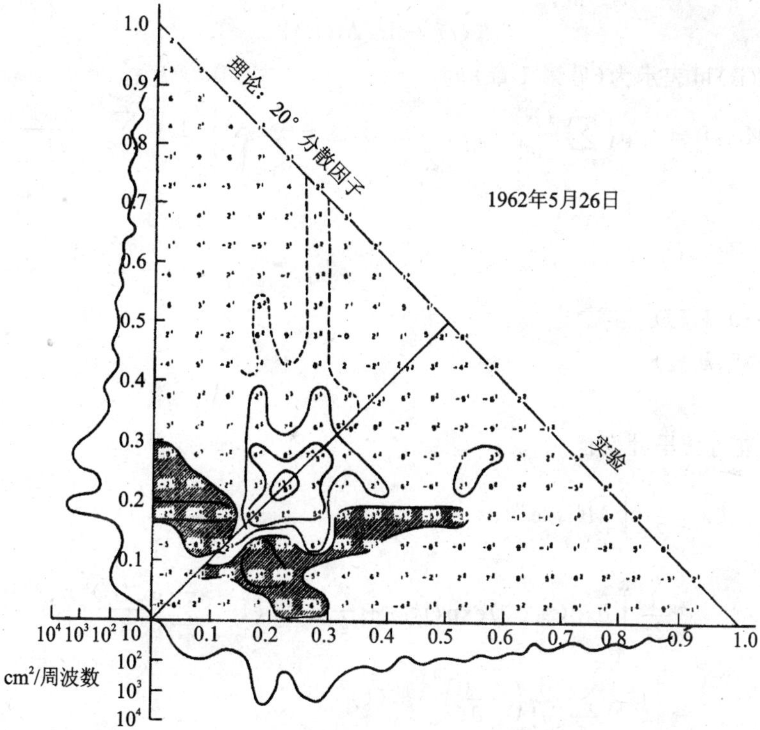

注：图中数字为单位频带平方记录的平均立方，也就是该处的波浪双谱密度函数(单位为 $cm^3 \cdot s^2$)。数字上的方次代表该数字乘以相应的 10 的方次。图中轮廓线为对 10^3, 10^4, 10^5, 10^6 的位置。纵横坐标则为频率，每一刻度为 0.25 周波数。沿两坐标侧(左侧和下侧)的曲线为波能谱密度，单位列在左下角处。

图 4-1　实测双谱函数与估计双谱的比较

4.4　非线性波的概率分布

前面已经介绍过线性随机波的概率分布，并且证明了这一线性波的分布函数为正态。大量的观测资料表明，在波浪陡度不大的情况下，波浪表面坐标的分布确实是符合正态分布的。但是当波陡加大，或浅水影响明显时，这一分布函数将偏离正态的形式，也就是出现峰陡谷坦的形状。而这一现象反映到波面的概率分布，则表现为分布函数出现不对称，即将有一偏度出现。波浪坐标的线性概率分布是由 Longuet-Higgins 提出的。他提出的随机波的线性模型，很好地说明了随机波的正态特性与线性假定的关系。1963 年，他进一步将这一模型推广到包括高阶乘积的情况，即认为波面可以表示成

$$\zeta = \sum_i \alpha_i \xi_i + \sum_i \sum_j \alpha_{ij} \xi_i \xi_j + \sum_i \sum_j \sum_k a_{ijk} \xi_i \xi_j \xi_k + \cdots \tag{4-34}$$

在线性情况下，将只包含第一项。由于包含了高阶乘积项，ζ 的高于二阶的累积量系数将不为零。也就是说，此时概率分布不是正态的。由累积量生成函数 $K(t)$ 的定义

$$K(t)=\ln\{M(\mathrm{i}s)\}$$

其特征函数 $M(\mathrm{i}s)$ 可表示为(见第 1 章)

$$M(\mathrm{i}s)=\exp\left\{\sum_{n=1}^{\infty}\frac{(\mathrm{i}s)^n}{n!}k_n\right\}=\exp\left\{\mathrm{i}k_1s+\frac{\mathrm{i}^2}{2}k_2s^2\right\}\left\{1+\sum_n\frac{b_n(\mathrm{i}s)^n}{n!}\right\}$$

其中:$b_3=k_3$

$b_4=k_4$

$b_5=k_5$

$b_6=k_6+10(k_3k_4)$

$b_7=k_7+35(k_3k_4)$

$\vdots$

对此特征函数进行傅里叶变换

$$f(\zeta)=\frac{1}{2\pi}\int_{-\infty}^{\infty}M(\mathrm{i}s)\mathrm{e}^{-\mathrm{i}s\zeta}\mathrm{d}s=$$

$$\frac{1}{2\pi}\int_{-\infty}^{\infty}\exp(-\mathrm{i}s\zeta)\exp\left\{\mathrm{i}k_1s+\frac{\mathrm{i}^2}{2}k_2s^2\right\}\left\{1+\sum_{n=1}^{\infty}\frac{b_n(\mathrm{i}s)^n}{n!}\right\}\mathrm{d}s=$$

$$\left\{1+\sum_n\frac{1}{n!}\left(-\frac{\partial}{\partial\zeta}\right)^n\right\}p_0(\zeta)$$

其中
$$p_0(\zeta)=\frac{1}{\sqrt{2\pi k_2}}\exp\left(-\frac{\zeta^2}{2k_2}\right)$$

引入埃尔米特(Hermite)多项式

$$H_n(\zeta)=\exp(\zeta)\left(-\frac{\partial}{\partial\zeta}\right)^n\exp(-\zeta)$$

得到

$$p(\zeta)=\left\{1+\sum_n\frac{1}{n!}b_nH_n(\zeta)\right\}p_0(\zeta)$$

可以得到概率密度分布函数。其形式为爱基华茨(Edgeworth)级数

$$f(\eta)=\frac{\exp\left(-\frac{\eta^2}{2}\right)}{(2\pi\bar{k}^2)^{\frac{1}{2}}}\times\left[1+\sum_{n=1}^{\infty}C_n(\eta)\bar{k}_n\right]\tag{4-35}$$

其中:$\eta=\dfrac{\zeta}{\sigma}$,$\bar{k}_n=\dfrac{k_n}{\sigma^n}$,$\sigma$ 为标准差;

$C_3=\dfrac{H_3(\eta)}{6}$,$C_4=\dfrac{H_4(\eta)}{24}$,$C_5=\dfrac{H_5(\eta)}{120}$,$H_h(n)$ 为 n 阶埃尔米特多项式。

图 4-2 为根据式(4-35)得到的概率密度分布函数与实验室中实测得到的有限振幅随机波的概率密度函数的比较。

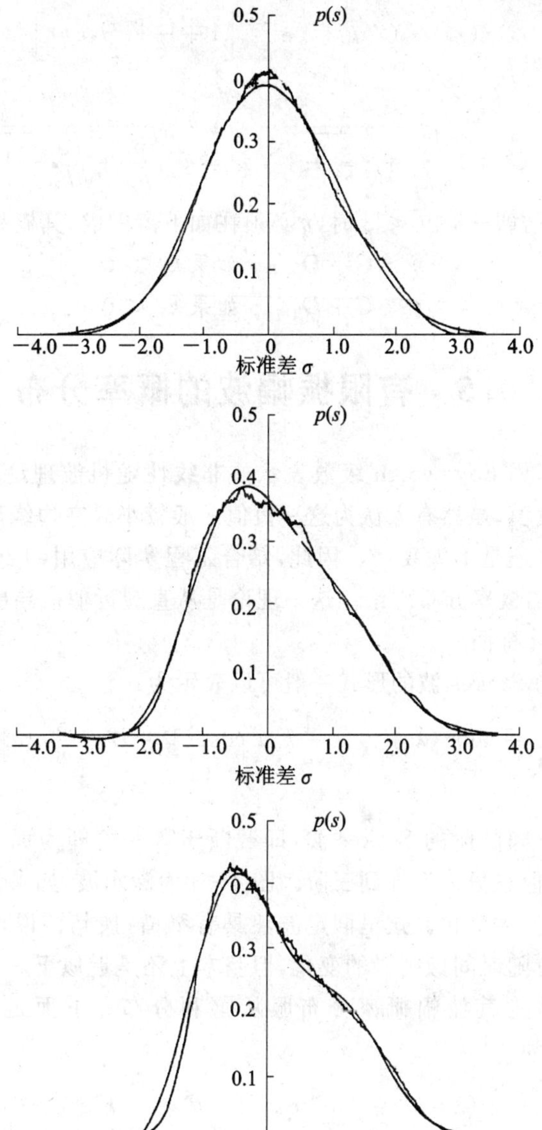

图 4-2 公式估算的非线性波概率分布与实验室实测结果的比较

可以看出，它们的符合程度很好，特别是随着波高增高，分布对零点不对称的现象严重。但是，式(4-35)存在一个严重的缺点，即在某些范围内，概率出现负值。虽然这一负值的范围及其对应的概率都很小，但它的出现是违背概率的基本定义的，应予以认真对待。

如果考虑到三阶，则式(4-35)为

$$f(\eta)=(2\pi\bar{k}_2)^{-\frac{1}{2}}\mathrm{e}^{-\frac{1}{2}\eta^2}\left[1+\frac{1}{6}\bar{k}_3H_3(\eta)\right]$$

令

$$C=\sqrt[3]{\frac{3}{\bar{k}_3}+\sqrt{\frac{9}{\bar{k}_3^2}-1}}\ ,\ D=\sqrt[3]{\frac{3}{\bar{k}_3}-\sqrt{\frac{9}{\bar{k}_3^2}-1}}$$

则在大多数风浪情况下，即$-3\leqslant\bar{k}_3\leqslant3$时，$\eta$必须在如下范围内，其概率才为正，即

$$\eta>C+D \qquad 如果\ \bar{k}_3>0$$
$$\eta<C+D \qquad 如果\ \bar{k}_3<0$$

4.5 有限振幅波的概率分布

在4.4节中介绍了用Edgeworth级数表示的非线性随机波理论。由于这一理论所得到的概率分布中出现了负值，虽然有人认为这一负值一般较小且在边缘部分，此一分布函数还可以应用，但从理论上讲，还是不太妥当。因此，结合工程实际应用，Tayfun以及有关学者发展了基于Stokes波理论的概率分布理论。这一理论是从直观近似推导出来的，但它反应了非线性Stokes波的基本统计特征。

经典波浪理论中的Stokes波的形式一般可以表示为

$$\zeta(x,t)=\frac{1}{2}k_0a^2+a\cos(\chi+\theta)+\frac{1}{2}k_0a^2\cos2(\chi+\theta)+\frac{3}{8}k_0^2a^3\cos3(\chi+\theta)+\cdots \tag{4-36}$$

这一级数形式对应于不同的阶的Stokes波，即截断于哪一阶即为那一阶的Stokes波。一般情形下常应用至五阶，但这里只推导到三阶。图4-3为深水波，如果为浅水，其基本形式是类似的，只是其波形数将发生变化。这里假定波浪具有窄谱，换句话说，即波形比较规则。它的波形表现为波幅及相位随时间做缓慢的变化，但基本上还是近似于一个规则波列，并且由于窄谱假定，可以进一步认为其波幅概率分布服从雷利分布。下面是这一分布函数的推导。式(4-36)可进一步化为

$$\zeta(x,t)=a\cos(\chi+\theta)+k_0a^2\cos^2(\chi+\theta)+\frac{3}{8}k_0^2a^3\cos3(\chi+\theta)+\cdots \tag{4-37}$$

这里应用到关系式

$$\cos2\chi=2\cos^2\chi-1$$

如果认为波列可以用式(4-37)表示，则按照正弦函数的复数表示法，令

$$\bar{\zeta}(x,t)=a\mathrm{e}^{\mathrm{i}(\chi+\theta)}=a\cos(\chi+\theta)+\mathrm{i}a\sin(\chi+\theta)$$
$$\bar{\zeta}_\mathrm{R}=a\cos(\chi+\theta)$$
$$\bar{\zeta}_\mathrm{I}=a\sin(\chi+\theta) \tag{4-38}$$

式(4 - 37)可以改写为

$$\zeta = a\cos(\chi+\theta) + k_0 a^2 \cos^2(\chi+\theta) + \frac{3}{8}k_0^2 a^3[\cos^3(\chi+\theta) - 3\cos(\chi+\theta)\sin^2(\chi+\theta)] =$$

$$\zeta_R + k_0\zeta_R^2 + \frac{3}{8}k_0^2[\zeta_R^3 - 3\zeta_R\zeta_I^2] \tag{4-39}$$

对式(4 - 39)进行无因次化。为此,先计算 ζ 的平均值及方差,应用雷利分布的特点,可以得到平均值为

$$\bar{\zeta} = \frac{1}{2}\bar{k}_0 a^2$$

方差为

$$\bar{\zeta}^2 = \frac{1}{2}\bar{a}^2 + \frac{3}{8}k_0^2\overline{aa}^4 = \frac{1}{2}\overline{aa}^2\left(1+\frac{3}{2}k_0^2\overline{aa}^2\right) \tag{4-40}$$

式(4 - 40)中应用了雷利分布的关系式 $\overline{aa}^4 = 2(\overline{aa}^2)^2$,从而可以求得方差 σ^2 为

$$\sigma^2 = \bar{\zeta}^2 - (\bar{\zeta})^2 = \frac{1}{2}\bar{a}^2\left(1+\frac{3}{2}k_0^2\bar{a}^2\right) - \left(\frac{1}{2}k_0\bar{a}^2\right)^2 =$$

$$\frac{1}{2}\bar{a}^2(1+k_0^2\bar{a}^2) \tag{4-41}$$

应用标准差 σ 对 ζ 进行无因次化,即

$$\eta(x,t) = \frac{[\zeta(x,t) - \bar{\zeta}(x,t)]}{\sigma} \tag{4-42}$$

这样,式(4 - 40)经过无因次化后,可以写成 $\eta(x,t)$ 的形式

$$\eta = \frac{Z_R}{N} + \frac{Z_R^2}{R}k_0\sigma + \frac{3}{8}\,\frac{Z_R^3 - 3Z_R Z_I^2}{N}k_0^2\sigma^2 - k_0\sigma \tag{4-43}$$

式中

$$Z_R = \frac{\zeta_R}{\sigma}\ ,\ Z_I = \frac{\zeta_I}{\sigma}$$

$$N = \frac{\sigma}{\left(\frac{\bar{a}^2}{2}\right)^{\frac{1}{2}}} \approx 1 + k_0^2\sigma^2$$

由式(4 - 43)可以将 Z_R 用 η 及 $k_0\sigma$ 显式表示。具体做法是将式(4 - 43)右端的 Z_R 展开为 η 及 $k_0\sigma$ 的二重级数,然后由式(4 - 43)左右相等的条件,确定各项前的系数。在这里,可以认为 η 及 $k_0\sigma$ 为小量,取到 η 的二阶,得到的表达式为

$$Z_R \simeq N\eta - N(\eta^2 - 1)k_0\sigma + N\left(\frac{13}{8}\eta^3 - 2\eta\right)k_0^2\sigma^2 + \frac{9}{8}\,\frac{\eta}{N}Z_I^2 k_0^2\sigma^2 =$$

$$H_\eta + \frac{9}{8}\,\frac{\eta}{N}Z_I^2 k_0^2\sigma^2 \tag{4-44}$$

这里为使公式简洁紧凑，引入

$$H_\eta = N\left[\eta - k_0\sigma(\eta^2 - 1) + k_0^2\sigma^2\left(\frac{13}{8}\eta^3 - 2\eta\right)\right] \tag{4-45}$$

假定在窄谱的情况下，其振幅的概率分布仍为雷利分布，则有

$$P(Z_R, Z_I) = \frac{1}{2\pi}\exp\left[-\frac{1}{2}(Z_R^2 + Z_I^2)\right]$$

式中：$p(Z_R, Z_I)$为Z_R和Z_I的联合概率密度分布函数。它可以将$(k_0^2\sigma^2)$及η阶的精度写成η和Z_I的分布，其形式为

$$p(\eta, Z_I) = \frac{1}{2\pi}\exp\left[-\frac{1}{2}H_\eta^2 - \frac{1}{2}\left(1 + \frac{9}{4}\eta^2 k_0^2\sigma^2\right)Z_I^2\right] \tag{4-46}$$

及

$$p(Z_R, Z_I)\,\mathrm{d}Z_R\mathrm{d}Z_I = P(\eta, Z_I)\,\mathrm{J}\left(\frac{Z_R, Z_I}{\eta, Z_I}\right)\mathrm{d}\eta\mathrm{d}Z_I \tag{4-47}$$

这里J( )为$(Z_R, Z_I)\to(\eta, Z_I)$变换的雅可比式。到$o(k_0^2, \sigma^2)$阶为

$$\mathrm{J}\left(\frac{Z_R, Z_I}{\eta, Z_I}\right) \approx \frac{\partial H\eta}{\partial \eta} + \frac{9}{8}k_0^2\sigma^2\,\frac{Z_I^2}{N} \tag{4-48}$$

因为只对$P(\eta)$讨论，因此在式(4-47)中对Z_I积分求得

$$P(\eta) = \int_{-\infty}^{\infty} p(\eta, Z_I)\,\mathrm{J}\left(\frac{Z_R, Z_I}{\eta, Z_I}\right)\mathrm{d}Z_I =$$

$$\frac{\mathrm{e}^{-\frac{H_\eta^2}{2}}}{\sqrt{2\pi}}\left[\frac{\dfrac{\partial H\eta}{\partial \eta}}{\left(1 + \dfrac{9}{4}k_0^2\sigma^2\eta^2\right)^{\frac{1}{2}}} + \frac{9}{8}\,\frac{k_0^2\sigma^2}{N}\,\frac{1}{\left(1 + \dfrac{9}{4}k_0^2\sigma^2\eta^2\right)^{\frac{3}{2}}}\right] \tag{4-49}$$

这是一个非高斯的概率分布，其形式如图4-3所示。可以看出，在分布的曲线族中，不再有负

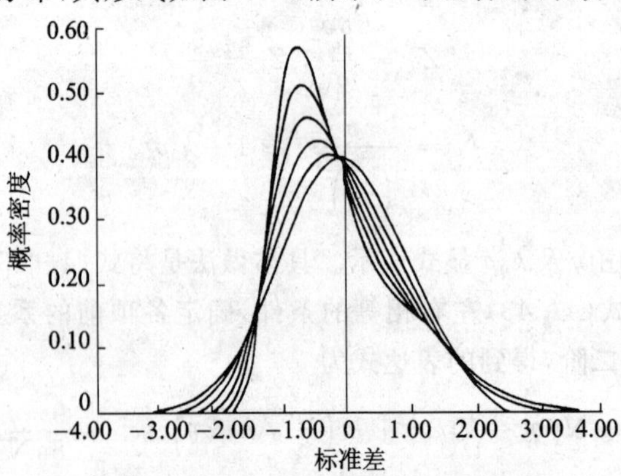

图 4-3 Stokes 波面坐标概率分布

的概率出现。这一分布只依赖于两个参数，即标准差σ和有义波倾$\sigma\lambda$。从工程应用来讲，这一表达式将是很方便的。

4.6　非线性波浪要素的统计分布

由于波浪要素的统计分布决定于波面坐标，因此波面坐标随时间的变化，也就是波面坐标对时间的导数的联合概率分布函数。因此，在推导要素的概率分布之前，必须首先求出这一联合密度分布函数。但是前面已经知道，由于非线性的影响，此时不可能像线性波那样假定此分布为正态，必须重新推导。在此仍沿用前面一维时所采用的方法将其推广到三维。

首先来推导波面、波面速度及波面加速度的联合概率密度分布函数，与一维时的相似。令

$$\exp\left\{\sum_{j=1}^{\infty}\frac{\mathrm{i}^{s}}{j\,!}\sum_{l,m,n=1}^{3}\boldsymbol{k}_j\boldsymbol{Z}_j\right\}=1+\sum_{j=3}^{\infty}\frac{\mathrm{i}^{j}}{j\,!}\sum_{l,m,n=1}^{3}b_j z_l\cdots z_m \tag{4-50}$$

式中，b_j 可以由将式(4-50)展开后，取对应项前的系数相等决定。这里 b_j 包含对应于j 个不同的运动参数的组合，成为伪矩系数。它们与各阶累积量系数间有一定的关系，可以由关系式(4-50)推出。在三阶以下，它们是相同的，即

$$b_3=k_3$$

$$\cdots$$

$$b_6=k_6+10\{k_3k_3\}_s$$

这里等式右端第二项中的下标 s 代表取所有对称的下标组合。波面坐标 ζ 以及其导数 $\dot{\zeta}$ 和 $\ddot{\zeta}$ 的联合特征函数可以写为

$$\varphi_3(t_1,t_2,t_3)=\exp\left\{\mathrm{i}\sum_{l\cdots m=1}^{3}k_1t_l+\frac{\mathrm{i}^2}{j\,!}\sum_{l\cdots m=1}^{3}\right\}k_2t_lt_m\times\left\{1+\sum_{j=3}^{\infty}\frac{\mathrm{i}^j}{j\,!}\sum_{l\cdots m=1}^{3}b_jt_l\cdots t_m\right\} \tag{4-51}$$

对 $\varphi(t_1,t_2,t_3)$进行傅里叶变换，可以得到 $\zeta,\dot{\zeta},\ddot{\zeta}$ 的联合概率密度函数

$$p_3(\zeta,\dot{\zeta},\ddot{\zeta})-(2\pi)^{-1}\int_{-\infty}^{\infty}\int_{-\infty}^{\infty}\int_{-\infty}^{\infty}\exp\left\{-\mathrm{i}\sum_{l=1}^{3}\eta_lt_l\right\}\left\{1+\sum_{j=1}^{\infty}\frac{\mathrm{i}^j}{j\,!}\sum_{l\cdots m}^{3}b_jt_l\cdots t_m\right\}\times$$

$$\exp\left\{\mathrm{i}\sum_{l=1}^{3}k_1t_l+\frac{\mathrm{i}^2}{2}\sum_{l\cdots m}^{3}k_2t_lt_m\right\}\mathrm{d}t_1\mathrm{d}t_2\mathrm{d}t_3$$

将积分与求和转换位置，积分后得到

$$p_3(\zeta,\dot{\zeta},\ddot{\zeta})=\left\{1+\sum_{j=3}^{\infty}\frac{1}{j\,!}\sum_{l\cdots m}^{3}b_j\left(-\frac{\partial}{\partial\zeta}\right)\left(-\frac{\partial}{\partial\dot{\zeta}}\right)\left(-\frac{\partial}{\partial\ddot{\zeta}}\right)\right\}p_3^0(\zeta,\dot{\zeta},\ddot{\zeta}) \tag{4-52}$$

其中：

$$p_3^0(\zeta,\dot{\zeta},\ddot{\zeta})=(2\pi)^{-\frac{1}{2}}\left[\det(k_2)\right]^{-\frac{1}{2}}\exp\left\{-\frac{1}{2}\sum_{l,m=1}^{3}\alpha_{lm}\eta_l\eta_m\right\}$$

在此 $\eta_1=\zeta,\eta_2=\dot{\zeta},\eta_3=\ddot{\zeta}$，应用推广的 Hermite 多项式

$$H_{l\cdots m}[x]=\mathrm{e}^{\varphi(x)}\left(-\frac{\partial}{\partial x_i}\right)\cdots\left(-\frac{\partial}{\partial x_m}\right)\mathrm{e}^{-\varphi(x)} \tag{4-53}$$

式中，指数函数 $\varphi(x)$ 可以表示为二次形式

$$\varphi(x)=\frac{1}{2}\sum_{l,m=1}^{3}\alpha_{lm}x_l x_m$$

令 $y_l=\dfrac{\partial\varphi(X)}{\partial X_l}$，则 $H_{l\cdots m}[x]$ 可写成

$$\begin{aligned}
H_l[x]&=y_l\\
H_{lm}[x]&=y_l y_m-\alpha_{lm}\\
H_{lmp}[x]&=y_l y_m y_p-\alpha_{lm}y_p-\alpha_{lp}y_m-\alpha_{mp}y_l\\
H_{lmpq}[x]&=y_l y_m y_p y_q-\alpha_{lm}y_p y_q-\alpha_{lp}y_m y_q-\alpha_{lq}y_m y_p-\alpha_{mp}y_l y_q-\\
&\quad\alpha_{mq}y_l y_p-\alpha_{pq}y_l y_m-\alpha_{lm}\alpha_{pq}-\alpha_{lp}\alpha_{mq}-\alpha_{lq}\alpha_{mp}\cdots
\end{aligned}$$

而

$$p_3(\eta_1,\eta_2,\eta_3)=\left\{1+\sum_{j=3}^{\infty}\frac{1}{j!}\sum_{l\cdots m=1}^{3}b_j H_{l\cdots m}[\eta-k_1]\right\}p_3^0(\eta_1,\eta_2,\eta_3) \tag{4-54}$$

应用这一分布函数，可以计算各阶的相关函数，从而定出有关的伪矩系数；再应用平稳过程的过阈理论方法，可以求出在爱基华茨(Edgeworth)级数形式的分布函数条件下，波浪高度的统计分布形式。

日野与於家鹏根据海塞尔曼(Hasselman)二阶波传递函数，推导得到的二阶非线性波的极大值分布函数为

$$\begin{aligned}
\sqrt{2\pi}p_{\max}(\eta)=&\varepsilon\left[1+\left(C_{100}-\frac{C_{120}}{2}-\frac{C_{300}}{2}+\frac{C_{102}}{2}+\frac{C_{003}}{6}\frac{\sqrt{1-\varepsilon^2}}{\varepsilon}\right)\eta+\frac{C_{300}}{6}\eta^3\right]\mathrm{e}^{-\frac{\eta^2}{2\varepsilon}}+\\
&\left[\frac{\sqrt{1-\varepsilon^2}}{6}C_{300}\eta^4+\left(\sqrt{1-\varepsilon^2}C_{100}-\frac{\sqrt{1-\varepsilon^2}}{2}C_{120}-\frac{\varepsilon}{2}C_{201}-\frac{\sqrt{1-\varepsilon^2}}{2}C_{300}\right)\eta^2\right]\times\\
&\mathrm{e}^{-\eta^2}\int_{-\infty}^{\frac{\sqrt{1-\varepsilon^2}}{2}\eta}\mathrm{e}^{-\frac{\eta_3^2}{2}}\mathrm{d}\eta_3-\left[\varepsilon\left(C_{001}+\frac{C_{201}}{2}-\frac{C_{021}}{2}-\sqrt{1-\varepsilon^2}\right)\right]\times\mathrm{e}^{-\eta^2}\int_{-\infty}^{\frac{\sqrt{1-\varepsilon^2}}{2}\eta}\mathrm{e}^{-\frac{\eta_3^2}{2}}\mathrm{d}\eta_3
\end{aligned}$$

其中，C_{lmn} 为包含 b_j 及 k_j 的系数。

思考题

4.1 在二阶非线性波浪的情况下，二阶波的表达式(4-14)中，$G(\omega_1,\omega_2;k_1,k_2)$ 的含意是什么？式中频率 ω_1,ω_2 代表什么意义？

4.2 一个非高斯或非正态的过程与正态过程相比，两者的区别何在？

4.3 采用 Edgeworth 级数方法求非线性系统响应的概率分布时，为什么必须用累积量而不用矩？

4.4 根据给定波谱按 Longuet-Higgins 模型生成的波浪时间历程与在造波水池中按同样给定谱生成得到的波浪表面时间历程有没有差别？为什么？

4.5 列出一至三阶的非线性波的波面、波面垂向速度及波面垂向加速度的联合概率密度函数。

参考文献

1 Anastasiu K, Tickell R G, Chaplin J R. The Nonlinear Properties of Random Wave Kinematics. Second International Symposium on Behavior of Offshore Structrue. MIT B,1982

2 Hasselmann K. On the nonlinear energy transfer in a gravity wave spectrum Part 1 General theory. Journal of Fluid Mechanic, 1961, 12:481

3 Hasselmann K. Bispectra of Ocean Wave in Proceedings of Symposium on time series analysis. Edited by M Rosenblatt. New York Wiley, 1963, 125～139

4 Longuet-Higgins M S. The effect of non-linearities on statistical distributions in the theory of sea waves. Journal of Fluid Mechanic, 1963, 17:459

5 Huang N E, Long S R. An experimental study of the surface elevation probability distribution and statistics of wind generated waves. Journal of Fluid Mechanic, 1980, 101:179

6 Tayfun M A. Narrow-band non-linear sea waves. J Geophys Res. 1980, 85:15

7 李远林，陈加箐. 窄带非线性海洋波的 Stokes 波模型. 中国造船，1990[总]108(1)

8 Stratonovitch R L. Topics in the Theory of Random Noise Gordon and Breach, 1964

9 Hineno M. A Calculation of the Statistical Distribution of the Maxima of Nonlinear Response in Irregular Waves. 日本造船学会论文集，1968:159

10 於家鹏，余滋红. 非线性相应极值统计预报的研究. 中国造船，1989,1

第5章 非线性系统随机响应

5.1 非线性动力系统的一般介绍

前面只讨论了非线性波浪和非线性系统的响应，即一个高斯过程在非线性系统作用下所得出的响应的概率分布问题。但如何根据非线性系统本身的特性，估算系统在给定随机干扰下的响应问题，尚未提及。本节将结合一些工程问题，介绍非线性系统的基本特点及其响应问题。

在本专业范围内，最早遇见的非线性问题，就是船舶的大幅度横摇。这一问题，早在18世纪就引起了学者们的注意。但遗憾的是，直至现在这一古老的问题还没有得到完满的解决。近代随着海洋工程的发展，系泊浮式结构的应用，提出了关于二阶漂移力及漂移运动等非线性问题。由于这一问题与波浪的随机性直接有关，使得求解非线性系统的随机响应问题十分迫切。另外，还可以举出许多其他领域的非线性系统的例子。

所谓非线性动力系统，就是输入与输出具有非线性关系的系统。在一般的情况下，可以用非线性常微分方程来表示这一系统；但是在某些情况下，例如曾经在船舶运动的例子中看到的，仅应用微分方程还不足以描述某些系统，而必须在方程中包含代表流体反力记忆效应的卷积项，形成包含卷积项在内的积分微分方程。这一形式的非线性动力系统自然是复杂多样的。到目前为止，还没有系统全面的研究例子。在这里，只能就目前得到的一些成果作简单的回顾。对非线性问题，在通常遇到的船舶与海洋工程中，目前最感兴趣的问题大致可分为两类。

一类是可以用多项式表示其非线性项的非线性方程所表征的非齐次系统。这一方程即为通常所称的达芬(Duffing)方程。它包括非线性阻尼、非线性复原力等项，可以应用非线性力学的方法求解。对于船舶与海洋工程中的问题来说，难点在于外干扰的随机性。这一类方程在船舶运动方面的应用主要是在讨论船舶的大幅运动和倾覆以及锚泊系统中的甩尾等牵涉到系统的稳定性的问题。有关内容在后面的章节中将逐步加以讨论。

另一类则是所谓的弱非线性问题，也就是方程中或系统中的非线性项相对一阶项为一个小量。通常，对这一类问题用所谓的摄动法处理。为此，必须寻求一个表征非线性项量级的特征量，即小参数；然后以此小参数将解展开为不同的阶，再代入原方程，并将方程转化为一系列的线性方程。这一摄动法只能处理弱非线性，对大幅度的摇摆及倾覆等极端情况，是完全不适用的；但对非线性造成的一些特别的现象，如系泊船舶在波浪上的慢漂运动等，则非常有效。

因此，在工程上有实用价值。

达芬方程表示的非线性系统与船舶运动紧密联系，本节将详细地介绍。以船舶大幅度横摇为例，其方程可写为

$$\ddot{\varphi}+2k[\dot{\varphi}]+C[\varphi]=F(t) \tag{5-1}$$

式中：$k[\dot{\varphi}]$为$\dot{\varphi}$的多项式；$C[\varphi]$为φ的多项式。因此，常将式(5-1)写为

$$\ddot{\varphi}+F(\varphi,\dot{\varphi},t)=0 \tag{5-2}$$

而式(5-2)则相当于

$$F(\varphi,\dot{\varphi},t)=-k[\dot{\varphi}]-C[\varphi]+F(t)$$

的特例。

在船舶运动理论中，常认为流体阻尼项可以表示为

$$F_1(t)=-\beta_1\dot{\varphi}-\beta_2\dot{\varphi}\mid\dot{\varphi}\mid \tag{5-3}$$

这一表达式也可以用奇次项高阶多项式表示。实际上，式(5-3)中将绝对值展开，可以得到任意阶的奇次多项式。对于复原力可以写为

$$F_2(t)=-C_1\varphi-C_3\varphi^3-C_5\varphi^5$$

船舶的质量为m，则按照牛顿第二定理，可以写出等式

$$m\ddot{\varphi}=\sum F_i=F_1+F_2=-\beta_1\varphi-\beta_2\dot{\varphi}\mid\dot{\varphi}\mid-C_1\varphi-C_3\varphi^3+F(t)$$

经整理后，得到方程为

$$m\ddot{\varphi}+\beta_1\dot{\varphi}+\beta_2\dot{\varphi}\mid\dot{\varphi}\mid+C_1\varphi+C_3\varphi^3=F(t) \tag{5-4}$$

对于这一微分方程，即使在确定的情况下，也没有解析解；但对齐次方程的情况，即相当于右端为零，同时不计阻尼的情况有解析解。这一无外干扰、无阻尼的微分方程所代表的系统，称为哈密顿(Hamilton)系统。在此简单介绍这一解析结果的推导过程及所得到的结果。在后面应用随机平均法求解某些非线性系统的统计特性时，将会应用到这一结果。

为了推导书写简便，将式(5-1)改写为无因次形式，并只考虑复原力非线性的情况。令

$$\varphi^*=\left(\frac{C_1}{-C_3}\right)^{\frac{1}{2}},\tau=\omega_0 t,\omega_0=\left(\frac{C_1}{m}\right)^{\frac{1}{2}}$$

$$\psi=\frac{\varphi}{\varphi^*}$$

即得到方程

$$\ddot{\psi}+\psi-\psi^3=0 \tag{5-5}$$

将式(5-5)中各项乘以$\mathrm{d}\psi$，且

$$\frac{\mathrm{d}^2\psi}{\mathrm{d}\tau^2}=\frac{\mathrm{d}}{\mathrm{d}\tau}\left(\frac{\mathrm{d}\psi}{\mathrm{d}\tau}\right)$$

则

$$\frac{\mathrm{d}\psi}{\mathrm{d}\tau}\mathrm{d}\left(\frac{\mathrm{d}\psi}{\mathrm{d}\tau}\right)+\psi\mathrm{d}\psi-\psi^3\mathrm{d}\psi=0$$

逐项积分后得到

$$\frac{1}{2}\dot{\psi}^2+\frac{1}{2}\psi^2-\frac{1}{4}\psi^4=C \tag{5-6}$$

式中 C 为积分常数。

式(5-6)进一步写成

$$\dot{\psi}^2=\frac{\psi^4}{2}-\psi^2+2C \tag{5-7}$$

由于主要讨论有限振幅振荡，故式(5-7)也应适用于 $\dot{\psi}=0$ 的情况，即

$$\frac{\psi^4}{2}-\psi^2+2C=0 \tag{5-8}$$

这一方程经过因式分解，可以将式(5-7)表示为

$$\dot{\psi}^2=(\psi^2-a)(\psi^2-b) \tag{5-9}$$

式中，a 和 b 为式(5-8)的根。可以看出，式(5-8)应有四个根，即一对符号相反的实根和一对共轭复根。由于要求振幅为有限，因此 a 和 b 必须为实根。

设 ψ 具有如下形式的解：

$$\psi=A\sin\zeta$$

其中，ζ 为某时间 τ 的函数。将 ψ 代入式(5-9)得到

$$A^2\cos^2\zeta\dot{\zeta}^2=(A^2\sin^2\zeta-a)(A^2\sin^2\zeta-b)$$

可以看到，a 和 b 应满足下列关系：

$$a=A^2$$

$$b=2-A^2$$

因此

$$A^2\cos^2\zeta\dot{\zeta}^2=(A^2\sin^2\zeta-A^2)[A^2\sin^2\zeta-(2-A^2)]$$

$$\dot{\zeta}^2=-A^2\sin^2\zeta+(2-A^2)$$

从而得到

$$\zeta(\tau)=\sqrt{(2-A^2)-A^2\sin^2\zeta}$$

经过移项整理并积分后，得到 τ 的表达式为

$$\tau=\int_0^{\zeta}\frac{d\zeta}{\sqrt{(2-A^2)\left(1-\frac{A^2}{2-A^2}\sin^2\zeta\right)}}$$

令

$$\omega_1=\sqrt{2-A^2}$$

$$m=\frac{A^2}{2-A^2}$$

最后 ψ 可以写成

$$\psi = A\sin\zeta = A\mathrm{sn}(\omega_1, \tau, m)$$

式中：sn 代表雅可比椭圆函数，其模数为 m，它与振幅 A 有关。雅可比椭圆函数为一个振荡函数。其周期为

$$T = \frac{4K(m)}{(2-A^2)^{\frac{1}{2}}} \tag{5-10}$$

其中

$$K(m) = \int_0^{\frac{\pi}{2}} \frac{\mathrm{d}\zeta}{\sqrt{1-m\sin^2\zeta}} \tag{5-11}$$

称为第一类椭圆积分。因此，这一系统的自然振荡周期与振幅 A 有关。

在这一类非线性方程中，除上面介绍的情况外，对非线性阻尼的情况，在一些特殊的形式下可以有解析解；而对非齐次的情况，即在系统上加了外干扰和阻尼，仍没有解析结果得到，只有渐近解。

对大振幅情况下的非线性方程的求解中，一个重要的问题是解的稳定性问题。可以看出，在软弹簧的达芬方程系统中，当振幅超过 φ^*（稳定性消失角）之后，解将不稳定，图 5-1 中的相轨迹将发散，趋向另一个平衡点或所谓的吸引子。通过 $\pm\varphi^*$ 的相轨迹称为系统的异宿圈。它代表了这一 Hamilton 系统的稳定性边界。在具有外干扰和阻尼的情况下，系统的运动响应将十分复杂。首先，其运动的振幅及频率不会像在线性的情况下趋于某一常数，而是一个复杂的图像。为了表示这一运动响应，可以应用庞加莱(Poincare)转绘或闪频显示的方法。这一方法可以简单解释如下：在某一时刻，留下其运动响应的相迹图，则在此相迹图上将有一个相应的点。以某一给定的时间间隔采集相迹图，并将其绘于同一图面上，则相应于每一时刻应有相应的点。在线性系统的情况下，如时间间隔取外干扰振荡周期，显然所有的点将集中于一

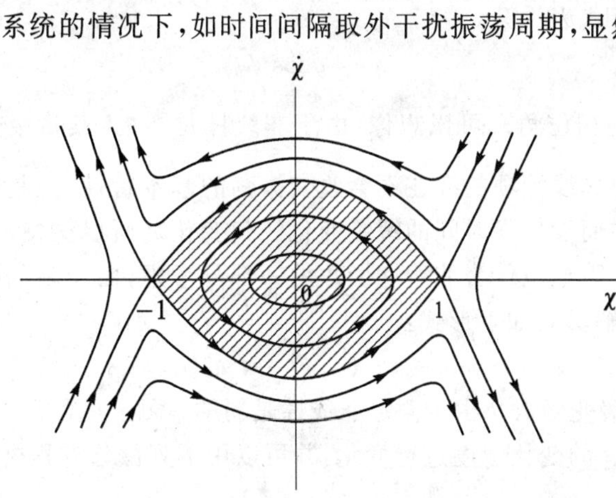

图 5-1　方程在不同振幅下的相迹图

点;但在非线性情况下,不会只出现一点。从相迹图上的图像可以看到非线性响应的性态。另外,当具有外干扰时,异宿圈的稳定性问题也是令人感兴趣的问题。特别是在讨论船舶在波浪上的倾覆时,将涉及到失稳现象。有关问题将在以后的章节中专门介绍。

另一类非线性问题是可以用摄动方法求解的问题,如须考虑流体记忆效应时的海洋结构运动响应问题等。这一类问题的方程常具有积微分方程的形式。有关这类问题的分析方法,将在有关二阶系统的理论中详细讨论。在此应该指出的是,由于在非线性问题中叠加原理失效,因此即使解决了在规则外干扰下响应的计算问题,也无法直接应用于随机干扰下响应概率分布的估算,使问题难度增加。

5.2 弱非线性微分方程的近似解法

对于一些非线性方程,特别是具有外干扰力项的非齐次方程,目前还没有解析解,只有用渐近解。在这里简单地介绍一种适用于求解弱非线性系统的振荡解的方法,即小参数法。它是属于摄动方法的一种,是由前苏联学者包戈留包夫和米特罗波尔斯基发展得到的。主要考虑如下一类方程:

$$\ddot{x} + \omega_0^2 x = \varepsilon f(x, \dot{x}, \omega_0 t) \tag{5-12}$$

式中:x 为运动参数;ω_0 为相应线性系统的自振频率;$f(x,\dot{x},\omega_0 t)$为非线性函数;ε 为表征弱非线性量级的小参数。

这里非线性函数 $f(x,\dot{x},\omega_0 t)$包含了所有除线性复原力项以外的力。线性阻尼和外干扰力均包含在内。首先介绍无外干扰的情况,相当于齐次方程的情况。此时,非线性函数中将不出现时间的显式项,即具有 $f(x,\dot{x})$的形式。由于这一方程的结构,基本上是一个线性方程再叠加一个弱非线性的外干扰力。显然,当 $\varepsilon\to 0$ 时,这一外干扰力将消失,方程为一个线性二阶无阻尼方程。其解的形式为

$$x = a\cos\psi \tag{5-13}$$

式中 ψ 为周期 $T=\dfrac{2\pi}{\omega_0}$的相位角。可以想像,由于非线性是弱的,其量级较小。它对运动或解的影响不会很大。设想非线性项的存在不会改变振荡的基本特性,但是振幅及相位角将会由于这一非线性项的存在而发生随时间的缓慢变化。其变化之所以缓慢,主要是因为非线性量小的缘故(注意,这里将阻尼也作为非线性函数的一部分考虑,由于阻尼的作用通常使振幅发生缓慢的衰减)。假定解具有如下形式:

$$x = a\cos\psi + \varepsilon u_1(a,\psi) + \varepsilon^2 u_2(a,\psi) + \cdots \tag{5-14}$$

式中:a 和 ψ 为时间的缓变函数。由于假定非线性是弱的,振幅 a 及相位角 ψ 的变化将是 ε 阶的。换句话说,它将以 ε 的变化速度进行变化,并可以用下列微分方程决定:

$$\frac{\mathrm{d}a}{\mathrm{d}t} = \varepsilon A_1(a,\psi) + \varepsilon^2 A_2(a,\psi) + \cdots \tag{5-15}$$

$$\frac{\mathrm{d}\psi}{\mathrm{d}t}=\omega_0+\varepsilon B_1(a,\psi)+\varepsilon^2 B_2(a,\psi)+\cdots$$

对于一次近似，可以看到，当 $\varepsilon=0$ 时，方程(5-12)的解为

$$x=a\cos\psi \tag{5-16a}$$

$$\frac{\mathrm{d}x}{\mathrm{d}t}=-a\omega_0\sin\psi \tag{5-16b}$$

但此时 a 和 ψ 为时间的缓变函数，故对式(5-16a)求导得

$$\frac{\mathrm{d}x}{\mathrm{d}t}=\frac{\mathrm{d}a}{\mathrm{d}t}\cos\psi-a\frac{\mathrm{d}\theta}{\mathrm{d}t}\sin\psi-a\omega_0\sin\psi \tag{5-17}$$

式中，θ 为导数中除去线性部分的相位变化量。从式(5-16b)中可以得到

$$\frac{\mathrm{d}a}{\mathrm{d}t}\cos\psi-a\frac{\mathrm{d}\theta}{\mathrm{d}t}\sin\psi=0 \tag{5-18}$$

对式(5-17)两端求导

$$\frac{\mathrm{d}^2x}{\mathrm{d}t^2}=-\frac{\mathrm{d}a}{\mathrm{d}t}\omega_0\sin\psi-a\omega_0\frac{\mathrm{d}\theta}{\mathrm{d}t}\cos\psi-a\omega_0\cos\psi \tag{5-19}$$

将式(5-16)和式(5-19)代入式(5-12)得到

$$-\omega\frac{\mathrm{d}a}{\mathrm{d}t}\sin\psi-a\omega_0\frac{\mathrm{d}\theta}{\mathrm{d}t}\cos\psi=\varepsilon f(a\cos\psi,-a\omega_0\sin\psi)$$

由此得到

$$\left.\begin{aligned}\frac{\mathrm{d}a}{\mathrm{d}t}&=-\frac{\varepsilon}{\omega_0}f(a\cos\psi,-a\omega_0\sin\psi)\sin\psi\\ \frac{\mathrm{d}\theta}{\mathrm{d}t}&=-\frac{\varepsilon}{a\omega_0}f(a\cos\psi,-a\omega_0\sin\psi)\cos\psi\end{aligned}\right\} \tag{5-20}$$

将 a 和 θ 表示为平稳变化项 $\bar{a}$ 和 $\bar{\theta}$ 以及小颤动项的叠加。在第一次近似中，假设 $a=\bar{a}$，$\bar{\theta}=\theta$，($\bar{\psi}=\omega t+\bar{\theta}$)，则

$$\left.\begin{aligned}\frac{\mathrm{d}\bar{a}}{\mathrm{d}t}&=M_t\left\{-\frac{\varepsilon}{\omega_0}f(\bar{a}\cos\bar{\psi},-\bar{a}\omega_0\sin\bar{\psi})\sin\bar{\psi}\right\}\\ \frac{\mathrm{d}\bar{\theta}}{\mathrm{d}t}&=M_t\left\{-\frac{\varepsilon}{\bar{a}\omega_0}f(\bar{a}\cos\bar{\psi},-\bar{a}\omega_0\sin\bar{\psi})\cos\bar{\psi}\right\}\end{aligned}\right\} \tag{5-21}$$

这里 M_t 为对显含时间作平均化运算。由于式(5-20)右端为周期 $\frac{2\pi}{\omega_0}$ 的函数，故

$$\left.\begin{aligned}\frac{\mathrm{d}a}{\mathrm{d}t}&=-\frac{\varepsilon}{2\pi\omega_0}\int_0^{2\pi}f(a\cos\psi,-a\omega_0\sin\psi)\sin\psi\mathrm{d}\psi\\ \frac{\mathrm{d}\psi}{\mathrm{d}t}&=\omega-\frac{\varepsilon}{2\pi\omega_0}\int_0^{2\pi}f(a\cos\psi,-a\omega_0\sin\psi)\cos\psi\mathrm{d}\psi\end{aligned}\right\} \tag{5-22}$$

由式(5-22)可知，在一次近似下，只要知道非线性函数 $f(x,\dot{x})$，即可计算振幅及时间相

位角的变化率。

以某一具有非线性复原力函数的方程为例，设横摇方程为

$$I\frac{\mathrm{d}^2\varphi}{\mathrm{d}t^2}+K(\varphi)=0 \tag{5-23}$$

其中：I 为转动惯量；$K(\varphi)$为非线性复原力函数，可以表示为

$$K(\varphi)=K_0(\varphi)+\varepsilon\Phi(\varphi)$$

并可化为

$$\ddot{\varphi}+\omega_0^2\varphi=-\frac{\varepsilon\Phi(\varphi)}{I}$$

其中：

$$\omega_0^2=\frac{K_0}{I}$$

为了得到第一次近似解，将 $\Phi(a\cos\psi)$展开为傅里叶级数

$$\Phi(a\cos\psi)=\sum_{n=0}^{\infty}C_n(a)\cos n\psi$$

代入式(5－23)，计算后得到

$$\frac{\mathrm{d}a}{\mathrm{d}t}=0$$

$$\frac{\mathrm{d}\psi}{\mathrm{d}t}=\omega_0+\frac{\varepsilon C_1(a)}{2\omega_0 Ia}=\omega_{\mathrm{I}}(a)$$

由包戈留包夫的理论可以构造二阶以上的近似。

对于船舶在波浪上横摇的情况，在运动方程的右端非线性函数中，还应包括与外干扰力频率有关的项，即此时的方程一般可写为

$$\ddot{x}+\omega_0^2x=\varepsilon f(x,\dot{x},\omega t) \tag{5-24}$$

显然 $f(x,\dot{x},\omega t)$是频率为 ω 的周期函数，可以表示成

$$f(x,\dot{x},\omega t)=\sum_{n=-N}^{N}\mathrm{e}^{in\omega t}f_n\left(x,\frac{\mathrm{d}x}{\mathrm{d}t}\right)$$

如在式(5－24)中令 $\varepsilon=0$，则解为

$$x=a\cos(\omega_0t+\delta) \tag{5-25a}$$

$$\frac{\mathrm{d}x}{\mathrm{d}t}=-a\omega_0\sin(\omega_0t+\delta) \tag{5-25b}$$

这样，如果把 $\varepsilon f(x,\dot{x},\omega t)$看作外干扰力函数，并将其作傅里叶展开，则将式(5－25)代入后，由于 $f(x,\dot{x},\omega t)$对 ω 的周期性，其傅里叶展开式中将出现含有 $\sin(n\omega+m\omega_0)t$ 和 $\cos(n\omega+m\omega_0)t$ 的项。其中，n 和 m 是整数。显然，当 $n\omega+m\omega_0\approx\omega_0$ 时，也会发生共振。这就是说，在非线性系统中，会产生在自振频率以外的共振。这些共振可分成三种。如果考虑 $\omega\approx\frac{p}{q}\omega_0$ 的情况，

其中 p 和 q 为互质的数，那么

① $p=q=1$ 即 $\omega\approx\omega_0$，称为主共振或在通常意义上的共振；

② $q=1$ 即 $\omega\approx p\omega_0$ 或 $\omega_0\approx\dfrac{\omega}{p}$，称为在自然频率的泛音上的共振或分频共振，也称为参数共振；

③ $p=1$ 即 $\omega\approx q\omega_0$，称为在外干扰力频率上的共振。

对式(5-24)可以用相同的方法求解，找到如下形式的解：

$$x=a\cos\left(\frac{p}{q}\omega t+\theta\right)+\varepsilon u_1(a,\omega t,\psi)+\varepsilon^2 u_2(a,\omega t,\psi)+\cdots$$

其中：

$$\theta=\psi-\frac{p}{q}\omega t$$

a 和 θ 由下列方程组决定：

$$\begin{cases}\dfrac{\mathrm{d}a}{\mathrm{d}t}=\varepsilon A_1(a,\theta)+\varepsilon^2 A_2(a,\theta)+\cdots\\[2ex]\dfrac{\mathrm{d}\theta}{\mathrm{d}t}=\omega_0-\dfrac{p}{q}\omega+\varepsilon B_1(a,\theta)+\varepsilon^2 B_2(a,\theta)+\cdots\end{cases}$$

为了决定第一次近似，应用谐波平衡原理。首先考虑主谐波

$$x=a\cos\psi$$

$$\psi=\frac{p}{q}\omega t+\theta$$

在二次近似下，得到方程式(5-24)左端的主谐波为

$$\begin{aligned}\ddot{x}+\omega_0^2x=&\left\{\varepsilon\left[\left(\omega_0-\frac{p}{q}\omega\right)\frac{\partial A_1}{\partial\theta}-2a\omega B_1\right]+\varepsilon^2\left[\left(\omega_0-\frac{p}{q}\omega\right)\frac{\partial A_2}{\partial\theta}-2a\omega B_2\right]+\frac{\partial A_1}{\partial a}A_1+\right.\\&\left.\frac{\partial A_1}{\partial\theta}B_1+B_1^2a\right\}\cos\psi-\left\{\varepsilon\left[\left(\omega_0-\frac{p}{q}\omega\right)a\,\frac{\partial B_1}{\partial\theta}+2\omega_0A_1\right]+\right.\\&\left.\varepsilon^2\left[\left(\omega_0-\frac{p}{q}\omega\right)a\,\frac{\partial B_2}{\partial\theta}+2\omega_0A_2+\frac{\partial B_1}{\partial a}A_1a+\frac{\partial B_1}{\partial\theta}B_1a+2B_1A_1\right]\right\}\sin\psi\end{aligned}\qquad(5-26)$$

将 x 的小参数展开式代入式(5-24)的右端，在精确到二阶小量的情况下，得到主谐波的表达式为

$$\begin{aligned}\varepsilon f(x,\dot{x},\omega t)=&\varepsilon\sum_{\substack{n,m\\ f_{nm}^{(0)}+(m\pm1)p=0}}(a)\mathrm{e}^{\mathrm{i}\left[n\omega t+m\left(\frac{p}{q}\omega t+\theta\right)\right]}+\varepsilon^2\sum_{\substack{n,m\\ f_{nm}^{(0)}+(m\pm1)p=0}}f_{nm}^{(1)}(a)\mathrm{e}^{\mathrm{i}\left[n\omega t+m\left(\frac{p}{q}\omega t+\theta\right)\right]}=\\&\varepsilon\left[\cos\psi\frac{1}{2\pi^2}\sum_{\sigma}\mathrm{e}^{\mathrm{i}\sigma\theta q}\int_0^{2\pi}\int_0^{2\pi}f_0(a,\omega t,\psi)\mathrm{e}^{-\mathrm{i}\sigma q\theta'}\cos\psi\mathrm{d}\theta\mathrm{d}\psi\right]+\end{aligned}$$

$$\varepsilon\left[\sin\psi\frac{1}{2\pi^2}\sum_\sigma e^{i\sigma\theta q}\int_0^{2\pi}\int_0^{2\pi}f_0(a,\omega t,\psi)e^{-i\sigma q\theta'}\sin\psi d\theta d\psi\right]+$$
$$\varepsilon^2\left[\cos\psi\frac{1}{2\pi^2}\sum_\sigma e^{i\sigma\theta q}\int_0^{2\pi}\int_0^{2\pi}f_1(a,\omega t,\psi)e^{-i\sigma q\theta'}\cos\psi d\theta d\psi\right]+$$
$$\varepsilon^2\left[\sin\psi\frac{1}{2\pi^2}\sum_\sigma e^{i\sigma\theta q}\int_0^{2\pi}\int_0^{2\pi}f_1(a,\omega t,\psi)e^{-i\sigma q\theta'}\sin\psi d\theta d\psi\right] \tag{5-27}$$

其中，σ 为所有使积分不为零的整数。式中：

$$f_0(a,\omega t,\psi)=f_0(a,\theta,\psi)=f(\theta,a\cos\psi,-a\omega_0\sin\psi)$$
$$f_1(a,\theta,\psi)=f'_x(\theta,a\cos\psi,-a\omega_0\sin\psi)u_1+f'_{x'}(\theta,a\cos\psi,-a\omega_0\sin\psi)\times$$
$$\left[A_1\cos\psi-aB_1\sin\psi+\frac{\partial u_1}{\partial\theta}\left(\omega_0-\frac{p}{q}\omega\right)\right]-\frac{\partial u_1}{\partial a}\left(\omega_0-\frac{p}{q}\omega\right)\frac{\partial A_1}{\partial\theta}-$$
$$\frac{\partial u_1}{\partial\theta}\left(\omega_0-\frac{p}{q}\omega\right)\frac{\partial B_1}{\partial\theta}-2\frac{\partial^2u_1}{\partial\theta^2}B_1\left(\omega_0-\frac{p}{q}\omega\right)-2\frac{\partial^2A_1}{\partial a\partial t}-$$
$$2\frac{\partial^2u_1}{\partial\theta\partial t}B_1-2\frac{\partial^2u_1}{\partial\theta\partial a}\left(\omega_0-\frac{p}{q}\omega\right)A_1 \tag{5-28}$$

令式(5-26)和(5-27)中的相同谐波系数相等，则在第一次近似时得到

$$\left.\begin{aligned}\left(\omega_0-\frac{p}{q}\right)\frac{\partial A_1}{\partial\theta}-2a\omega B_1&=\frac{1}{2\pi^2}\sum_\sigma e^{i\sigma q\theta}\int_0^{2\pi}\int_0^{2\pi}f_0(a,\theta,\psi)e^{-i\sigma q\theta'}\cos\psi d\theta d\psi\\\left(\omega_0-\frac{p}{q}\right)a\frac{\partial B_1}{\partial\theta}+2\omega A_1&=-\frac{1}{2\pi^2}\sum_\sigma e^{iq\sigma\theta}\int_0^{2\pi}\int_0^{2\pi}f_1(a,\theta,\psi)e^{-iq\sigma\theta'}\sin\psi d\theta d\psi\end{aligned}\right\} \tag{5-29}$$

在二次近似时，得到

$$\left.\begin{aligned}\left(\omega_0-\frac{p}{q}\right)\frac{\partial A_2}{\partial\theta}-2a\omega B_2&=-\left(\frac{\partial a_1}{\partial a}A_1+\frac{\partial A_1}{\partial\theta}B_1-aB_1^2\right)+\frac{1}{2\pi^2}\sum_\sigma e^{iq\sigma\theta}\int_0^{2\pi}\int_0^{2\pi}f_1(a,\theta,\psi)e^{-iq\sigma\theta'}\cos\psi d\theta d\psi\\\left(\omega_0-\frac{p}{q}\right)\frac{\partial B_2}{\partial\theta}+2\omega A_2&=-\left(\frac{\partial B_1}{\partial a}A_1+a\frac{\partial B_1}{\partial\theta}B_1+2A_1B_1\right)-\frac{1}{2\pi^2}\sum_\sigma e^{iq\sigma\theta}\int_0^{2\pi}\int_0^{2\pi}f_1(a,\theta,\psi)e^{-iq\sigma\theta'}\sin\psi d\theta d\psi\end{aligned}\right\}$$

(5-30)

并且

$$\varepsilon u_1(a,\omega t,\psi)=\pm\sum_{[nq+(m\pm1)p\neq0]}\frac{e^{i(n\omega t+m\psi)}}{\omega_0^2+(n\omega+m\omega_0)^2}f_{nm}^0(a)$$

这里

$$f_{nm}^{(0)}(a)=\frac{1}{4\pi^2}\int_0^{2\pi}\int_0^{2\pi}f_0(a,\theta,\psi)e^{-i(n\theta+m\psi)}d\theta d\psi$$

作为一个例子，讨论如下横摇方程：

$$I\frac{\mathrm{d}^2\varphi}{\mathrm{d}t^2}+k\varphi=\varepsilon f(\varphi,\dot{\varphi})+\varepsilon F\sin\omega t \tag{5-31}$$

应用前面的公式，对于主共振 $p=1,q=1$，在第一次近似时，有

$$\varphi=a\cos(\omega t+\psi)$$

由式(5-29)可以解出 A_1 和 B_1，从而得到

$$\left.\begin{aligned}\frac{\mathrm{d}a}{\mathrm{d}t}&=-\frac{\varepsilon}{2\pi\omega_0 I}\int_0^{2\pi}f_0(a,\psi)\sin\psi\,\mathrm{d}\psi-\frac{\varepsilon F}{I(\omega_0+\omega)}\cos\theta\\ \frac{\mathrm{d}\theta}{\mathrm{d}t}&=\omega_0-\omega-\frac{\varepsilon}{2\pi\omega_0 aI}\int_0^{2\pi}f_0(a,\psi)\cos\psi\,\mathrm{d}\psi+\frac{\varepsilon F}{Ia(\omega_0+\omega)}\sin\theta\end{aligned}\right\} \tag{5-32}$$

令

$$\lambda_{\mathrm{e}}(a)=\frac{\varepsilon}{\pi a\omega}\int_0^{2\pi}f_0(a,\psi)\sin\psi\,\mathrm{d}\psi$$

$$K_{\mathrm{e}}(a)=K-\frac{\varepsilon}{\pi a}\int_0^{2\pi}f_0(a,\psi)\cos\psi\,\mathrm{d}\psi$$

分别代表相当阻尼及刚性系数，则式(5-32)写为

$$\left.\begin{aligned}\frac{\mathrm{d}a}{\mathrm{d}t}&=-\delta_{\mathrm{e}}(a)a-\frac{\varepsilon F}{I(\omega_0+\omega)}\cos\theta\\ \frac{\mathrm{d}\theta}{\mathrm{d}t}&=\omega_{\mathrm{e}}(a)-\omega+\frac{\varepsilon F}{Ia(\omega_0+\omega)}\sin\theta\end{aligned}\right\} \tag{5-33}$$

式中：

$$\delta_{\mathrm{e}}(a)=\frac{\lambda_{\mathrm{e}}(a)}{2I}$$

$$\omega_{\mathrm{e}}(a)=\sqrt{\frac{K_{\mathrm{e}}(a)}{I}}$$

如果讨论定常振荡状态，相当于$\frac{\mathrm{d}a}{\mathrm{d}t}=0,\frac{\mathrm{d}\theta}{\mathrm{d}t}=0$，则式(5-33)写成

$$-\delta_{\mathrm{e}}(a)a-\frac{\varepsilon F}{I(\omega_0-\omega)}\cos\theta=0 \tag{5-34}$$

$$\omega_{\mathrm{e}}(a)-\omega+\frac{\varepsilon F}{Ia(\omega_0+\omega)}\sin\theta=0$$

消去 θ 得到

$$I^2a^2\{[\omega_{\mathrm{e}}^2(a)-\omega^2]^2+4\omega^2\delta_{\mathrm{e}}^2(a)\}=\varepsilon^2F^2$$

这在形式上与线性强迫解相似，但是振幅 a 的函数。

5.3 非线性系统随机响应的近似解法

前面讨论了非线性动力系统的确定性解法，本节讨论非线性系统的随机响应的解法问题。由于问题的复杂性，目前只对某几类特殊系统才可以求得严格解，一般情况只能借助于近似方法。问题的难点主要在于此时叠加原理不再适用。因此，即使对于随机输入为高斯的情况，其输出也是非高斯的。但是在非线性弱的情况下，可以近似认为响应是接近高斯的，从而仍然可以应用高斯假定。一些近似方法基本上是应用这一假定作为基础的。

在近似方法中，应用于船舶及海洋工程随机响应的方法有以下几种：

① 等效线性化法；

② 摄动法；

③ 高斯截断法。

下面分别进行介绍。

5.3.1 等效线性化法

考虑如下形式的运动方程：

$$\ddot{x} + g(x,\dot{x}) = F(t) \tag{5-35}$$

其中：$g(x,\dot{x})$为某一非线性函数。如果把式(5-35)用下面的线性方程取代：

$$\ddot{x} + \beta_e\dot{x} + \omega_{0e}^2 x = F(t) \tag{5-36}$$

则这两个方程的差异$\varepsilon(x,\dot{x})$为

$$\varepsilon(x,\dot{x}) = g(x,\dot{x}) - \beta_e\dot{x} - \omega_{0e}^2 x \tag{5-37}$$

根据ε为最小的原则来选取β_e 和 ω_{0e}^2，则要求

$$\frac{\mathrm{E}[\varepsilon^2]}{\partial\beta_e} = 0 \tag{5-38}$$

$$\frac{\mathrm{E}[\varepsilon^2]}{\partial\omega_{0e}^2} = 0$$

由此，可以得出下列方程：

$$\mathrm{E}[\dot{x}g(x,\dot{x})] - \beta_e\mathrm{E}[\dot{x}^2] - \omega_{0e}^2\mathrm{E}[x,\dot{x}^2] = 0 \tag{5-39}$$

$$\mathrm{E}[xg(x,\dot{x})] - \beta_e\mathrm{E}[x\dot{x}] - \omega_{0e}^2\mathrm{E}[x^2] = 0$$

从而可解出β_e 和 ω_{0e}^2为

$$\beta_e = \frac{\mathrm{E}[x^2]\mathrm{E}[\dot{x}g(x,\dot{x})] - \mathrm{E}[x\dot{x}]\mathrm{E}[xg(x,\dot{x})]}{\mathrm{E}[x^2]\mathrm{E}[\dot{x}^2] - (\mathrm{E}[x\dot{x}])^2} \tag{5-40}$$

$$\omega_{0e}^2 = \frac{\mathrm{E}[\dot{x}^2]\mathrm{E}[xg(x,\dot{x})] - \mathrm{E}[x\dot{x}]\mathrm{E}[\dot{x}g(x,\dot{x})]}{\mathrm{E}[x^2]\mathrm{E}[\dot{x}^2] - (\mathrm{E}[x\dot{x}])^2} \tag{5-41}$$

设输入$F(t)$为平稳随机正态过程，具有零均值。而$x(t)$及$\dot{x}(t)$，由于假定其适合线性化

方程(5－36)，故仍然是正态过程，并且其 $E[x\dot{x}]=0$，则 β_e 和 ω_{0e}^2 可以表示成

$$\beta_e = \frac{E[\dot{x}g(x,\dot{x})]}{E[\dot{x}^2]} \tag{5-42}$$

$$\omega_{0e}^2 = \frac{E[xg(x,\dot{x})]}{E[x^2]} \tag{5-43}$$

以非线性复原力为例，此时的非线性函数 $g(x,\dot{x})$ 为

$$g(x,\dot{x}) = \omega_0^2(x + d_3x^3) \tag{5-44}$$

将式(5－44)代入式(5－43)，得到

$$\omega_{0e}^2 = \omega_0^2\left(1 + \frac{d_3E[x^4]}{E[x^2]}\right)$$

由正态分布的特点可知

$$\frac{E[x^4]}{E[x^2]} = \frac{4}{\sqrt{\pi}}\sigma_x^2\Gamma\left(\frac{5}{2}\right)$$

所以

$$\omega_{0e}^2 = \omega_0^2\left[1 + d_3\sigma_x^2\Gamma\left(\frac{5}{2}\right)\right]$$

用完全相同的方法可以求得当阻尼非线性或者阻尼及复原力皆为非线性时的表示式。如果令

$$g(x,\dot{x}) = k\dot{x}(t) + \beta\dot{x}(t)\mid\dot{x}(t)\mid + \omega_0^2x(t)$$

则可以得到

$$\beta_e = 2k\omega_0 + 2\sqrt{\frac{2}{\pi}}\beta\sigma_x$$

式中，σ_x 为 x 的标准差。

对于多自由度系统，这一方法可以推广至多元方程的情况。

5.3.2　摄动法

摄动法是应用在求解弱非线性方程时，所采用的摄动方法，来求解随机响应的统计特性问题。设某一系统的微分方程为

$$\ddot{x} + 2\alpha\dot{x} + \beta\dot{x}\mid\dot{x}\mid + \omega_0^2x = g(t) \tag{5-45}$$

其中，非线性项前的系数 β 为小量，即这一非线性是弱的。为此，可以假定解为如下形式：

$$x = x_0 + x_1 + x_2 + \cdots \tag{5-46}$$

式中各项的下标代表其量阶。将式(5－46)代入式(5－45)，并将相同阶的项归类相等，可得到确定各不同阶量 x_n 的方程。这些方程都是线性的。但在高阶方程中，包含了低阶的解，因此必须通过逐次迭代。以式(5－45)为例，说明这一求解过程。

与其他的近似方法一样，在这里，仍然假定响应的分布为正态，因此可以应用正态分布的

特性来计算有关的矩。可以看到，式(5-45)的零阶方程为一线性方程

$$\ddot{x}+2\alpha\dot{x}_0+\omega_0^2x_0=g(t) \tag{5-47}$$

这一方程的解是熟知的。如用脉冲响应的形式，可写成

$$x_0=\int_{-\infty}^{\infty}h_g(t-\tau)g(\tau)\mathrm{d}\tau=\int_{-\infty}^{\infty}h_g(\tau)g(t-\tau)\mathrm{d}\tau \tag{5-48}$$

式中，$h(t)$为相应于式(5-47)的脉冲响应函数。而对一阶解，摄动方程的形式为

$$\ddot{x}_1+2\alpha\dot{x}_1+\omega_0^2x_1=-\beta\dot{x}_0\mid\dot{x}_0\mid \tag{5-49}$$

考虑到式(5-49)的左端形式上与式(5-48)相同，如将方程右端的项(包含零阶项)看作外干扰，则此一阶解可以写成

$$x_1(t)=-\beta\int_{-\infty}^{\infty}h_g(t-\mu)\{\dot{x}_0(\mu)\mid\dot{x}_0(\mu)\mid\}\mathrm{d}\mu \tag{5-50}$$

这样，到一阶精度，解可以写成

$$x(t)=\int_{-\infty}^{\infty}h_g(\mu)g(t-\mu)\mathrm{d}\mu-\beta\int_{-\infty}^{\infty}h_g(t-\mu)\{\dot{x}_0(\mu)\mid\dot{x}_0(\mu)\mid\}\mathrm{d}\mu \tag{5-51}$$

$x(t)$的自相关函数为

$$\begin{aligned}R_{x_1x_1}(\tau)=&\mathrm{E}[\{x_0(t-\tau)+x_1(t+\tau)\}\{x_0(t)+x_1(t)\}]=\mathrm{E}[x_0(t+\tau)x_0(t)]+\\&\mathrm{E}[x_0(t+\tau)x_1(t)]+\mathrm{E}[x_1(t+\tau)x_0(t)]+\mathrm{E}[x_1(t+\tau)x_1(t)]=\\&\mathrm{E}[x_0(t+\tau)x_0(t)]+2\mathrm{Re}\,\mathrm{E}[x_0(t+\tau)x_1(t)]+\mathrm{E}[x_1(t+\tau)x_1(t)]\end{aligned} \tag{5-52}$$

由式(5-52)的傅里叶变换，可以计算 x 的谱密度函数 $S_{xx}(\omega)$为

$$S_{xx}(\omega)=S_{x_0x_0}(\omega)-\frac{1}{2\pi}\int_{-\infty}^{\infty}\mathrm{e}^{-\mathrm{j}\omega\tau}2\mathrm{Re}[x_0(t+\tau)x_1(t)]\mathrm{d}\tau+\frac{1}{2\pi}\int_{-\infty}^{\infty}\mathrm{e}^{-\mathrm{j}\omega\tau}x_1(t+\tau)x_1(t)\mathrm{d}\tau \tag{5-53}$$

将 $x_1(t)$的表示式(5-50)代入式(5-53)，得

$$\begin{aligned}S_{xx}(\omega)=&S_{x_0x_0}(\omega)-\frac{\beta\mathrm{Re}}{\pi}\Big[\int_{-\infty}^{\infty}h_g(t-\mu)\mathrm{e}^{-\mathrm{j}\omega(t-\mu)}\mathrm{d}\mu\Big]\int_{-\infty}^{\infty}\mathrm{e}^{-\mathrm{j}\omega(\tau+t-\mu)}\mathrm{E}[x_0(t+\tau)\dot{x}_0(\mu)\mid\dot{x}_0(\mu)\mid]\mathrm{d}\tau+\\&\frac{1}{2\pi}\beta^2\int_{-\infty}^{\infty}h_g(t+\tau-\mu)\mathrm{e}^{-\mathrm{j}\omega(t+\tau-\mu)}\mathrm{d}\tau\int_{-\infty}^{\infty}h_g(t-\nu)\mathrm{e}^{\mathrm{j}\omega(t-\nu)}\mathrm{d}\nu\times\\&\int_{-\infty}^{\infty}\mathrm{e}^{-\mathrm{j}\omega(\mu-\nu)}\mathrm{E}[\dot{x}_0(\mu)\mid\dot{x}_0(\mu)\mid\dot{x}_0(\nu)\mid\dot{x}_0(\nu)\mid]\mathrm{d}\mu=\\&S_{x_0x_0}(\omega)-2\mathrm{Re}[\beta H_g(\omega)S_{x\{\dot{x}_0|\dot{x}_0|\}}(\omega)]+\beta^2\mid H_g(\omega)\mid^2S_{\{\dot{x}_0|\dot{x}_0|\}\{\dot{x}_0|\dot{x}_0|\}}(\omega)\end{aligned} \tag{5-54}$$

为了计算以上各式中出现的期望值及谱密度函数，山内得文应用分布为正态的假定，即假

定 x 及 $\dot{x}$ 的概率密度分布函数为联合正态分布。其分布函数为

$$P(x,\dot{x})=\frac{1}{2\pi\sigma_x\sigma_{\dot{x}}\sqrt{1-\rho^2}}\exp\left[-\frac{\sigma_{\dot{x}}^2x^2-2\rho\,\sigma_x\sigma_{\dot{x}}+\sigma_x^2\,\dot{x}^2}{2\sigma_x^2\sigma_{\dot{x}}^2(1-\rho^2)}\right]$$

根据此分布,可通过积分计算出 $\mathrm{E}[x\dot{x}|\dot{x}|]$和 $\mathrm{E}[x|x|\dot{x}|\dot{x}|]$:

$$\mathrm{E}[x\,\dot{x}\mid\dot{x}\mid]=\sqrt{\frac{2}{\pi}}R_{x\dot{x}}(\tau)\sigma_{\dot{x}}$$

$$\begin{aligned}\mathrm{E}[x\mid x\mid\dot{x}\mid\dot{x}\mid]=&\frac{2\sigma_x^2\sigma_{\dot{x}}^2}{\pi}\left[\sqrt{1-\rho^2}\times3\rho+2(1+2\rho^2)\arctan\left(\frac{\sqrt{1+\rho}-\sqrt{1-\rho}}{\sqrt{1+\rho}+\sqrt{1-\rho}}\right)\right]\approx\\&\frac{2\sigma_x^2\sigma_{\dot{x}}^2}{\pi}\left[4\rho+\frac{2}{3}\rho^3+\frac{1}{30}\rho^5-\frac{3}{80}\rho^7+\cdots\right]\approx\\&\frac{8}{\pi}\sigma_x\sigma_{\dot{x}}R_{x\dot{x}}(\tau)+\frac{4}{3\pi}\frac{1}{\sigma_x\sigma_{\dot{x}}}R_{x\dot{x}}^3(\tau)+\frac{1}{15\pi}\frac{1}{\sigma_x^3\sigma_{\dot{x}}^3}R_{x\dot{x}}^5(\tau)+\cdots\end{aligned}\tag{5-55}$$

其中

$$\rho=\frac{R_{x\dot{x}}}{\sigma_x\sigma_{\dot{x}}}$$

为 x 与 $\dot{x}$ 间的相关函数。

由于 x_0 是一个线性系统,因此具有下列关系:

$$\left.\begin{aligned}S_{x_0\dot{x}_0}(\omega)&=(-\mathrm{j}\omega)S_{x_0x_0}(\omega)\\S_{\dot{x}_0\dot{x}_0}(\omega)&=\omega^2S_{x_0x_0}(\omega)\end{aligned}\right\}\tag{5-56}$$

则

$$\begin{aligned}S_{x_0\dot{x}_0|\dot{x}_0|}(\omega)=&\frac{1}{2\pi}\int_{-\infty}^{\infty}\mathrm{e}^{-\mathrm{j}\omega(\tau+t-\mu)}\mathrm{E}[x_0(t+\tau)\dot{x}_0(\mu)\mid\dot{x}_0(\mu)\mid]\mathrm{d}\tau=\\&\sqrt{\frac{2}{\pi}}\sigma_{x_0}\frac{1}{2\pi}\int_{-\infty}^{\infty}R_{x_0x_0}(\tau)\mathrm{e}^{-\mathrm{j}\omega\tau}\mathrm{d}\tau=\\&\sqrt{\frac{2}{\pi}}\sigma_{\dot{x}_0}S_{x_0\dot{x}_0}(\omega)=\sqrt{\frac{2}{\pi}}\sigma_{\dot{x}_0}(-\mathrm{j}\omega)S_{x_0x_0}(\omega)\end{aligned}\tag{5-57}$$

式(5-54)中的第二项可化为

$$\begin{aligned}2\mathrm{Re}[\beta H_g(\omega)S_{x_0\dot{x}_0|\dot{x}_0|}(\omega)]=&2\sqrt{\frac{2}{\pi}}\sigma_{\dot{x}_0}\beta S_{x_0x_0}(\omega)\mathrm{Re}[-\mathrm{j}\omega H_g(\omega)]=\\&-2\sqrt{\frac{2}{\pi}}\sigma_{\dot{x}_0}\beta S_{x_0x_0}(\omega)\omega\,q_g(\omega)\end{aligned}\tag{5-58}$$

其中:

$$q_g(\omega)=\mathrm{Im}[H_g(\omega)]=-\frac{2\alpha\omega}{(\omega_0^2-\omega^2)^2+4\alpha^2\omega^2}\tag{5-59}$$

式(5－54)中的第三项,可以由式(5－55)计算得到相应期望值,进行傅里叶变换求得,即

$$E[\dot{x}_0(\mu) \mid \dot{x}_0(\mu) \mid \dot{x}_0(\nu) \mid \dot{x}_0(\nu) \mid] \approx \frac{8}{\pi}\sigma_{x_0}^2 R_{\dot{x}_0\dot{x}_0}(\tau) + \frac{4}{\pi\sigma_{x_0}^2} R_{x_0x_0}^3(\tau) + \left[\frac{1}{15\pi\sigma_{x_0}^6} R_{x_0x_0}^5(\tau) + \cdots\right] \tag{5-60}$$

式(5－55)中的第三项可由对式(5－60)进行傅里叶变换求得。这将涉及到自相关函数$R(\tau)$的高次方的变换。由傅里叶变换理论可知,函数乘积的变换可以用其变换的叠积计算,如果

$$\frac{1}{2\pi}\int_{-\infty}^{\infty} R(\tau)e^{-j\omega\tau}d\tau = S(\omega)$$

则

$$\begin{aligned}
\frac{1}{2\pi}\int_{-\infty}^{\infty} R^3(\tau)e^{-j\omega\tau}d\tau &= \frac{1}{2\pi}\int_{-\infty}^{\infty} R^2(\tau)e^{-j\omega\tau}\int_{-\infty}^{\infty} S(\omega')e^{j\omega'\tau}d\tau = \\
&\frac{1}{2\pi}\int_{-\infty}^{\infty}\left[R(\tau)e^{-j(\omega-\omega')\tau}\int_{-\infty}^{\infty} S(\omega'')e^{j\omega'\tau}d\omega''\int_{-\infty}^{\infty} S(\omega')d\omega'\right]d\tau = \\
&\int_{-\infty}^{\infty} S(\omega')\int_{-\infty}^{\infty} S(\omega'')\left[\frac{1}{2\pi}\int_{-\infty}^{\infty} R(\tau)e^{-j(\omega-\omega'-\omega'')}\right]d\omega'd\omega'' = \\
&\int_{-\infty}^{\infty} S(\omega')\int_{-\infty}^{\infty} S(\omega'')S(\omega-\omega'-\omega'')d\omega'd\omega''
\end{aligned}$$

同样,可以推得

$$\frac{1}{2\pi}\int_{-\infty}^{\infty} R^5(\tau)e^{-j\omega\tau}d\tau = \int_{-\infty}^{\infty} S(\omega_1)\int_{-\infty}^{\infty} S(\omega_2)\int_{-\infty}^{\infty} S(\omega_3)\int_{-\infty}^{\infty} S(\omega_4)S(\omega-\omega_1-\omega_2-\omega_3-\omega_4)d\omega_1 d\omega_2 d\omega_3 d\omega_4$$

5.3.3 高斯截断法

所谓高斯截断法是利用高斯正态过程的特点,即其高阶矩可以用其二阶矩表示的特点。在前面介绍线性系统的随机响应解法时,曾介绍过矩方程法。由于方程的线性特点,矩方程法只涉及到二阶矩,因此,计算这些矩是没有困难的。但是当讨论非线性方程时,它的矩方程将不可避免地出现高于二阶矩的项。由于高阶矩的存在,其解将不会是正态的,因此,计算这些矩将有困难。高斯截断法是假定此时的高阶矩仍可用二阶矩表示,即假定此时的概率分布仍可以用正态近似。

考虑方程

$$\ddot{x} + g(x,\dot{x}) = F(t)$$

如果对方程两边同乘以其本身在滞后时刻τ的值,再取平均,即

$$\mathrm{E}[(\ddot{x}(t)+g(x(t),\dot{x}(t)))(\ddot{x}(t+\tau)+g(x(t+\tau),\dot{x}(t+\tau)))]=\mathrm{E}[F(t)F(t+\tau)]$$

则

$$\mathrm{E}[\ddot{x}(t)\ddot{x}(t+\tau)]+\mathrm{E}[\ddot{x}(t)g(x(t+\tau),\dot{x}(t+\tau))]+\mathrm{E}[g(x(t),\dot{x}(t))\ddot{x}(t+\tau)]+$$
$$\mathrm{E}[g(x(t),\dot{x}(t)),g(x(t+\tau),\dot{x}(t+\tau))]=\mathrm{E}[F(t)F(t+\tau)]$$

显然,方程左端的后三项中都包含高于二阶的矩,其阶数视非线性函数的性质而定。令

$$g(x,\dot{x})=\omega_0^2+\omega_0^2d_3x^3$$

代入

$$\mathrm{E}[\ddot{x}(t)(\omega_0^2x(t+\tau)+\omega_0^2d_3x^3(t+\tau))]=\omega_0^2\mathrm{E}[\ddot{x}(t)x(t+\tau)]+\omega_0^2d_3\mathrm{E}[\ddot{x}(t)x^3(t+\tau)]$$
$$\mathrm{E}[\omega_0^2(x(t)+d_3x^3(t))\ddot{x}(t+\tau)]=\omega_0^2\mathrm{E}[x(t)\ddot{x}(t+\tau)]+\omega_0^2d_3\mathrm{E}[x(t)\ddot{x}(t+\tau)]$$
$$\mathrm{E}[\omega_0^2(x(t)+d_3x^3(t))\times\omega_0^2(x(t+\tau)+d_3x^3(t+\tau))]=$$
$$\omega_0^4\mathrm{E}[x(t)x(t+\tau)+d_3x^3(t)x(t+\tau)+d_3x(t)x^3(t+\tau)+d_3^2x^3(t)x^3(t+\tau)]=$$
$$\omega_0^4\{\mathrm{E}[x(t)x(t+\tau)]+d_3\mathrm{E}[x^3(t)x(t+\tau)]+d_3\mathrm{E}[x(t)x^3(t+\tau)]+d_3^2\mathrm{E}[x^3(t)x^3(t+\tau)]\}$$

为了计算有关的矩,仍然假定 $x,\dot{x},\ddot{x}$ 为联合正态分布。因此,高阶矩可以根据第 1 章中的式(1-33)进行计算。这样,可以将任意高阶矩化为二阶矩的乘积,而这些二阶矩是可以算出的。

5.4 非线性系统响应的随机时域模型

在前面线性系统的讨论中,介绍了随机时域模型。近年来,非线性系统模型有了很大发展,在应用时域模型方法时考虑了非线性因素,从而大大地提高了时域模型在非线性系统随机响应预测上的应用精度和广度。下面详细介绍一种模型——NARMAX 模型。

5.4.1 NARMAX 模型的确定

带外生输入的非线性自回归滑动平均模型 NARMAX(Non-linear Auto-Regressive Moving Average model with exogenous inputs)首先由 Billings 和 Leontaritis 于 1981 年提出。它是一个与微分方程所代表的连续系统等价的离散形式的系统表达式,是一个离散的非线性差分方程。“自回归”意思为系统当前的输出一部分由过去的输出来决定,另外还由一些输入来决定,因此模型中也带有过去的输入(exogenous inputs)项。在实际系统中,总会有噪声 $\varepsilon(t)$ 存在,噪声与实际输出之和为测量输出。对于线性系统,则系统表达式中的噪声项也是线性的,与输入或输出不会产生耦合作用;但对于非线性系统,噪声项比较复杂。由于非线性,在系统结构中噪声与系统的输入、输出等耦合在一起,会出现噪声与输入、输出之间的乘积项。“滑动平均”是指系统的真实噪声可以用白噪声序列来表示。这样,在非线性问题中,含白噪声的项也可能是非线性的。

NARMAX 模型对单输入单输出的系统具有如下形式:

$$y(t)=\text{const}+F^l[y(t-1),\cdots,y(t-n_y),u(t-d),\cdots,\\u(t-n_u-d+1),\varepsilon(t-1),\cdots,\varepsilon(t-n_\varepsilon)]+\varepsilon(t) \tag{5-61}$$

式中：$y(t)$，$u(t)$，$\varepsilon(t)$分别为系统的测量输出、输入和白噪声序列；const 为系统测量中出现的常数；d 为系统自身特性所决定的时间滞后，为不失一般性，假定 $d=0$，因为输入、输出和噪声都是时间序列，因此时间在此都取正整数；n_y，n_u，n_ε 分别为输出、输入和噪声的时间延迟步数；$F^l[\cdots]$为非线性函数，包括由输入、输出和噪声之间可能组合成的乘积项，这些乘积多项式中的最高幂次为 l；$\varepsilon(t)$可以理解为残差，它可以写为

$$\varepsilon(t)=y(t)-\hat{y}(t) \tag{5-62}$$

式(5-62)代表系统测量输出和预报输出之间的差值。

将式(5-61)展开为多项式，可表达为

$$y(t)=\sum_{m=0}^{M}\theta_m p_m(t)+\varepsilon(t) \tag{5-63}$$

式中：θ_m 为各项的系数，对于特定的系统，它们的值是固定的；$p_m(t)$为式(5-61)中的各个多项式。为了清楚，举一个例子。假设某系统的 NARMAX 模型为

$$y(t)=\text{const}+\theta_1 y(t-1)+\theta_2 y(t-3)+\theta_3 u(t)+\\\theta_4 y(t-2)u(t-1)+\theta_5 u(t-1)\varepsilon(t-1)+\varepsilon(t) \tag{5-64}$$

则在式(5-64)中对应式(5-63)有

$$\theta_0=\text{const},\ p_0(t)=1,\ p_1(t)=y(t-1),\ p_2(t)=y(t-3),$$
$$p_3(t)=u(t),\ p_4(t)=y(t-2)u(t-1),\ p_5(t)=u(t-1)\varepsilon(t-1)$$

此时，n_y，n_u，n_ε 的值分别为 3，1，1。在这个非线性模型中，多项式的最高幂次为 2，即 $l=2$。

表达式(5-63)又可以拆分为两部分：一部分为所有不含噪声项，称为过程模型(process model)，即模型中的每一项中都不包含 $\varepsilon(\cdot)$；另一部分由剩下的所有噪声项组成，称为噪声模型(noise model)。在式(5-64)中，前 5 项组成了过程模型，而后两项则组成噪声模型。

为了得到某未知系统的形式如式(5-63)的差分方程模型，需要给此系统一个输入，然后再根据测量得到的系统的输出、输入数据确定此系统。如果有 N 个时刻的测量值(包括输入和输出)，那么将式(5-63)写成矩阵的形式

$$\boldsymbol{Y}=\boldsymbol{P\theta}+\boldsymbol{\varepsilon} \tag{5-65}$$

这里

$$\boldsymbol{Y}^{\mathrm{T}}=[y(1)y(2)\cdots y(N)]$$
$$\boldsymbol{\theta}^{\mathrm{T}}=[\theta_0\theta_1\cdots\theta_M]$$
$$\boldsymbol{\varepsilon}^{\mathrm{T}}=[\varepsilon(1)\varepsilon(2)\cdots\varepsilon(N)]$$

矩阵 $\boldsymbol{P}$ 为 $n\times(M+1)$矩阵，其元素为

$$\boldsymbol{P}=\begin{bmatrix} p_0(1) & p_1(1) & \cdots & p_M(1) \\ p_0(2) & p_1(2) & \cdots & p_M(2) \\ \vdots & \vdots & & \vdots \\ p_0(N) & p_1(N) & \cdots & p_M(N) \end{bmatrix}$$

可以看出，矩阵 $\boldsymbol{P}$ 中的所有元素为已知量，使得非线性式(5－61)转化为线性表达式(5－65)。为了确定此系统的离散差分表达式，需要知道的是式(5－65)中的所有参数，即列阵 $\boldsymbol{\theta}$ 中的元素，它们的个数为$(M+1)$个。在实际情况中，方程组(5－65)中方程的个数和未知量的个数一般不等，因此它并无通常意义下的解。在这种情况下，须转而寻求使残差最小的解。这就需要应用最小二乘法来求解方程组

$$\boldsymbol{Y}=\boldsymbol{P}\boldsymbol{\theta} \tag{5-66}$$

求得的解为序列 $\hat{\boldsymbol{\theta}}$，残差序列则可以通过下式来得到：

$$\hat{\boldsymbol{\varepsilon}}=\boldsymbol{Y}-\boldsymbol{P}\hat{\boldsymbol{\theta}} \tag{5-67}$$

5.4.2 NARMAX 模型中项的个数

由于差分方程(5－61)中的项是由输入、输出和噪声之间的混合乘积得到的，因此 n_y，n_u，n_ε 的大小决定了式(5－61)中多项式的个数。它们的值越大，模型的准确度也相应提高，但同时多项式的数目也就越多，而且增加得很快，计算时间也会迅速增加。因此，在实际计算中，两者之间要综合考虑。NARMAX 模型中最多可能出现的项数可以由下式来确定：

$$n=M+1$$

$$\left.\begin{aligned} M&=\sum_{i=1}^{l}n_i \\ n_i&=\{n_{i-1}(n_y+n_u+n_\varepsilon+i-1)\}/i, \qquad n_0=1 \end{aligned}\right\} \tag{5-68}$$

式(5－68)中，n 表示模型中的最多项数，M 为除去常值项的最多项数。常值项可以看作是零阶，则 n 就意味着各阶最多项数的和。式(5－68)只给出了模型中最多可能出现的项数，但在实际编制程序时，需要这些多项式的具体表达式，因而要用到排列组合方面的知识。假定系统的 NARMAX 模型具有 3 阶($l=3$)，且有

$$R=n_y+n_u+n_\varepsilon \tag{5-69}$$

则模型中各阶可能出现的所有项(非零阶)的个数又可分别表示为

$$n_1=C_R^1 \tag{5-70a}$$

$$n_2=C_R^1+C_R^2 \tag{5-70b}$$

$$n_3=C_R^3+C_R^1+C_R^1C_{R-1}^1 \tag{5-70c}$$

以式(5－70b)为例对式中的符号进行解释，C_R^2 表示组成多项式的两个元素不相同。它们的组合形式为 u_iu_j，u_iy_j，$u_i\varepsilon_j$，y_iy_j，$y_i\varepsilon_j$，$\varepsilon_i\varepsilon_j$。其中，$i\neq j$ 表示不同的时刻。假定此模型的 n_y，n_u，n_ε 分别为 3，5，7，那么根据式(5－68)或式(5－70)，可以得出模型中最多可能出现的项数为

816。这个数目还是比较大的。在最终的模型中将不含噪声项，只保留过程模型。即使如此，如果模型中包含所有的输入和输出的乘积项，也会有 285 项。这在实际中也是不可能被接受的。由于这些项在模型中所占的分量各不相同，因此只将起主要作用的项留下，而把次要的项丢掉，就可以得到比较简化的模型。根据什么标准来判断该丢掉的项和该保留的项，正是下面要讨论的内容。

5.4.3 正交估计算法及系统结构的确定

方程(5-66)的最小二乘解可以简单地通过解方程组来求，其解可以表示为

$$\hat{\boldsymbol{\theta}} = (\boldsymbol{P}^{\mathrm{T}}\boldsymbol{P})^{-1}\boldsymbol{P}^{\mathrm{T}}\boldsymbol{Y} \tag{5-71}$$

但是，当方阵 $(\boldsymbol{P}^{\mathrm{T}}\boldsymbol{P})^{-1}$ 出现奇异性时，式(5-71)将不能成立。这种情况的出现很可能是由矩阵 $\boldsymbol{P}$ 中列的相关性引起的[1]。因此，如果事先不能明确矩阵 $\boldsymbol{P}$ 中的列是不相关时，不宜应用式(5-71)，而应该通过一系列变换将方程组(5-66)转变为另外的形式，使得新的矩阵中各列互不相关。这样的过程称为正交化的过程。它使得各个参数之间相互独立，并且根据各项的重要性指数决定是否将其留在最终的模型中。为了求得参数 θ_m，首先，把式(5-63)写为与其等效的另一种形式

$$y(k) = \sum_{m=0}^{M} g_m w_m(k) + \varepsilon(k) \tag{5-72}$$

与式(5-63)不同的是，这个等效模型的 $w_m(k)$ 被构造为基于数据记录且具有正交性，即

$$\sum_{k=1}^{N} w_i(k) w_{j+1}(k) = 0, \qquad i = 0,1,\cdots,j \tag{5-73}$$

由于 $w_m(k)$ 的正交性质，参数 $\hat{g}_m$ 的估计值可以逐个计算，具体的实施步骤如下：

① 令

$$w_0(k) = p_0(k) = 1 \tag{5-74}$$

$$\hat{g}_0 = \frac{1}{N}\sum_{k=1}^{N} y(k) \tag{5-75}$$

② 令 $j=1$，计算

$$\alpha_{ij} = \frac{\sum_{k=1}^{N} w_i(k) p_j(k)}{\sum_{k=1}^{N} w_i^2(k)}, \qquad i = 0,1,\cdots,j-1 \tag{5-76}$$

$$w_j(k) = p_j(k) - \sum_{i=0}^{j-1} \alpha_{ij} w_i(k) \tag{5-77}$$

$$\hat{g}_j = \frac{\sum_{k=1}^{N} w_j(k) y(k)}{\sum_{k=1}^{n} w_j^2(k)} \tag{5-78}$$

重复计算式(5-76)～式(5-78)，$j=1\sim M$。当 $j=M$ 时，进行下面的计算。

(3)计算 NARMAX 模型中参数的估计值 $\hat{\theta}_m$ 为

$$\hat{\theta}_M = \hat{g}_M$$

$$\hat{\theta}_i = \hat{g}_i - \sum_{j=i+1}^{M} \alpha_{ij}\hat{\theta}_j, \qquad i = M-1, M-2, \cdots, 0 \tag{5-79}$$

由于正交性，向模型中加入项时，不用重复计算以前的参数的估计值，而且数值上的问题也可以通过剔除 $w_j(k)$ 来避免，因为此时 $\sum_{k=1}^{N} w_j^2(k)$ 可能太小(如$<10^{-5}$)。在计算过程中，首先应估计过程模型中的参数值，然后再根据式(5-72)计算预报残差

$$\hat{\varepsilon}(k) = y(k) - \sum_{m=0}^{M_p} \hat{g}_m w_m(k) \tag{5-80}$$

式中，M_p 表示过程模型中的项数。有了残差项后，才可以通过迭代算法来确定噪声模型中的未知参数。当噪声模型中的参数趋于收敛时，噪声模型也就确定了。此时，所有参数的估计值都可以得到。但是更重要的是必须确定该丢掉哪些项，使模型既能得到简化，又能充分地反映真实系统。这个问题可以通过计算各项的误差缩减比 ERR(Error Reduction Ratio)来解决。误差缩减比的定义为

$$\mathrm{ERR}_i = 100 \times \frac{\hat{g}_i^2 \sum_{k=1}^{N} w_i^2(k)}{\sum_{k=1}^{N} y^2(k)} \tag{5-81}$$

从式(5-81)可以看出，误差缩减比为辅助模型中第 i 项(对应于 NARMAX 模型中的 $\theta_i p_i(k)$ 项)中各点的值的平方和与输出均方值的比(假定输出的均值为零，否则扣除均值)。误差缩减比是衡量各项在模型中所占分量的参数。在计算过程中，当某项的 ERR_i 小于某一临界值时，便可舍弃此项。把对应于过程模型的临界值定义为 C_r，把噪声模型的临界值定义为 C_n。这两个临界值的大小也会影响到模型的结构，因此，需要在具体的计算中通过调节来得到合适的模型，使模型不但能够拟合原来的数据，而且也能够预报输出，并满足各种相关性检验的要求。但是，误差缩减比只是暗示性地表明了哪些项是重要的，在实际计算中还不能算作一个绝对的、明确的衡量标准。因为在实际计算中发现，往往先引入模型中的项的误差缩减比相应地比较大，如将这些项放在模型表达式的后部，则它们的误差缩减比要变小。这样，有可能给模型引入并不重要的项，也意味着可能忽略重要的项。Billings 等提出了一种向前回归算法(forward regression algorithm)来解决这个问题。显然，这种算法的引入较原来的算法复杂些，但却有利于更准确地确定模型的结构。为了方便起见，假定输出的均值为零。它的实施步骤如下：

① 为了得到第一个引入到模型里的项，即为求出 $w_1(k)$，对所有 $i=1,2,\cdots,M_p$ 的项分别

进行计算

$$w_1^{(i)}(k)=p_i(k),\ \hat{g}_1^{(i)}=\frac{\sum_{k=1}^{N}w_1^{(i)}(k)y(k)}{\sum_{k=1}^{N}[w_1^{(i)}(k)]^2},\ [\mathrm{ERR}]_1^{(i)}=100\times\frac{(\hat{g}_1^{(i)})^2\sum_{k=1}^{N}[w_1^{(i)}(k)]^2}{\sum_{k=1}^{N}y^2(k)} \tag{5-82}$$

然后比较所有的误差缩减比，将拥有最大值的项首先引入模型。如果最大的缩减比为 $[\mathrm{ERR}]_1^{(r)}$，$[\mathrm{ERR}]_1^{(r)}=\max\{[\mathrm{ERR}]_1^{(i)},1\leqslant i\leqslant M_p\}$，则第一项有 $w_1(k)=w_1^{(r)}(k)$，$\hat{g}_1=\hat{g}_1^{(r)}$，$[\mathrm{ERR}]_1=[\mathrm{ERR}]_1^{(r)}$（对应于 $p_r(k)$）。

② 为了得到第二个引入到模型里的项，即为求出 $w_2(k)$，对所有 $i=1,2,\cdots,M_p(i\neq r)$ 的项分别进行计算

$$w_2^{(i)}=p_i(k)-\alpha_{12}^{(i)}w_1(k),\ \hat{g}_2^{(i)}=\frac{\sum_{k=1}^{N}w_2^{(i)}(k)y(k)}{\sum_{k=1}^{N}[w_2^{(i)}(k)]^2},\ [\mathrm{ERR}]_2^{(i)}=\frac{(\hat{g}_2^{(i)})^2\sum_{k=1}^{N}[w_2^{(i)}(k)]^2}{\sum_{k=1}^{N}y^2(k)} \tag{5-83}$$

这里

$$\alpha_{12}^{(i)}=\frac{\sum_{k=1}^{N}w_1(k)p_i(k)}{\sum_{k=1}^{N}w_1^2(k)} \tag{5-84}$$

然后比较所有 $[\mathrm{ERR}]_2^{(i)}$，找出其中值的最大者 $[\mathrm{ERR}]_2^{(s)}$，即

$$[\mathrm{ERR}]_2^{(s)}=\max\{[\mathrm{ERR}]_2^{(i)},1\leqslant i\leqslant M_p,i\neq r\}$$

这样就可以确定第二项为 $w_2(k)=w_2^{(s)}=p_s(k)-\alpha_{12}w_1(k)$，$\alpha_{12}=\alpha_{12}^{(s)}$，$\hat{g}_2=\hat{g}_2^{(s)}$，而 $[\mathrm{ERR}]_2=[\mathrm{ERR}]_2^{(s)}$。

③ 按照上面的思路，继续找第三项、第四项等，直到得到的 ERR 小于 C_r 为止。此时，过程模型中只有 $m_p(<M_p)$ 项了，这也是最终模型可能包含的最多项数。

5.4.4 确定 NARMAX 模型算法的步骤

根据上述内容的介绍，考虑到 NARMAX 模型中还包含噪声项，因此需要按照上述思路来确定噪声模型。这里将本文中确定模型的计算过程归纳如下：

① 选定模型中 $n_y,n_u,n_\varepsilon,d,l$ 的初值，根据向前回归算法确定过程模型。此时，模型中没有噪声项。

② 计算残差

$$\hat{\varepsilon}(k) = y(k) - \sum_{j=1}^{m_p} \hat{g}_j w_j(k) \tag{5-85}$$

③ 用得到的残差序列及输入、输出项组成噪声模型，应用向前回归算法确定下一个进入NARMAX模型中的噪声项。此噪声项的误差缩减比在所有的误差项中最大，且不应小于门槛值 C_e。当误差缩减比小于门槛值时，进入步骤⑥。

④ 将此噪声项纳入模型，计算残差

$$\hat{\varepsilon}(k) = y(k) - \sum_{j=1}^{m_p+m_\varepsilon} \hat{g}_j w_j(k) \tag{5-86}$$

式中，m_ε 为增加的噪声模型的项数。对于第一个大循环来说，它的值为1。

⑤ 对当前的噪声项再应用正交估计算法，返回步骤④，重复计算参数，直至参数收敛后，返回到步骤③。此时，当前步与上一步的差值足够小，即认为其收敛。其判别式为

$$\frac{\left|\hat{g}_j^{(i)} - \hat{g}_j^{(i-1)}\right|}{\left|\hat{g}_j^{(i-1)}\right|} \leqslant 1.0 \times 10^{-5} \tag{5-87}$$

⑥ 根据式(5-79)计算NARMAX模型中各项的系数。至此，可以说此模型基本确定完毕。

5.4.5 模型检验

1. 交叉检验

得到系统的NARMAX模型后，下一步需要做的是检验此模型是否正确。最简单的检验手段便是用得到的模型来拟合原数据记录。尽管拟合时与原数据记录可能吻合得很好，但是只能拟合原数据显然不够，还希望能够根据输入用得出的模型来预报系统的输出。因此，好的模型应该满足这两方面的要求。拟合时，用模型只是预报当前步的输出，而过去的输出来源于原数据。它的表达式为

$$\hat{y}_{\text{fit}}(k) = F^l[y(k-1),\cdots,y(k-n_y),u(k),\cdots,u(k-n_u+1),\varepsilon(k-1),\cdots,\varepsilon(k-n_\varepsilon)] \tag{5-88}$$

式中：y 代表实际输出，$\hat{y}$ 代表预报输出。在用模型来预报输出时，由于不知道残差序列和输出，所以应该去掉NARMAX模型中的噪声项，即只用到过程模型。此时的预报输出通过下式来计算：

$$\hat{y}_{\text{pre}}(k) = F^l[\hat{y}(k-1),\cdots,\hat{y}(k-n_y),u(k),\cdots,u(k-n_u+1)] \tag{5-89}$$

可以看出，在模型确定后，式(5-89)和(5-88)的最大不同在于它只用到实际的输入。拟合或预报的好坏也可以部分地说明模型的优劣。衡量拟合优劣时，引入标准化均方误差Mse(normalized mean-square error)，它的定义是

$$\text{Mse}(\hat{F}) = \frac{100}{N\sigma_F^2}\sum_{i=1}^{N}(F_i - \hat{F}_i)^2$$

式中：N 表示拟合所用的总点数；i 表示数据点；σ_F^2 为测量值的方差。

在实际的检验计算中，可以采用交叉检验的办法来校验所得模型。这种方法是把数据记录分为两部分：一部分用于系统模型的辨识，另一部分用来检验得到的模型。在这里可采用前半部分记录确定模型，然后做拟合检验，再用后半部分记录做预报检验。

2. 相关检验

交叉检验只能表明模型的结构是正确的，至少对原记录可以进行预报，但是还希望模型可以预报其他输入产生的输出，因而要求模型中系数的估计是无偏估计量。因此，有必要对模型进行一些相关性的检验。对于一个线性系统，一般只须进行两个相关函数的检验：一个是残差的自相关性检验，另一个是残差和输入的互相关性检验。如果模型中的系数是无偏估计量，且残差不依赖于输入，则这两个函数能满足条件

$$\phi_{\varepsilon\varepsilon}(\tau) = \mathrm{E}[\varepsilon(k-\tau)\varepsilon(k)] = \sigma(\tau) \tag{5-90}$$

$$\phi_{\varepsilon u}(\tau) = \mathrm{E}[\varepsilon(k-\tau)u(k)] = 0, \forall \tau \tag{5-91}$$

符号 E[·]表示数学期望。第一个条件式(5-90)表明残差序列应当是一个白噪声序列。因此，如果希望得到无偏的系数估计量，应尽量使残差序列为白噪声序列。第二个条件式(5-91)表明从线性系统模型与实际输出相减得到的残差序列应该与输入序列不相关，或者说残差不可能通过输入来预测。这样，即使是对不同的输入，用同样的模型也会得到满意的输出，保证了模型的较强的适应性。

但是对一个非线性系统而言，即使得到的模型不可靠，依然有可能满足上述的两个条件，因此必须附加另外三个相关性的检验。这三个相关函数及其应满足的条件分别为

$$\phi_{[uu]'\varepsilon}(\tau) = \mathrm{E}[(u^2(k-\tau) - \overline{u^2(t)})\varepsilon(k)] = 0, \forall \tau \tag{5-92}$$

$$\phi_{[uu]'\varepsilon^2}(\tau) = \mathrm{E}[(u^2(k-\tau) - \overline{u^2(t)})\varepsilon^2(k)] = 0, \forall \tau \tag{5-93}$$

$$\phi_{\varepsilon[\varepsilon u]}(\tau) = \mathrm{E}[\varepsilon(k)\varepsilon(k+\tau)u(k+\tau)] = 0, \tau \geqslant 0 \tag{5-94}$$

式中的横线和撇号代表平均值。这三个条件表明从过去输出和输入的组合中不可能预报出残差序列。式(5-90)～式(5-94)构成了检验非线性系统模型可靠性的全部条件。对于本身是线性的系统而言，这几个条件也应该全部满足。由于实际所用到的数据记录是有限长度的，并不可避免地伴有外界环境和测量机构所带来的影响，而且在实际中这些相关函数也不可能为零，因此只能给出置信区间来表示变量之间相关性的强弱。这样，就需要在计算时将这些相关函数标准化。如果 $u(k)$ 和 $v(k)$ 分别为两个零均值随机序列，那么它们的标准化相关函数为

$$\hat{\phi}_{uv}(\tau) = \frac{\mathrm{E}[u(k)v(k+\tau)]}{\sqrt{\mathrm{E}[u^2(k)]\mathrm{E}[v^2(k)]}} \tag{5-95}$$

标准化后可以保证相关函数满足

$$-1 \leqslant \hat{\phi}_{uv}(\tau) \leqslant 1 \tag{5-96}$$

当置信水平为95%时，相关函数的置信限为$\pm 1.96/\sqrt{N}$，此时便可以认为模型满足了相关函数的要求。N为用到的数据长度(个数)，在本节中所有计算中其取值都为1 000。因此，如果标准化相关函数满足式(5-90)～式(5-94)所描述的五个条件，则它们的值应该落在置信区间$[-1.96/\sqrt{N}, 1.96/\sqrt{N}]$内。

5.4.6　一个具体NARMAX模型例子

为了考核NARMAX模型的可用性，将其应用于一个垂荡板流体动力系统非线性模型试验结果。图5-2所示的试验是在上海船舶运输研究所的拖曳水池中进行的。水池的基本尺寸为190 m×10 m×4.0 m。强迫振荡采用上海交通大学船舶学院研制的大振幅平面运动机构(LAHPMM)来产生。此机构采用液压装置产生大振幅、多自由度、任意形式的振荡运动。垂荡板模型的材料为木质层压板，形状为等腰直角三角形，其直角边长为0.8 m。模型共包括三大部分：① 剑——上端连接平面运动机构，下端与传感器相接，为了减小阻力，使其剖面形状加工成流线型；② 传感器——用来测量板的受力，其上端为剑，下端为模型板；③ 垂荡板——传感器的支座与板在斜边处相接固定。应用随机信号试验结果进行分析。试验号为dd6和dd8。

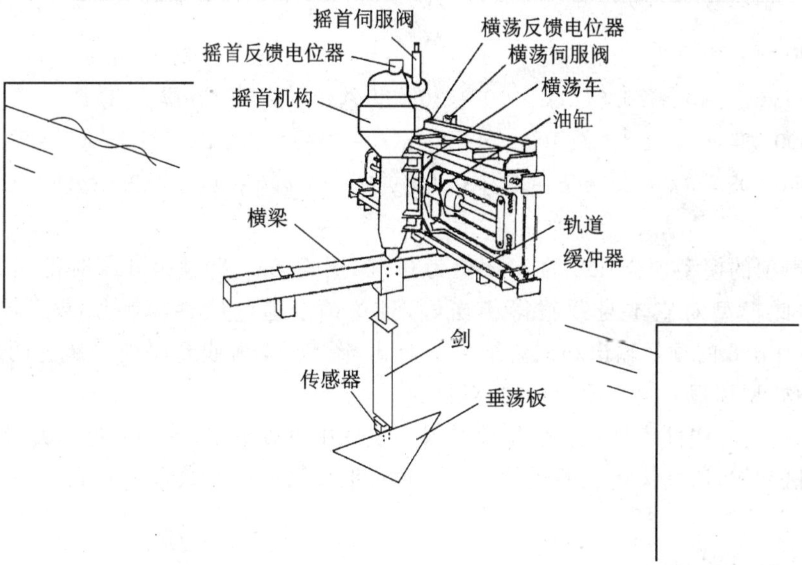

图5-2　垂荡板试验布置图

1. dd8试验的非线性模型

过程模型和噪声模型的门槛值分别取为0.01和0.001。为了使得到的模型简单，只取辨识结果的前 10 项。当 n_y, n_u, n_ε 分别取 3,6,6 时,得到的 dd8 的 NARMAX 模型(略去噪声项)列于表 5-1 中。

表 5-1　dd8 试验得出的 NARMAX 模型

序号	位置	项目	估计值	误差	标准差
1	1	$y(k-1)$	$0.259\,228\times10^{0}$	$0.948\,408\times10^{2}$	$0.458\,900\times10^{-2}$
2	9	$u(k-5)$	$-0.796\,656\times10^{2}$	$0.325\,960\times10^{1}$	$0.193\,632\times10^{1}$
3	4	$u(k-0)$	$0.369\,390\times10^{3}$	$0.401\,929\times10^{0}$	$0.106\,744\times10^{2}$
4	7	$u(k-3)$	$-0.228\,125\times10^{3}$	$0.155\,988\times10^{0}$	$0.482\,612\times10^{2}$
5	91	$y(k-1)\,y(k-1)y(k-1)$	$-0.342\,467\times10^{-4}$	$0.777\,020\times10^{-1}$	$0.253\,836\times10^{-6}$
6	90	$y(k-1)y(k-1)u(k-5)$	$-0.101\,647\times10^{0}$	$0.575\,969\times10^{-1}$	$0.192\,102\times10^{-3}$
7	59	$y(k-1)y(k-2)u(k-3)$	$-0.479\,830\times10^{-2}$	$0.694\,980\times10^{-1}$	$0.857\,871\times10^{-3}$
8	114	$y(k-2)y(k-2)y(k-3)$	$0.342\,871\times10^{-5}$	$0.212\,905\times10^{-1}$	$0.109\,300\times10^{-5}$
9	89	$y(k-1)y(k-1)u(k-4)$	$0.107\,843\times10^{0}$	$0.184\,514\times10^{-1}$	$0.602\,960\times10^{-2}$
10	215	$u(k-5)u(k-5)u(k-1)$	$0.439\,031\times10^{3}$	$0.268\,721\times10^{-1}$	$0.462\,390\times10^{2}$

最后的模型表达式为

$$\begin{aligned}y(k) = {} & 0.26y(k-1) - 79.67u(k-5) + 369.39u(k) - 228.13u(k-3) - \\ & 0.000\,034y(k-1)^3 - 0.102y(k-1)^2u(k-5) - 0.004\,8y(k-1)y(k-2)u(k-3) + \\ & 0.000\,003\,4y(k-2)^2y(k-3) + 0.108y(k-1)^2u(k-4) + 439.03u(k-5)^2u(k-1)\end{aligned} \tag{5-97}$$

用带噪声项的模型拟合 dd8 的 Mse 值为 0.33;用式(5-97)预报 dd8 时得到 Mse 的值为 2.17。可见,此模型对它本身预报得相当好,且这两个值与线性模型结果比较要好得多。图 5-3所示为 dd8 的预报输出和试验结果的对比,图 5-4 为残差序列。从这两个图中可以看出,非线性模型预报输出与原记录吻合很好。

图 5-5 是此非线性模型相关性检验结果。从图中可以看出,各标准化相关函数曲线基本都落在置信区间内,因此满足相关性的要求。这说明此模型的系数是无偏估计,是有效的非线性模型。

2. dd6 试验的非线性模型

过程模型和噪声模型的门槛值分别取为 0.01 和 0.001。下面两个试验也将做同样处理。当 n_y, n_u, n_ε 分别取 3,7,8 时,得到的 NARMAX 模型(略去噪声项)列于表 5-2 中。

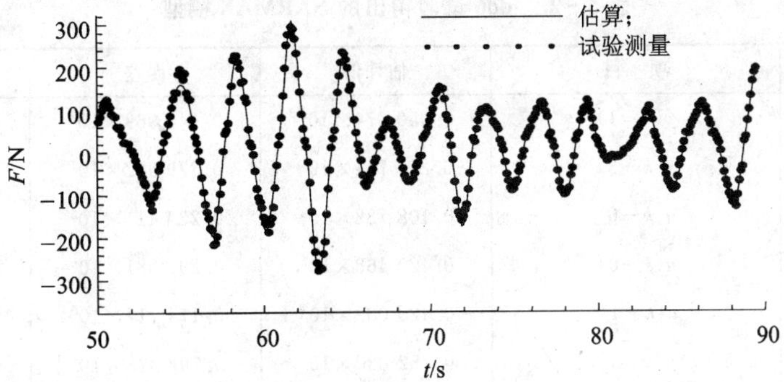

图 5-3　dd8 的预测结果与实测结果的比较

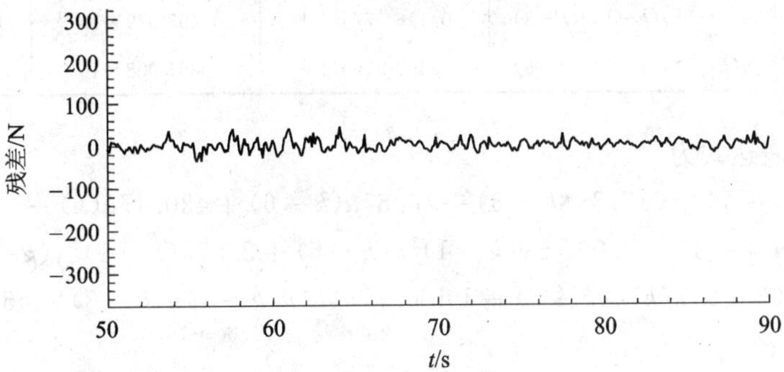

图 5-4　dd8 非线性模型的预报残差

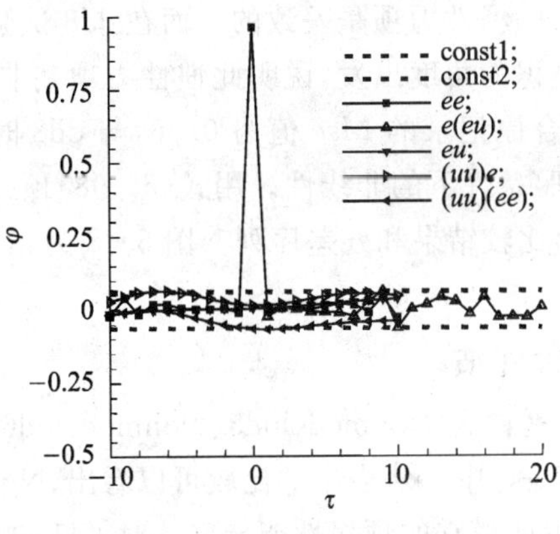

注：e 表示误差，u 表示输入，不同的线表示相应乘积项的相关函数。

图 5-5　dd8 非线性模型各相关性检验函数曲线

表 5-2 dd6 试验得出的 NARMAX 模型

序 号	位 置	项 目	估计值	误差	标准差
1	1	$y(k-1)$	$0.950\,074\times10^{0}$	$0.940\,969\times10^{2}$	$0.367\,594\times10^{-2}$
2	3	$y(k-3)$	$-0.212\,711\times10^{0}$	$0.379\,592\times10^{1}$	$0.830\,473\times10^{-2}$
3	10	$u(k-6)$	$0.108\,732\times10^{2}$	$0.237\,411\times10^{0}$	$0.309\,723\times10^{1}$
4	4	$u(k-0)$	$0.420\,468\times10^{3}$	$0.296\,081\times10^{0}$	$0.744\,977\times10^{1}$
5	5	$u(k-1)$	$-0.420\,089\times10^{3}$	$0.174\,717\times10^{0}$	$0.401\,968\times10^{2}$
6	110	$y(k-1)y(k-1)u(k-6)$	$0.752\,830\times10^{-2}$	$0.792\,478\times10^{-1}$	$0.207\,049\times10^{-3}$
7	218	$u(k-1)u(k-1)y(k-3)$	$0.257\,062\times10^{1}$	$0.149\,733\times10^{0}$	$0.981\,257\times10^{-1}$
8	85	$y(k-1)u(k-0)u(k-5)$	$-0.100\,035\times10^{2}$	$0.156\,317\times10^{-1}$	$0.471\,309\times10^{0}$
9	182	$u(k-0)u(k-1)u(k-3)$	$0.116\,077\times10^{4}$	$0.263\,079\times10^{-1}$	$0.132\,947\times10^{3}$
10	285	$u(k-6)u(k-6)u(k-6)$	$-0.450\,915\times10^{3}$	$0.361\,008\times10^{-1}$	$0.509\,160\times10^{2}$

最后的模型表达式为

$$\begin{aligned}y(k) =& 0.95y(k-1)-0.213y(k-3)+10.87u(k-6)+420.47u(k)-\\&420.09u(k-1)+0.007\,5y(k-1)^2u(k-6)+2.57u(k-1)^2y(k-3)-\\&10.00y(k-1)u(k)u(k-5)+1\,160.77u(k)u(k-1)u(k-3)-450.92u(k-6)^3\end{aligned} \tag{5-98}$$

与线性模型类似，此非线性模型中也出现了加速度的差分项，即表达式中的第 4 项和第 5 项。此时，它们的系数的大小几乎是相等的。根据此差分形式可以看出，此加速度是当前时刻的加速度，与 Morison 公式中的惯性力项是一致的。而在 dd8 试验得到的模型中，这一当前时刻加速度项未出现，从系统辨识的角度出发，说明此惯性力项在非线性较强时，不一定出现在模型中。用带噪声的模型拟合原记录的 Mse 值为 0.36，与 dd8 时一样。这么小的 Mse 意味着模型已经完全能够包括试验条件下的非线性。用式(5-98)预报本记录产生的 Mse 值为 2.69。图5-6和图 5-7 所示为比较结果和残差序列。图 5-8 为相关检验结果，可见，此模型满足相关性要求。

3. 各个非线性模型的综合评估

将得到的非线性模型分别称为 Nonmodeldd8、Nonmodeldd6，用它们对各个试验进行预报，得到的 Mse 的值列于表 5-3 中。从表中的比较可以看出，Nonmodeldd8 模型对各个试验预报后的 Mse 值相对较小，因此说它的预报性能最好。对 dd2 和 dd1 预报较差的原因可能有振幅差异、频率差异及噪声污染严重等。因为 dd2 试验的振幅在所有试验中是最小的，所以它的非线性太弱，由它得出的模型 Nonmodeldd2 不能预报非线性比其强的信号。这也是系统辨识对输入信号要求是持续激励的原因。

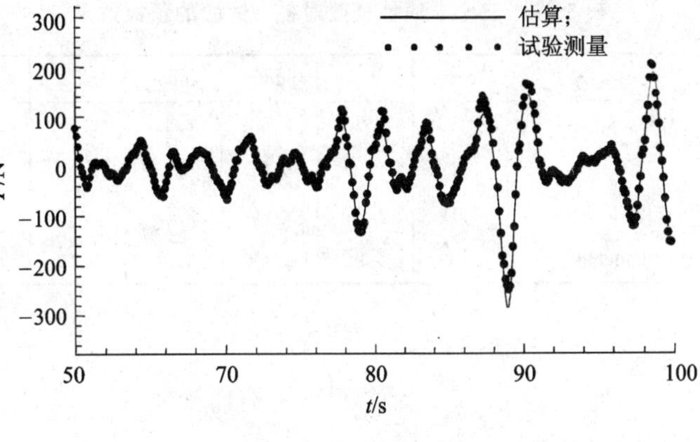

图 5-6　dd6 试验结果与非线性模型预报结果的比较

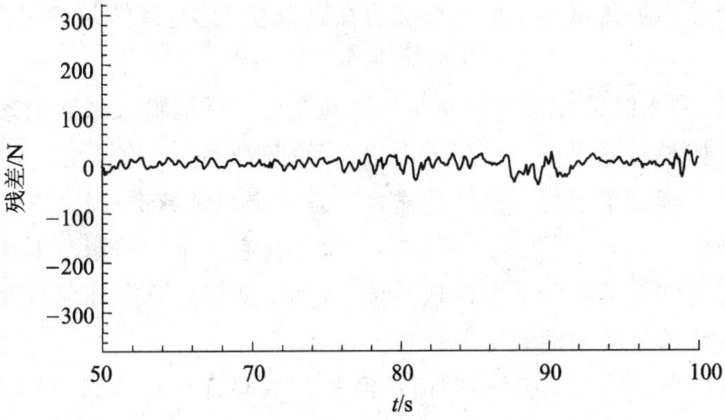

图 5-7　dd6 非线性模型的预报残差

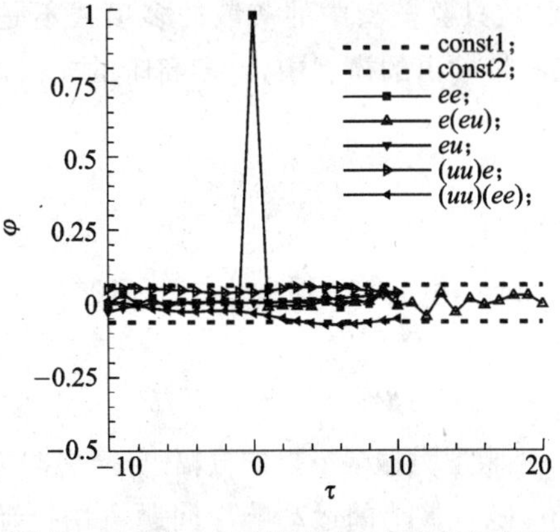

注：e 表示误差，u 表示输入，不同的线表示相应乘积项的相关函数。

图 5-8　dd6 非线性模型各相关性检验函数曲线

表 5-3 三个非线性模型对各个试验的预报效果

	dd8	dd7	dd6	dd5	dd2	dd1
Peak fre/(rad · s^{-1})	1.78	1.73	2.04	2.17	2.20	2.26
KC	1.12	1.09	0.83	0.91	0.42	0.73
Nonmodeldd8	**2.17**	3.47	2.30	2.94	7.10	8.74
Nonmodeldd6	3.03	4.94	**2.69**	3.32	5.32	8.04

5.5 小　结

本章详细地介绍了怎样确定非线性系统的 NARMAX 模型,以及如何校验所得模型的正确性。对于垂荡板强迫振荡试验中的几个随机振荡试验,经过系统辨识可以得到它们各自的 NARMAX 模型。

在系统辨识时,采用能够使系统的非线性得到充分体现的输入来激励系统,而这样的数据最适合用做辨识。如果希望得到一个更为广泛而且能普遍应用的模型,就应该用谱宽较宽和振幅范围较大的输入来激励模型。这样的输入在系统辨识领域中被称为持续激励。由于垂荡板强迫振荡试验条件的限制,因此所得到的模型也将有它一定的适用范围,但此时可以通过数值计算来模拟一定条件下的实际的垂荡板系统。这样,如果计算在任何情况下都可靠,则用数值计算就能弥补试验条件受限的缺陷。

NARMAX 模型是带输出的模型,前面已经从时域验证了如果只带输入的模型的预报效果,还是比较令人满意的。只带输入的模型的优点在于求解频率响应函数时会更加方便;但同时,当非线性系统的阶数较高时,它比带输出的模型在编制程序时因循环过多而显得过于麻烦。因为在 NARMAX 模型中,只要模型中的离散的多项式不是线性的,它就可以表示系统的任意高阶的非线性。而在不带输出的模型中,有多高阶的非线性,则模型中多项式的幂次就应该有多高。

思考题

5.1 某船排水体积 480 mm^3,横向转动惯量为 990×10^{-3} kg · m^2,其横稳性力矩臂 $GZ(\theta)$ 可表示为如下三次多项式形式

$$GZ(\theta) = \theta - 0.7\theta^3$$

θ 为横倾角。计算并绘出某一无阻尼大振幅横摇的振幅-自摇周期关系图(参见式(5-10))。

5.2 在弱非线性情况下,随机波上的运动响应问题可用摄动法求解。此时,高于二阶的量的谱分析与通常一阶量的谱分析有何不同。

5.3 偶次阶的量与奇次阶的量的统计特征有何区别?

参考文献

1 E 卡姆克. 常微分方程手册. 张鸿林译. 北京：科学出版社，1977

2 尼 包戈留包夫，尤 米特罗波尔斯基. 非线性振动理论中的渐近方法. 金福临等译. 上海：上海科学技术出版社，1963

3 Caughey T K. Equivalent linearisation techniques. J Acoustic Soc Am，1963，35

4 Yasufumi Yamanouchi. Some Remarks on the Statistical Estimation of Response Function of a Ship. Proceedings of the Symposim of Fifth Naval Hydrodynamic，1964

5 Iypengar R N，Dash P J. Study of the Random Vibration of Nonlinear Systems by the Gaussian Closure J. Applied Mechanics，1978，45(2)

6 Worden K，Stansby P K，Tomlinson G R. Identification of Nonlinear Wave Force. Journal of Fluids and Structures，1994，8:19～71

7 Schetzen M. The Volterral and Wiener Theories of Nonlinear Systems. New York Wiley，1980

8 Bedrossan E，Rice S O. The Output Properties of Volterra Systems Driven by Harmonic and Gaussian Inputs. Proceedings IEEE，1971，59:1688～1707

9 Gifford S J，Tomlinson G R. Recent Advances in The Application of Functional Series to Non-linear Structures. Journal of Sound and Vibration，1989，135(2):289～317

10 Billing S A，Tsang K M. Spectral Analysis for Nonlinear Systems Part A：Parametric Nonlinear Spectral Analysis. Mechanical Systems and Signal Processing，1989，3(4)：319～339

第 6 章　二阶系统响应理论

6.1　二阶系统的概念及其在船舶与海洋工程中的应用

在前面介绍的船舶与海洋结构运动的随机理论中，船舶及海洋结构在波浪上的运动响应是作为系统的随机响应来讨论的。一般说来，作为船舶运动响应的系统中都包含有非线性的因素，只不过在大多数的情况下，非线性因素在运动响应不大的情况下，可以忽略。但随着运动响应的水平增加，或者非线性项与一阶项相比不可忽略时，必须考虑这一非线性带来的影响。特别是有些非线性项的存在，会造成一些运动响应形式的质的变化，而忽略其影响，将不可能对这一特殊的运动特点进行解释。这方面的一个重要例子就是系泊海洋结构的慢漂运动。这一类响应，称为二阶响应。这是因为它们是在运动响应的方程中出现二次或偶次的项。

对于一个由微分方程所描述的动力系统，在线性情况下，可以通过频率域内的频率响应函数，或者时间域内的脉冲响应函数来表示其输入与输出间的显式关系。这种表示方法，对于时不变系统可推广到非线性的情况。沃尔泰拉(Volterra)首先在数学上提出这种表示方法，后由维纳应用到非线性系统的分析中，从而发展成沃尔泰拉泛函序列表示法。这一表示法叙述如下：假设有一个时不变的非线性系统，其输入为 $f(t)$，输出为 $x(t)$，则在时间域内输入与输出间的关系可以表示为

$$x(t) = x_0 + \int_{-\infty}^{+\infty} h_1(\tau) f(t-\tau)\mathrm{d}\tau + \int_{-\infty}^{+\infty}\int_{-\infty}^{+\infty} h_2(\tau_1,\tau_2) f(t-\tau_1) f(t-\tau_2)\mathrm{d}\tau_1\mathrm{d}\tau_2 + \cdots = x_0 + x_1 + x_2 + \cdots \tag{6-1}$$

式中：

$$x_0 = \text{常数}$$

$$x_1 = \int_{-\infty}^{+\infty} h_1(\tau) f(t-\tau)\mathrm{d}\tau$$

$$x_2 = \int_{-\infty}^{+\infty}\int_{-\infty}^{+\infty} h_2(\tau_1,\tau_2) f(t-\tau_1) f(t-\tau_2)\mathrm{d}\tau_1\mathrm{d}\tau_2$$

$$\cdots$$

这就是所谓的时不变非线性系统的泛函表示法。这里 $x_0, x_1, x_2, \cdots, x_n$ 代表不同阶的系统响

应。$h_n(\tau_1,\cdots,\tau_n)$称为 n 阶核函数。将一个非线性系统表示成式(6-1)的泛函序列的条件是，系统必须是时不变的。$x(t)$是 $f(t)$的连续泛函

$$x(t) = X[f(t)]$$

式(6-1)在离散的情况下，可以写成

$$x_t = \sum_{u=-\infty}^{\infty} h_u F_{t-u} + \sum_{u=-\infty}^{\infty}\sum_{v=-\infty}^{\infty} h_{uv} F_{t-u} F_{t-v} + \cdots \tag{6-2}$$

如果设 $f(t)$为一平稳过程，具有谱表达式

$$f(t) = \int_{-\infty}^{+\infty} e^{i\omega t} dF(\omega)$$

如假设 $x_0=0$，则式(6-1)可以写成

$$x(t) = \int_{-\infty}^{\infty} e^{i\omega t} H_1(\omega_1) dF(\omega_1) + \int_{-\infty}^{\infty}\int_{-\infty}^{\infty} e^{i(\omega_1+\omega_2)t} H_2(\omega_1+\omega_2) dF(\omega_1) dF(\omega_2) + \cdots \tag{6-3}$$

从式(6-3)，可以看出，$H_1(\omega_1)$与线性系统的频率响应函数概念一致，而 $H_2(\omega_1+\omega_2)dF(\omega_1)dF(\omega_2)$则代表 $F(\omega)$在 ω_1,ω_2 处对于在频率为$(\omega_1+\omega_2)$处的响应 $x(t)$的贡献。如果 $f(t)$只包含单个频率 ω_0，即 $f(t)=Ae^{i\omega_0 t}$，则 $dF(\omega)$在 $\omega=\omega_0$ 处为 A，而在其他频率上皆为零。这样，式(6-3)可写为

$$x(t) = AH_1(\omega_0)e^{i\omega_0 t} + A^2 H_2(\omega_0,\omega_0)e^{2i\omega_0 t} + A^3 H_3(\omega_0,\omega_0,\omega_0)e^{3i\omega_0 t} + \cdots \tag{6-4}$$

这表示，此时在输出 $x(t)$中包含了频率为 $\omega_0,2\omega_0,3\omega_0$ 的量。式(6-4)说明，非线性系统与线性系统之间存在着重大的差别。这就是在其输出中将会有 $\omega_0,2\omega_0,3\omega_0$ 的量。

考察式(6-2)，如将其与多元回归模型类比，则可以看出如果要拟合至 m 阶，必须应用到直至$(m+1)$阶的所有 $f(t)$与 $x(t)$的联合矩；而如要应用式(6-3)，则必须引入这些矩的傅里叶变换。这些矩的傅里叶变换，或更恰当的是将其累计量系数的傅里叶变换称为多维谱(poly-spectrum)。这里为方便起见，讨论时间序列$\{X_t\}$，其定义如下：设$\{X_t\}$为一平稳至 k 阶的过程，并令 $C(\tau_1,\tau_2,\cdots,\tau_{k-1})$代表一组随机变量$(X_t,X_{t+\tau_1},\cdots,X_{t+\tau_{k-1}})$的 k 阶联合累计量系数，即在如下的累积量生成函数的展开式中，$(s_1,s_2,\cdots,s_k)$项前的系数为

$$k(s_1,s_2,\cdots,s_k) = \log\{E[\exp(s_1 x_t + s_2 x_{t+\tau} + \cdots + s_k x_{t+\tau_{k-1}})]\}$$

而 k 阶多维谱的定义为

$$\Gamma_k(\omega_1,\omega_2,\cdots,\omega_{k-1}) = \left(\frac{1}{2\pi}\right)^{k-1} \sum_{\tau=-\infty}^{\infty}\cdots\sum_{\tau_{k-1}=-\infty}^{\infty} C(\tau_1,\tau_2,\cdots,\tau_{k-1})\exp[-i(\omega_1\tau_1+\cdots+\omega_{k-1}\tau_{k-1})] \tag{6-5}$$

由于二阶累积量系数 $C(\tau_1)$即等于 $\mathrm{Cov}\{x_t,x_{t+\tau}\}$，所以二阶多维谱即为传统的功率谱 $\Gamma_2(\omega)=S(\omega)$。同样，三阶累积量系数 $C_3(s_1,s_2)$等于三阶矩，即

$$C(s_1,s_2) = E[\{X_t-\mu_x\}\{X_{t+s_1}-\mu_x\}\{X_{t+s_2}-\mu_x\}] = \mu(s_1,s_2) \tag{6-6}$$

故三阶多维谱可写成

$$\Gamma_3(\omega_1,\omega_2)=\left(\frac{1}{2\pi}\right)^2\sum_{s_1=-\infty}^{\infty}\sum_{s_2=-\infty}^{\infty}\mu(s_1,s_2)\mathrm{e}^{-\mathrm{i}(s_1\omega_1+s_2\omega_2)} \tag{6-7}$$

其逆变换为

$$\mu(s_1,s_2)=\int_{-\infty}^{\infty}\int_{-\infty}^{\infty}\mathrm{e}^{\mathrm{i}(s_1\omega_1+s_2\omega_2)}\Gamma(\omega_1,\omega_2)\mathrm{d}\omega_1\mathrm{d}\omega_2 \tag{6-8}$$

$\Gamma_3(\omega_1,\omega_2)$又称为双谱(bi-spectrum)，而四阶多维谱称为三谱(tri-spectrum)。如将 $X_t-\mu_x$ 表示为

$$x_t-\mu_x=\int_{-\infty}^{\infty}\mathrm{e}^{\mathrm{i}\omega t}\mathrm{d}Z_x(\omega) \tag{6-9}$$

则 $\mu(s_1,s_2)$可写为

$$\mu(s_1,s_2)=\int_{-\infty}^{\infty}\int_{-\infty}^{\infty}\int_{-\infty}^{\infty}\mathrm{e}^{\mathrm{i}(\omega_1+\omega_2+\omega_3)t}\mathrm{e}^{\mathrm{i}(s_1\omega_1+s_2\omega_2+s_3\omega_3)}\mathrm{E}[\mathrm{d}Z_x(\omega_1)\mathrm{d}Z_x(\omega_2)\mathrm{d}Z_x(\omega_3)]$$

因为左端仅为 s_1,s_2 的函数，因此右端也必须只为 s_1,s_2 的函数。由此得到除在 $\omega_1+\omega_2+\omega_3=0$ 的线上，$\mathrm{E}[\mathrm{d}Z_x(\omega_1)\mathrm{d}Z_x(\omega_2)\mathrm{d}Z_x(\omega_3)]$必须为零。这样，双谱函数也可写为另一形式，即

$$\Gamma_3(\omega_1,\omega_2)\mathrm{d}\omega_1\mathrm{d}\omega_2=\mathrm{E}[\mathrm{d}Z_x(\omega_1)\mathrm{d}Z_x(\omega_2)\mathrm{d}Z_x(-\omega_1-\omega_2)] \tag{6-10}$$

多维谱的一个重要特征是，当$\{X_t\}$为一个高斯过程时，所有高于二阶的多维谱均为零。因此，这些高阶的多维谱可以看作过程偏离正态的度量。高于二阶的多维谱和二维谱一样都可以由测量结果分析计算得到。从几何上考虑，二阶谱定义在一个频率轴上，而三阶谱即双谱定义在由一对频率 ω_1,ω_2 所确定的频率平面上。

泛函表示式及其相应的多维谱的方法，可以应用于船舶及海洋结构的非线性响应分析研究。山内保文曾应用这一分析方法对一艘名为青云丸(Seiun Maru)的船舶在海上的横摇实测记录进行了计算。图 6-1 为计算得到的横摇过程的双谱。图 6-2 为相应的实测双谱。

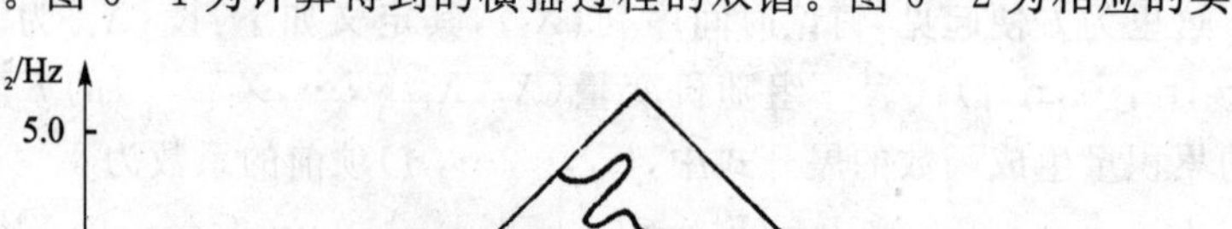

图 6-1　数值模拟得到的非线性横摇双谱

图 6-2为定义在一对频率为 ω_1,ω_2 平面上的横摇曲面，其上半部分代表双谱值的等高线，下半部分为常规的功率谱。从图中可以看出，横摇是非线性和非高斯的；由这一双谱计算得到的偏度为 0.22，表明横摇是非对称的；由 $\omega_1+\omega_2=\omega_0,\omega_1=\omega_0,\omega_2=\omega_0$ 所组成的线为脊线，ω_0 为二阶波谱的峰频。横摇记录的这一非线性特性是由外界条件或其阻尼、复原力造成的。特别是非对称性质，主要是由于风力的作用形成的。图 6-3 表明这一偏度和风与船的相对角度间的关系。

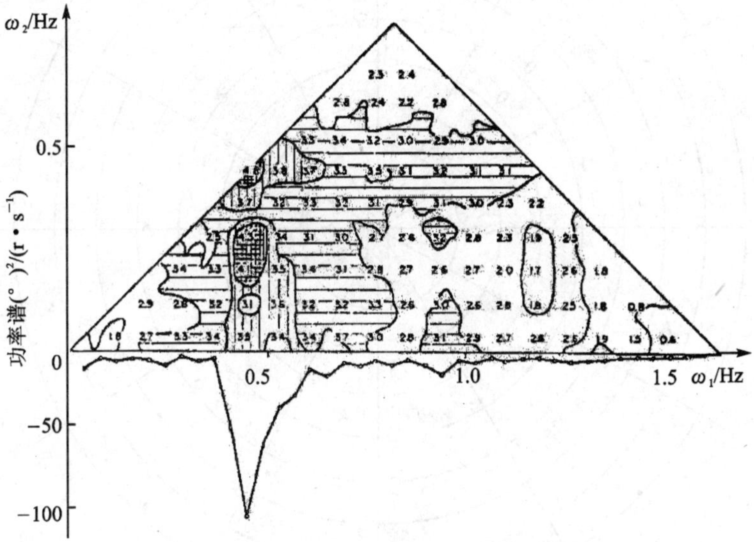

注：图中数字给出对记录的三次方平均值的贡献，
单位为(°)³/(周波・s⁻¹)²

图 6-2　实际测量得到的青云丸横摇双谱

这一偏度的数值由零增加至某一正的或负的数值，依赖于船与风的相对角度。在式(6-1)中，如果将此泛函序列在二阶处截断，即假设

$$x(t)=x_0+\int_{-\infty}^{\infty}h_1(\tau_1)F(t-\tau_1)\mathrm{d}\tau_1+\int_{-\infty}^{\infty}\int_{-\infty}^{\infty}h_2(\tau_1,\tau_2)F(t-\tau_1)F(t-\tau_2)\mathrm{d}\tau_1\mathrm{d}\tau_2 \qquad (6-11)$$

则此时这一系统成为二阶系统。这一二阶系统在船舶漂移运动，特别是系泊船舶及浮式结构的慢漂振荡的研究中，有广泛的应用。与这些问题相类似，船舶在波浪上航行阻力的增加也可用这一方法处理。在本章中，将介绍有关这一二阶系统的随机响应分析理论。

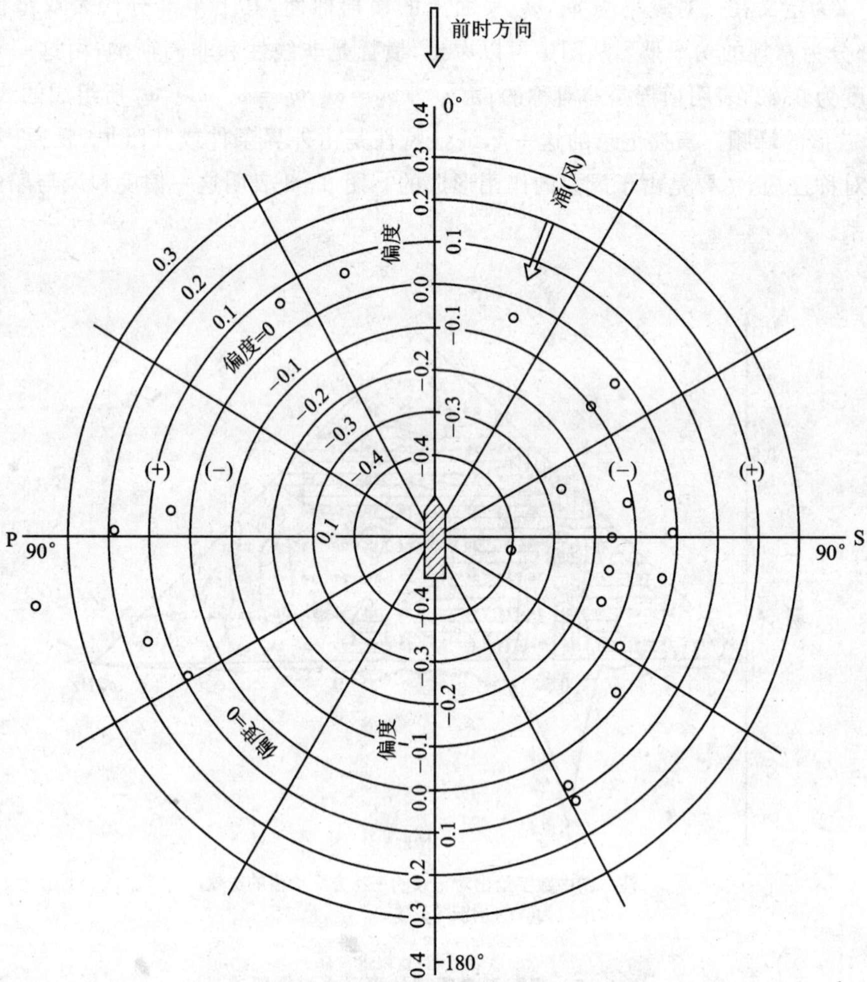

图 6-3 青云丸实测横摇偏度系数与风向的关系

6.2 浮式结构在波浪上的二阶慢漂力及其数学模型

在研究船舶及海洋结构的运动中，浮式系泊系统的慢漂及其在系泊线中所诱发的载荷问题占了很重要的地位。这一问题经过近 20 年的努力，已经初步搞清了问题的基本机理。从流体力学的观点看，这一慢漂运动的产生，是由波浪作用力的二阶性质所决定的。因此，它完全可以用一个二阶系统来模拟。理论及试验的结果都充分证明了这一模型的有效性。在这里将不对问题的流体力学方面作详细地讨论，而主要考虑问题的统计方面，但是，这一统计特性将主要决定于这一二阶特性。

由流体力学的研究中可以得到，波浪作用于浮式结构的水平力，包含了长周期的成分；这一长周期的成分即所谓的二阶慢漂力，可以表示为如下的数学形式：

$$F^{(2)}(t)=\sum_i\sum_j\left[f_{ij}^{+}a_ia_j^{*}\mathrm{e}^{\mathrm{i}(\omega_i+\omega_j)t}+f_{ij}^{-}a_ia_j^{*}\mathrm{e}^{\mathrm{i}(\omega_i-\omega_j)t}\right] \tag{6-12}$$

式中：$i,j=1,\cdots,m$；a_i,a_j 为随机波中波分量的振幅；f_{ij}^{+},f_{ij}^{-} 为相应的二阶频率响应函数，可以由流体力学理论方法计算，或通过模型试验测量得到。

显然，在水平力 $F^{(2)}(t)$ 的表示式中，包含由频率 $(\omega_1+\omega_2)$ 组成的快变量和由 $(\omega_1-\omega_2)$ 组成的慢变量。目前所感兴趣的海洋工程中的系泊系统问题，主要是慢变部分。因为，虽然二阶力的数量并不大，但是由于在差频项中包含了低频部分，很容易与具有自然频率的系泊系统发生共振，从而诱发出很大的低频振荡振幅，并相应地产生很大的系泊载荷，因此，在下面的讨论中将只考虑差频项，但这绝不是说和频项不重要。在某些问题，如结构的振动问题中，将会遇到这一高频项的作用。下面将介绍一些二阶差频的简化模型。

对于这一二阶表示式可以如下简化。如果来波是只包含一个频率的波，则漂移力将不具备慢漂的特性，而成为一个稳定漂移力，可以表示为

$$F^{(2)}(t)=D(\omega)a^2 \tag{6-13}$$

式中，$D(\omega)$ 为与频率有关的函数。如果来波为不规则波列，则可以表示为

$$\zeta(x,t)=\sum_{i=1}^{N}a_i\cos(\omega_it-k_ix+\delta_i) \tag{6-14}$$

式中：a_i 为实振幅，δ_i 为相位角。将式(6－14)改写为如下形式：

$$\zeta(x,t)=\mathrm{Re}\{A(x,t)\mathrm{e}^{\mathrm{i}(\omega_pt-k_px)}\} \tag{6-15}$$

式中：

$$A(x,t)=\sum_{i=1}^{N}a_i\mathrm{e}^{\left[\mathrm{i}(\omega_i-\omega_p)t-(k_i-k_p)x+\delta_i\right]} \tag{6-16}$$

而 ω_p 为某一接近波谱峰值的频率，k_p 为相应的波数。当波谱较窄时，$A(x,t)$ 将是缓慢变化的量。这是由于 $(\omega_i-\omega_p)$ 为一个小量。因此，式(6－15)代表一个以 ϖ_p 作快变振荡上加 $A(x,t)$ 的慢变包络，并且 $A(x,t)$ 在空间上也是缓慢变化的。

将 $A(x,t)$ 改写为

$$A(x,t)=a(x,t)\mathrm{e}^{\mathrm{i}\psi(x,t)} \tag{6-17}$$

这里应用了窄谱的概念。$A(x,t)$ 近似为某一实函数。$\psi(x,t)$ 为慢变的初相角，则入射波式(6－15)可写为

$$\zeta(x,t)=a(x,t)\cos[\varpi_lt-k_lx-\psi(x,t)] \tag{6-18}$$

式中：$a(x,t)$ 为慢变振幅；ϖ_l 和 k_l 分别为

$$\left.\begin{aligned}\varpi_l&=\varpi_p+\psi_t(x,t)\\k_l&=k_p-\psi_x(x,t)\end{aligned}\right\} \tag{6-19}$$

表示局部频率及局部波数，下标 t,x 表示对 t 及 x 求导。

基于上述分析，Mathinsen 设：

$$F^{(2)}(t)=F_0+F(t)=D(\omega_l)a^2(x_0,t)=D[\omega_p+\psi_t(x,t)]a^2(x_0,t) \tag{6-20}$$

这里 x_0 为某一固定参考坐标系。式(6－20)从理论上说明了徐和别尔克曼(Hsu，Beu kermann)最早提出的关于二阶慢漂力计算的设想，即可以认为在某一不规则波列上的慢漂力，为其在波列中的每一个波上的平均漂移力所形成的序列组成。也就是当结构在某一个波上时，认为此时的漂移力等于在由这一波形所组成的规则波列上的平均漂移力。换句话说，不考虑波浪前后变化的影响。

如果简单地令

$$\zeta(x,t)=\sum_{i=1}^{N}a_i\mathrm{Re}\{\mathrm{e}^{\mathrm{i}(\omega_i t-k_i x+\delta_i)}\}=a(x,t)\mathrm{Re}\{\mathrm{e}^{\mathrm{i}\psi(x,t)}\} \tag{6-21}$$

则式(6－21)的希尔伯特(Hilbert)变换，即

$$\eta(x,t)=-\frac{1}{\pi}\int_{-\infty}^{+\infty}\frac{\zeta(x,\tau)}{\tau-t}\mathrm{d}\tau$$

其中积分为柯西(Cauchy)主值积分，可以表示为

$$\eta(x,t)=a(x,t)\mathrm{Im}\{\mathrm{e}^{\mathrm{i}\psi(x,t)}\} \tag{6-22}$$

由希尔伯特变换的性质知

$$a(x,t)=\{\zeta^2(x,t)+\eta^2(x,t)\}^{\frac{1}{2}}$$

$$\varpi_l=\psi_t(x,t)=\frac{\partial}{\partial t}\arctan\left[\frac{\zeta(x,t)}{\eta(x,t)}\right] \tag{6-23}$$

这样，由给定的时间历程 $\zeta(x,t)$ 可以由其希尔伯特变换求其包络 $a(x,t)$ 以及局部频率 ϖ_l，然后代入式(6－20)，可以求其缓变力。

纽曼(Newman)从另一角度出发，作了类似的简化。根据式(6－22)，二阶慢漂力可以表示为

$$F(t)=\mathrm{Re}\left[\sum_i\sum_j f_{ij}a_i^*a_j\mathrm{e}^{\mathrm{i}(\omega_i-\omega_j)t}\right] \tag{6-24}$$

$F(t)$的时间平均值，即定常漂移力 $\bar{F}$ 应为

$$\bar{F}=\mathrm{Re}\left[\sum f_{ii}a_ia_i^*\right] \tag{6-25}$$

这是因为只有当 $i=j$ 时，指数项才为 1，并且 $\bar{F}$ 及 a_i,a_i^* 皆为实数，可以令 $\mathrm{Im}[f_{ii}]$为零。与式(6－13)相比，得

$$f_{ii}=D(\omega_i)$$

当 $i\neq j$ 时，f_{ii} 为复数。为了使式(6－24)的力的表达式与 i,j 的选择无关，要求

$$f_{ij}=f_{ji}^*$$

即 f_{ij} 具有 Hermitte 对称性质。可以想像 f_{ij} 为一空间曲面，其坐标为 ω_i,ω_j 及 f_{ij}。这一曲面

是对称于 $\omega_i=\omega_j$ 的对角线的。在对角线上，实部为 f_{ii}，虚部为零。纽曼假定这些曲面是光滑的，并且与基平面具有较小的相切角。这样，对于接近 $\omega_i=\omega_j$ 对角线的 f_{ij}，可以表示为

$$f_{ij} = f_{ii} + O(\omega_i - \omega_j)$$

在式(6－24)中，考虑了在对角线以外的项对二阶力的贡献，可以表示为

$$\widetilde{F}_2(t) = \mathrm{Re}\Big\{\sum_{i\neq j}\sum f_{ii}a_i a_j^* \,\mathrm{e}^{\mathrm{i}(\omega_i-\omega_j)t}\Big\}\{1+O(\omega_i-\omega_j)\}$$

当 $(\omega_i-\omega_j)\to 0$ 时，这一假定的实质是用对角线上的 f_{ii} 值代替其附近的 f_{ij} 值。显然，这只有在函数 f_{ij} 集中于对角线附近时才是可行的。

6.3　二阶系统对随机波浪响应的统计平均值

现在应用 6.2 节引入的二阶传递函数概念来讨论二阶系统对一个平稳正态输入的响应问题。

由于平稳正态过程可以表示为

$$X(t) = \int_{-\infty}^{\infty} \mathrm{e}^{-\mathrm{i}\omega t}\,\mathrm{d}Z(\omega) \tag{6-26}$$

式中，$Z(\omega)$ 为某一个独立正交过程。将这一表达式代入二阶系统的表达式中，得

$$\begin{aligned} Y(t) &= \int_{-\infty}^{\infty}\int_{-\infty}^{\infty} h(\tau_1,\tau_2)\left[\int_{-\infty}^{\infty}\mathrm{e}^{\mathrm{i}\omega_1(t-\tau_1)}\,\mathrm{d}Z(\omega_1)\right]\times\left[\int_{-\infty}^{\infty}\mathrm{e}^{\mathrm{i}\omega_2(t-\tau_2)}\,\mathrm{d}Z(\omega_2)\right]\mathrm{d}\tau_1\,\mathrm{d}\tau_2 = \\ &\int_{-\infty}^{\infty}\int_{-\infty}^{\infty}\left[\int_{-\infty}^{\infty}\int_{-\infty}^{\infty} h(\tau_1,\tau_2)\,\mathrm{e}^{-\mathrm{i}(\omega_1\tau_1+\omega_2\tau_2)}\,\mathrm{d}\tau_1\,\mathrm{d}\tau_2\right]\times \mathrm{e}^{\mathrm{i}(\omega_1+\omega_2)}\,\mathrm{d}Z(\omega_1)\,\mathrm{d}Z(\omega_2) = \\ &\int_{-\infty}^{\infty}\int_{-\infty}^{\infty} H(\omega_1,\omega_2)\,\mathrm{e}^{\mathrm{i}(\omega_1+\omega_2)t}\,\mathrm{d}Z(\omega_1)\,\mathrm{d}Z(\omega_2) \end{aligned} \tag{6-27}$$

式(6－27)表明用输入谱及二阶传递函数表示二阶系统响应的关系式。

计算 $Y(t)$ 的平均值

$$\begin{aligned} \mathrm{E}[Y(t)] &= \mathrm{E}\left[\int_{-\infty}^{\infty}\int_{-\infty}^{\infty} h(\tau_1,\tau_2)X(t-\tau_1)X(t-\tau_2)\,\mathrm{d}\tau_1\,\mathrm{d}\tau_2\right] = \\ &\int_{-\infty}^{\infty}\int_{-\infty}^{\infty} h(\tau_1,\tau_2)\,\mathrm{E}[X(t-\tau_1)X(t-\tau_2)\,\mathrm{d}\tau_1\,\mathrm{d}\tau_2] = \\ &\int_{-\infty}^{\infty}\int_{-\infty}^{\infty} h(\tau_1,\tau_2)R_x(\tau_1-\tau_2)\,\mathrm{d}\tau_1\,\mathrm{d}\tau_2 \end{aligned} \tag{6-28}$$

式中：$R_x(\tau_1-\tau_2)=\mathrm{E}[X(t-\tau_1)X(t-\tau_2)]$ 为输入 X 的协方差函数。

$$E[Y(t)]=\int_{-\infty}^{\infty}\int_{-\infty}^{\infty}h(\tau_1,\tau_2)\left[\int_{-\infty}^{\infty}e^{i(\tau_1-\tau_2)\omega}S_x(\omega)d\omega\right]d\tau_1 d\tau_2=$$

$$\int_{-\infty}^{\infty}\left[\int_{-\infty}^{\infty}\int_{-\infty}^{\infty}h(\tau_1,\tau_2)e^{i(\tau_1-\tau_2)\omega}d\tau_1 d\tau_2\right]S_x(\omega)d\omega=$$

$$\int_{-\infty}^{\infty}H(\omega,-\omega)S_x(\omega)d\omega= \tag{6-29}$$

$$\int_{-\infty}^{\infty}H(\omega,-\omega)S'_x(\omega)d\omega$$

式中：

$$S'_x(\omega)=\begin{cases}S_x(\omega) & 当\ 0<\omega<\infty \\ 0 & 其他\end{cases}$$

式(6-29)表示二阶响应的平均值为二阶传递函数与波谱乘积的积分。这一关系式可以应用于求二阶响应的平均值，如计算船舶在波浪中航行时由于波浪引起的阻力增加的平均值等。

为了计算 $Y(t)$ 的协方差函数，要应用到正态过程的一个重要特性，即所有正态分布的高于二阶的矩，皆可用其二阶矩表示，以四阶矩为例有

$$\begin{aligned}E[X(t_1)X(t_2)X(t_3)X(t_4)]=&E[X(t_1)X(t_2)]E[X(t_3)X(t_4)]+\\&E[X(t_3)X(t_2)]E[X(t_1)X(t_4)]+\\&E[X(t_1)X(t_3)]E[X(t_2)X(t_4)]=\\&R_x(t_2-t_1)R_x(t_4-t_3)+R_x(t_3-t_1)R_x(t_4-t_2)+\\&R_x(t_4-t_1)R_x(t_3-t_2)\end{aligned}$$

由于 $E[Y(t)]$ 与时间无关，故 $Y(t)$ 的协方差函数可写成

$$\mathrm{Cov}(Y(t),Y(t+\tau))=E[Y(t+\tau)Y(t)]-[E[Y(t)]]^2=$$

$$E\left[\int_{-\infty}^{\infty}\int_{-\infty}^{\infty}\int_{-\infty}^{\infty}\int_{-\infty}^{\infty}h(\tau_1,\tau_2)h(\tau_3,\tau_4)X(t+\tau-\tau_1)X(t+\tau-\tau_2)X(t-\tau_3)X(t-\tau_4)d\tau_1 d\tau_2 d\tau_3 d\tau_4\right]-$$

$$[E[Y(t)]]^2=\int_{-\infty}^{\infty}\int_{-\infty}^{\infty}\int_{-\infty}^{\infty}\int_{-\infty}^{\infty}h(\tau_1,\tau_2)h(\tau_3,\tau_4)[R_x(-\tau+\tau_1+\tau_3)R_x(-\tau+\tau_2-\tau_4)+$$

$$R_x(\tau_1-\tau_2)R_x(\tau_3-\tau_4)+R_x(-\tau+\tau_1-\tau_4)R_x(-\tau+\tau_2-\tau_3)]d\tau_1 d\tau_2 d\tau_3 d\tau_4-$$

$$[E[Y(t)]]^2=\int_{-\infty}^{\infty}\int_{-\infty}^{\infty}\int_{-\infty}^{\infty}\int_{-\infty}^{\infty}h(\tau_1,\tau_2)h(\tau_3,\tau_4)\left[\int_{-\infty}^{\infty}\int_{-\infty}^{\infty}(e^{i\omega_2(-\tau+\tau_1-\tau_3)}e^{i\omega_1(-\tau+\tau_2-\tau_4)}+e^{i\omega_1(\tau_1-\tau_2)}e^{i\omega_2(\tau_3-\tau_4)}+\right.$$

$$\left.e^{i\omega_1(-\tau+\tau_1+\tau_4)}e^{i\omega_2(-\tau+\tau_2-\tau_3)})S_x(\omega_1)S_x(\omega_2)d\omega_1 d\omega_2\right]d\tau_1 d\tau_2 d\tau_3 d\tau_4-$$

$$\left[\int_{-\infty}^{\infty} H(-\omega,\omega)S_x(\omega)\mathrm{d}\omega\right]^2 = \int_{-\infty}^{\infty}\int_{-\infty}^{\infty}\left[\int_{-\infty}^{\infty}\int_{-\infty}^{\infty} h(\tau_1,\tau_2)\mathrm{e}^{-\mathrm{i}(-\omega_1\tau_1-\omega_2\tau_2)}\mathrm{d}\tau_1\mathrm{d}\tau_2\right]\times$$

$$\left[\int_{-\infty}^{\infty}\int_{-\infty}^{\infty} h(\tau_3,\tau_4)\mathrm{e}^{-\mathrm{i}(\omega_1\tau_3+\omega_2\tau_4)}\mathrm{d}\tau_3\mathrm{d}\tau_4\right]\mathrm{e}^{-\mathrm{i}(\omega_1+\omega_2)\tau}S_x(\omega_1)S_x(\omega_2)\mathrm{d}\omega_1\mathrm{d}\omega_2 +$$

$$\int_{-\infty}^{\infty}\int_{-\infty}^{\infty}\left[\int_{-\infty}^{\infty}\int_{-\infty}^{\infty} h(\tau_1,\tau_2)\mathrm{e}^{-\mathrm{i}(-\omega_1\tau_1+\omega_1\tau_2)}\mathrm{d}\tau_1\mathrm{d}\tau_2\right]\times\left[\int_{-\infty}^{\infty}\int_{-\infty}^{\infty} h(\tau_3,\tau_4)\mathrm{e}^{-\mathrm{i}(-\omega_2\tau_3+\omega_2\tau_4)}\mathrm{d}\tau_3\mathrm{d}\tau_4\right]\times$$

$$S_x(\omega_1)S_x(\omega_2)\mathrm{d}\omega_1\mathrm{d}\omega_2 + \int_{-\infty}^{\infty}\int_{-\infty}^{\infty}\left[\int_{-\infty}^{\infty}\int_{-\infty}^{\infty} h(\tau_1,\tau_2)\mathrm{e}^{-\mathrm{i}(-\omega_1\tau_1-\omega_2\tau_2)}\mathrm{d}\tau_1\mathrm{d}\tau_2\right]\times$$

$$\left[\int_{-\infty}^{\infty}\int_{-\infty}^{\infty} h(\tau_3,\tau_4)\mathrm{e}^{-\mathrm{i}(\omega_2\tau_3+\omega_1\tau_4)}\mathrm{d}\tau_3\mathrm{d}\tau_4\right]\mathrm{e}^{-\mathrm{i}(\omega_1+\omega_2)\tau}S_x(\omega_1)S_x(\omega_2)\mathrm{d}\omega_1\mathrm{d}\omega_2 -$$

$$\left[\int_{-\infty}^{\infty} H(-\omega,\omega)S_x(\omega)\mathrm{d}\omega\right]^2 = \int_{-\infty}^{\infty}\int_{-\infty}^{\infty} H(-\omega_1,\omega_2)H(\omega_1,\omega_2)\mathrm{e}^{-\mathrm{i}(\omega_1+\omega_2)\tau}S_x(\omega_1)S_x(\omega_2)\mathrm{d}\omega_1\mathrm{d}\omega_2 +$$

$$\int_{-\infty}^{\infty}\int_{-\infty}^{\infty} H(-\omega_1,\omega_1)H(-\omega_2,\omega_2)S_x(\omega_1)S_x(\omega_2)\mathrm{d}\omega_1\mathrm{d}\omega_2 +$$

$$\int_{-\infty}^{\infty}\int_{-\infty}^{\infty} H(-\omega_1,-\omega_2)H(\omega_2,\omega_1)\mathrm{e}^{-\mathrm{i}(\omega_1+\omega_2)\tau}S_x(\omega_1)S_x(\omega_2)\mathrm{d}\omega_1\mathrm{d}\omega_2 -$$

$$\left[\int_{-\infty}^{\infty} H(-\omega,\omega)S_x(\omega)\mathrm{d}\omega\right]^2 = \int_{-\infty}^{\infty}\int_{-\infty}^{\infty} |H(\omega_1,\omega_2)|^2\mathrm{e}^{-\mathrm{i}(\omega_1+\omega_2)\tau}S_x(\omega_1)S_x(\omega_2)\mathrm{d}\omega_1\mathrm{d}\omega_2 +$$

$$\int_{-\infty}^{\infty}\int_{-\infty}^{\infty} |H(\omega_1,-\omega_2)|^2\mathrm{e}^{-\mathrm{i}(\omega_1+\omega_2)\tau}S_x(\omega_1)S_x(\omega_2)\mathrm{d}\omega_1\mathrm{d}\omega_2$$

由此可见，$Y(t)$仍为一个平稳过程，并且有

$$\sigma_y^2 = R_y(0) = \int_{-\infty}^{\infty}\int_{-\infty}^{\infty}[|H(\omega_1,\omega_2)|^2 + |H(\omega_1,-\omega_2)|^2]S_x(\omega_1)S_x(\omega_2)\mathrm{d}\omega_1\mathrm{d}\omega_2$$

6.4 二阶核函数或二阶频率响应函数的测量

与在一阶线性系统时一样，二阶频率响应函数也可以通过模型试验的方法来测量。应用并推广在 6.1 节中引入的多维谱概念，把双谱推广至两个不同的过程上，给出两个过程 X_t 和 Y_t，就可以定义交叉多维谱。例如对三阶交叉多维谱定义为

$$S_{xxy}(\omega_1,\omega_2) = \left(\frac{1}{2\pi}\right)^2 \sum_{\tau_1=-\infty}^{\infty}\sum_{\tau_2=-\infty}^{\infty} \mu_{xxy}(\tau_1,\tau_2)\mathrm{e}^{-\mathrm{i}(\omega_1\tau_1+\omega_2\tau_2)} \tag{6-30}$$

式中：

$$\mu_{xxy}(\tau_1,\tau_2) = \mathrm{E}[(Y_t-\mu_Y)(X_{t+\tau_1}-\mu_X)(X_{t+\tau_2}-\mu_X)] \tag{6-31}$$

式中为 X,Y 间的三阶相关矩，或成为平方交叉相关函数。将 $Y_t-\mu_Y$ 写成谱表达式

$$Y_t-\mu_Y = \int_{-\infty}^{\infty} \mathrm{e}^{\mathrm{i}\omega t}\mathrm{d}Z_Y(\varpi) \tag{6-32}$$

与上面的讨论的情况一样，$S_{xxy}(\omega_1,\omega_2)$可以写为

$$S_{xxy}(\omega_1,\omega_2)\mathrm{d}\omega_1\mathrm{d}\omega_2 = \mathrm{E}[\mathrm{d}Z_x(\omega_1)\mathrm{d}Z_x(\omega_2)\mathrm{d}Z_y(-\omega_1-\omega_2)] \tag{6-33}$$

假定谱函数 $Z_Y(\omega)$，$Z_X(\omega)$是可导的，并且 X_t 为零均值正态过程；Y_t 为二阶系统响应。该系统具有二阶频率响应函数 $H_2(\omega_1,\omega_2)$，则

$$\mu_{xxy}(\tau_1,\tau_2) = \mathrm{E}[Y_tX_{t+\tau_1}X_{t+\tau_2}] = \int_{-\infty}^{\infty}\int_{-\infty}^{\infty}\int_{-\infty}^{\infty}\int_{-\infty}^{\infty} \exp\{\mathrm{i}(\omega_1+\omega_2)t+\mathrm{i}\omega_3(t+\tau_1)+\mathrm{i}\omega_4(t+\tau_2)\}\times$$
$$H_2(\omega_1,\omega_2)\mathrm{E}[\mathrm{d}Z_x(\omega_1)\mathrm{d}Z_x(\omega_2)\mathrm{d}Z_x(\omega_3)\mathrm{d}Z_x(\omega_4)] \tag{6-34}$$

由于 $\mathrm{d}Z_x(\omega)$为正态，故其四次乘积项可以写成

$$\begin{aligned}\mathrm{E}[\mathrm{d}Z_x(\omega_1)\mathrm{d}Z_x(\omega_2)\mathrm{d}Z_x(\omega_3)\mathrm{d}Z_x(\omega_4)] =& \mathrm{E}[\mathrm{d}Z_x(\omega_1)\mathrm{d}Z_x(\omega_2)]\mathrm{E}[\mathrm{d}Z_x(\omega_3)\mathrm{d}Z_x(\omega_4)]+\\ &\mathrm{E}[\mathrm{d}Z_x(\omega_1)\mathrm{d}Z_x(\omega_3)]\mathrm{E}[\mathrm{d}Z_x(\omega_2)\mathrm{d}Z_x(\omega_4)]+\\ &\mathrm{E}[\mathrm{d}Z_x(\omega_1)\mathrm{d}Z_x(\omega_4)]\mathrm{E}[\mathrm{d}Z_x(\omega_2)\mathrm{d}Z_x(\omega_3)]\end{aligned} \tag{6-35}$$

将式(6-35)代入式(6-34)并积分。因为

$$\mathrm{E}[\mathrm{d}Z_x(\omega_1)\mathrm{d}Z_x(\omega_2)] = \begin{cases}0 & 当\ \omega_1\neq\omega_2\\ S_x(\omega_1)\mathrm{d}\omega_1 & 当\ \omega_1=\omega_2\end{cases} \tag{6-36}$$

因此

$$\begin{aligned}E[Y_tX_{t+\tau_1}X_{t+\tau_2}] =& \int_{-\infty}^{\infty} H_2(\omega_1,-\omega_1)S_x(\omega_1)\mathrm{d}\omega_1\int_{-\infty}^{\infty}\mathrm{e}^{\mathrm{i}\omega_3(\tau_1-\tau_2)}S_x(\omega_3)\mathrm{d}\omega_3+\\ &\int_{-\infty}^{\infty}\int_{-\infty}^{\infty} H_2(-\omega_3,-\omega_4)\mathrm{e}^{\mathrm{i}\omega_3\tau_1+\mathrm{i}\omega_4\tau_2}S_x(\omega_3)S_x(\omega_4)\mathrm{d}\omega_3\mathrm{d}\omega_4+\\ &\int_{-\infty}^{\infty}\int_{-\infty}^{\infty} H_2(-\omega_4,-\omega_3)\mathrm{e}^{\mathrm{i}\omega_3\tau_1+\mathrm{i}\omega_4\tau_2}S_x(\omega_3)S_x(\omega_4)\mathrm{d}\omega_3\mathrm{d}\omega_4\end{aligned} \tag{6-37}$$

现在将 $\mu_{xxy}(\tau_1,\tau_2)$写成

$$\mu_{xxy}(\tau_1,\tau_2) = \mathrm{E}[Y_tY_{t+\tau_1}X_{t+\tau_2}] - \mathrm{E}[X_{t+\tau_1}X_{t+\tau_2}]\mathrm{E}[Y_t] \tag{6-38}$$

显然，式(6-38)的第二项即为式(6-37)中右端的第一项，$H_2(\omega_1,\omega_2)$为 Hermitte 对称，最后得到

$$\mu_{xxy}(\tau_1,\tau_2)=\int_{-\infty}^{\infty}\int_{-\infty}^{\infty}H_2(\omega_3,\omega_4)e^{i\omega_3\tau_1+i\omega_4\tau_2}S_x(\omega_3)S_x(\omega_4)d\omega_3 d\omega_4$$

这样，将 ω_3,ω_4 改写为 ω_1,ω_2，即可得到

$$S_{xxy}(\omega_1,\omega_2)=2H_2(-\omega_1,-\omega_2)S_x(\omega_1)S_x(\omega_2) \tag{6-39}$$

式(6-39)可以由对 $\mu_{xxy}(\tau_1,\tau_2)$ 取傅里叶变换，由左右端对比中得到

$$H_2(\omega_1,\omega_2)=\frac{S_{xxy}(-\omega_1,-\omega_2)}{2S_x(\omega_1)S_x(\omega_2)} \tag{6-40}$$

在具体的计算中，有时为了处理方便，考虑到二阶频率响应对 $\omega_1=\omega_2$ 的对角线对称，常引进一个坐标变换，令

$$\Omega_1=\omega_1-\omega_2$$

$$\Omega_2=\omega_1+\omega_2$$

这一变换如图 6-1 所示。这样，式(6-40)可改写为

$$H_2\left(\frac{\Omega_1+\Omega_2}{2},\frac{\Omega_1-\Omega_2}{2}\right)=\frac{S_{xxy}\left(-\frac{\Omega_1+\Omega_2}{2},\frac{\Omega_1-\Omega_2}{2}\right)}{2S_x(\omega_1)S_x(\omega_2)} \tag{6-41}$$

或者写成

$$H_2(\Omega_1,\Omega_2)=\frac{S_{xxy}(\Omega_1,\Omega_2)}{S_x(\omega_1)S_x(\omega_2)} \tag{6-42}$$

到目前为止，已经有过一些二阶波浪漂移力的试验研究，其中包括平克斯特(Pinkster)在荷兰船模试验池(NSMB)进行的试验。这些试验都是采取类似的原理和布置。二阶漂移力的测量，主要的困难在于如何防止一阶运动及其在测量中对二阶量的干扰。由于二阶力的生成与一阶运动有密切关系，因此不可以在测量二阶力时限制一阶运动；同时，也不希望在测量时，系统会有明显的二阶运动，这样会在测力系统中引入动力影响，降低测量精度。由于整个测量是在浮式结构上进行的，因而不可能把运动完全限制住。通常的办法是设计一套试验测量系统，使得这一系统的水平振荡自振频率恰好处在波浪频率与二阶力的频率之间，从而使整个被测的结构模型运动不会受到限制，并且也不会发生明显的二阶运动。图 6-4 为这一测量系统的示意图。

可以利用前面的公式计算二阶频率响应函数。由式(6-42)可以看到，在估计二阶频率响应函数的计算中，首先要计算交叉双谱 $S_{xxy}(\Omega_1,\Omega_2)$，与在一维时一样。这一谱的估计有不同的方法。这里仍应用布莱克曼-特尔基法，即由交叉平方相关函数进行傅里叶变换求交叉双谱的办法。与在一维时相同，由于离散化的原因，存在一个估计值与窗函数的关系。如果样本是有限的，按照第 2 章中谱分析方法的讨论，估计的交叉双谱平均值为

$$S_{xxy}(\Omega_1,\Omega_2)=\int_{-\infty}^{\infty}\int_{-\infty}^{\infty}U(\Omega_3,\Omega_4)S_{xxy}(\Omega_1+\Omega_3,\Omega_2+\Omega_4)d\Omega_3 d\Omega_4 \tag{6-43}$$

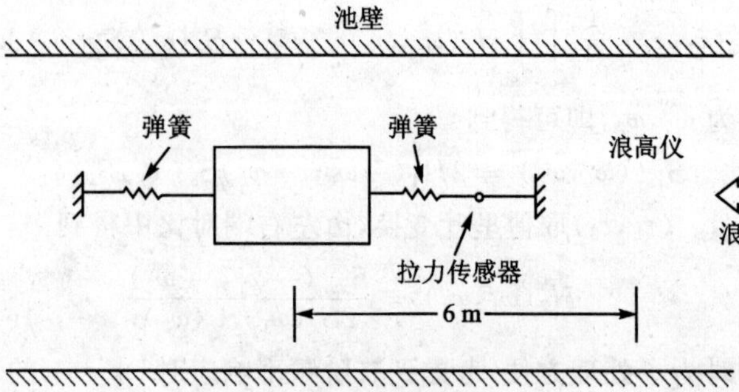

(a) 测量系统布置图

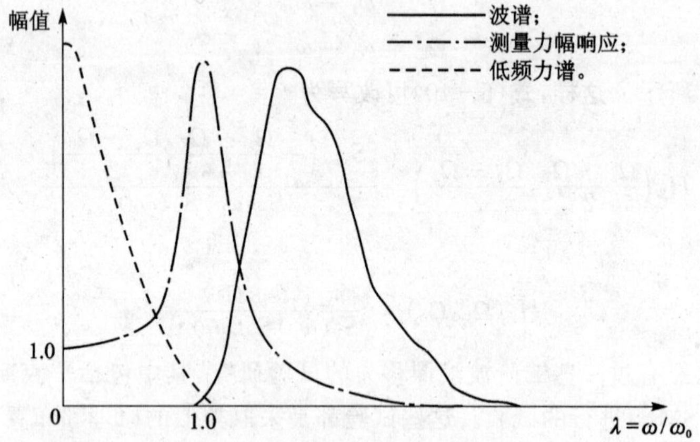

(b) 测量系统频率特性，显示测量系统的幅值响应在频谱与波频谱的范围之间

图 6-4　二阶力测量系统示意图

式(6-43)实际上是式(2-50)在二维情况下的推广。$U(\Omega_3,\Omega_4)$为交叉双谱窗。这一窗在(0,0)处为一峰值，然后当 Ω_3 和 Ω_4 偏离原点时迅速下降。

定义 $u(\tau_1,\tau_2)$为时间域内的滞后窗，则

$$u(\tau_1,\tau_2)=\frac{1}{(2\pi)^2}\int_{-\infty}^{\infty}\int_{-\infty}^{\infty}U(\Omega_3,\Omega_4)\exp[\mathrm{i}(\Omega_3\tau_1+\Omega_4\tau_2)]\mathrm{d}\Omega_3\mathrm{d}\Omega_4 \tag{6-44}$$

将式(6-44)代入式(6-43)，有

$$S_{xxy}(\Omega_1,\Omega_2)=\int_{-\infty}^{\infty}\int_{-\infty}^{\infty}\mu_{xxy}(-\tau_1,\tau_2)u'(\tau_1,\tau_2)\exp[\mathrm{i}(\Omega_1\tau_1+\Omega_2\tau_2)]\mathrm{d}\tau_1\mathrm{d}\tau_2 \tag{6-45}$$

这里

$$u'(\tau_1,\tau_2)=(2\pi)^2u(\tau_1,\tau_2) \tag{6-46}$$

因为采样间隔为 Δt，在其主频段（$-\pi/\Delta t<\Omega_1<\pi/\Delta t,-\pi/\Delta t<\Omega_2<\pi/\Delta t$）之外的谱值将与内部的数值混淆，因此采样间隔 Δt 必须足够小，使在主频率段之外的交叉双谱值小到可以忽略不计。由于二阶系统的特点，其输出将包含两次谐波，因此，一般采样间隔应为一维谱分析的一半。在间断情况下，时滞窗具有如下形式：

$$u'(\tau_1,\tau_2)=\left\{\sum_{j=-m}^{j=m}a_j\delta(\tau_1-j\Delta t)\right\}\left\{\sum_{k=-u}^{k=u}b_j\delta(\tau_2-k\Delta t)\right\} \tag{6-47}$$

这里 a_j 及 b_k 皆为实常数，$\delta(\tau)$ 为狄拉克-δ 函数。将式(6-47)代入式(6-45)，得到

$$S(\Omega_1,\Omega_2)=\sum_{j=-m}^{j=m}\sum_{k=-u}^{k=u}\mu_{xxy}(-j\Delta t,-k\Delta t)a_jb_k\exp[\mathrm{i}\Delta t(j\Omega_1+\Omega_2)] \tag{6-48}$$

在某一时滞（$-j\Delta t,-k\Delta t$）的二阶交叉相关函数可以由下式计算：

$$\bar{\mu}_{xxy}(-j\Delta t,-k\Delta t)=\overline{x(n\Delta t+j\Delta t)x(n\Delta t-j\Delta t)[y(n\Delta t+k\Delta t)]-\overline{[y(n\Delta t+k\Delta t)]}}$$

故 $\bar{\mu}_{xxy}(j,k)$ 为

$$\bar{\mu}_{xxy}(j,k)=\frac{1}{N'}\sum_{n}X(n+j)X(n-j)Y(n+k) \tag{6-49}$$

式中：N 为相加的乘积总数；$X(n)$ 为波浪时序；$Y(n)$ 为零均值修正后的二阶系统输出时序。

这样，式(6-49)可写为

$$\hat{S}(\Omega_1,\Omega_2)=\sum_{j=-m}^{m}\sum_{k=-u}^{u}a_jb_k\mu(j,k)\exp\left[\mathrm{i}\pi\left(\frac{jp_1}{m}+\frac{kp_2}{n}\right)\right] \tag{6-50}$$

式中：

$$\Omega_1=\frac{\pi p_1}{m\Delta t}$$

$$\Omega_2=\frac{\pi p_2}{n\Delta t}$$

在选择交叉双谱窗时，最好选与波谱分析中采用的谱窗类似的，因此，一般用

$$a_j=q_j\left[e_1+e_2\cos\frac{\pi j}{m}\right]$$

$$b_k=q_k\left[e_1+e_2\cos\frac{\pi k}{n}\right]$$

代入式(6-50)，并应用谱窗 $U(\Omega_1,\Omega_2)$ 的积分为 1 的特性，得到交叉双谱的估计式为

$$S(\Omega_1,\Omega_2)=\left(\frac{\Delta t}{e_1+q_2}\right)^2\sum_{j=-m}^{m}\sum_{k=-u}^{u}\left(e_1+e_2\cos\frac{\pi j}{m}\right)\left(e_1+e_2\cos\frac{\pi k}{n}\right)\cdot\exp\left[\mathrm{i}\pi\left(\frac{p_1j}{m}+\frac{p_2k}{n}\right)\right]\cdot \frac{1}{N'}\sum X(n+j)X(n-j)Y(n+k) \tag{6-51}$$

图 6-5 所示为在转塔式油轮锚泊系统的模型试验中分析得到的一根锚链的张力二阶频率响应函数。该函数为复数。

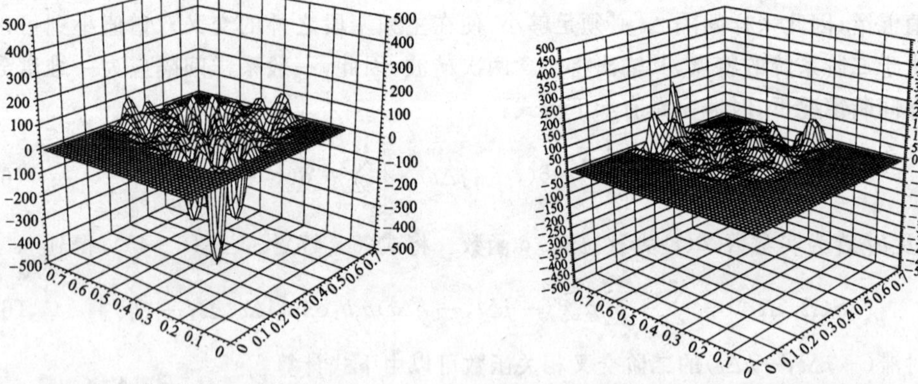

锚链力二阶频率响应函数的实部　　　　锚链力二阶频率响应函数的虚部

图 6-5　转塔式锚泊系统锚链力二阶响应的实部和虚部

6.5　二阶系统在正态随机波作用下的响应的概率分布(Kac-Siegert)理论

二阶系统是非线性系统，由于其非线性性质，叠加原理将不适用。虽然通过上面的讨论，可以计算出其高阶矩，但是其概率密度分布函数，却不可能按一般线性系统的办法假定为正态。在第 4 章中，曾介绍过用爱基华茨(Edgeworth)级数的方法，找出近似的非正态分布。但是由于这一级数必须取至无穷项才是精确的，而这实际上不可能做到。为了导出二阶系统响应的精确的概率分布函数，这里介绍由卡茨(Kac)在 1948 年提出的方法。这一方法目前已经广泛地应用于船舶及海洋工程结构的研究中。

二阶系统可以按式(6-1)写成

$$y(t)=y_1(t)+y_2(t)=\int_{-\infty}^{+\infty}h_1(\tau)X(t-\tau)\mathrm{d}\tau+\int_{-\infty}^{+\infty}\int_{-\infty}^{+\infty}h_2(\tau_1,\tau_2)X(t-\tau_1)X(t-\tau_2)\mathrm{d}\tau_1\mathrm{d}\tau_2 \tag{6-52}$$

为了导出 $y(t)$的概率密度分布，首先考虑输入 $X(t)$，由于 $X(t)$为一连续平稳过程，按照第 3 章 3.2.3 节中的结果，$X(t)$可以看作一个由正态白噪声过程滤波后得到的平稳过程，即

$$X(t)=\int_{-\infty}^{\infty}q(\tau)\varepsilon(t-\tau)\mathrm{d}\tau \tag{6-53}$$

式中：$q(\tau)$为某一代表滤波作用的脉冲响应函数，并且当 $\tau<0$ 时，$q(\tau)=0$；而 $\varepsilon(t)$为白噪声过程。这里对输入过程进行这样处理的原因在于，与线性情况不同，在非线性的情况下，响应将与输入有关，因此不能像在线性系统那样得到一个与输入无关的响应函数，而使得输入与输出

呈简单的正比关系。为此卡茨方法的一个技巧就是把输入的特性纳入系统的特性之中，这就是用白噪声滤波来表示一个实际输入的目的。将式(6－53)代入式(6－52)中，就得到一个包含输入特性在内的一阶与二阶响应的核函数表示式。这时输入将转化为白噪声。

$$y_1(t)=\int_0^{\infty}K_1(\zeta)\varepsilon(t-\zeta)\mathrm{d}\zeta \tag{6-54}$$

其中

$$K_1(\zeta)=\int_0^{\infty}h_1(\tau)q(\zeta-\tau)\mathrm{d}\tau \tag{6-55}$$

以及

$$y_2(t)=\int_0^{\infty}\int_0^{\infty}K_2(\zeta,\eta)\varepsilon(t-\zeta)\varepsilon(t-\eta)\mathrm{d}\zeta\mathrm{d}\eta \tag{6-56}$$

其中

$$K_2(\zeta,\eta)=\int_0^{\infty}\int_0^{\infty}h_2(\tau_1,\tau_2)q(\zeta-\tau_1)q(\eta-\tau_2)\mathrm{d}\tau_1\mathrm{d}\tau_2 \tag{6-57}$$

由于 $h_1(\tau_1)$，$h_2(\tau_1,\tau_2)$，$q(\tau)$ 皆为物理上可实现的函数，因此在时间趋于无穷时应趋于零。这样，积分限可设为某一足够长的时间长度 T。为了求解二阶系统响应 $Y_2(t)$，应用 Kac-Siegert 理论，进一步分解这一过程。任何一个平稳随机过程都可以用一个正交独立增量过程进行谱分解。这一独立正交增量过程并不一定是正弦的。卡茨提出应用如下积分方程的特征函数矢量$\{\varphi_i\}$及其对应的特征值矢量$\{\lambda_i\}$作为这个谱分解函数，即

$$\int_0^{T}K_2(\zeta,\eta)\varphi(\eta)\mathrm{d}\eta=\lambda\varphi(\zeta) \tag{6-58}$$

由于 $h_2(\tau_1,\tau_2)$ 是二阶系统的核函数，对于船舶及浮式海洋结构来说，具有 Hermitte 对称的特点。所谓 Hermitte 对称是指一个复数矩阵，其实部矩阵相对其主对角线对称，而其虚部则为反对称。可以证明，在 $K_2(\zeta,\eta)$ 为 Hermitte 对称时，积分方程式(6－58)的特征值及特征函数均为实的，并且相互正交。也就是说，特征函数$\{\varphi_i\}$(这里 i 代表对应不同的特征值)组成了一个正交函数系。将特征函数按序列排列，使得$|\lambda_i|\geqslant|\lambda_{i+1}|$，$i=1,2,\cdots$，并且当 $i\to\infty$ 时，$\lambda_i\to 0$，因此

$$K_2(\zeta,\eta)=\sum_{\substack{i=1\\ \text{在均方意义上收敛}}}^{\infty}\lambda_i\varphi_i(\zeta)\varphi_i(\eta) \tag{6-59}$$

或

$$\int_0^{T}\int_0^{T}\left|K_2(\zeta,\eta)-\sum_{i=1}^{n}\lambda_i\varphi_i(\zeta)\varphi_i(\eta)\right|^2\mathrm{d}\zeta\mathrm{d}\eta\to 0 \tag{6-60}$$

将式(6－60)代入式(6－56)得到

$$y_2(t) = \sum_{i=1}^{\infty} \lambda_i \varepsilon_i^2(t), \quad \text{在均方意义上收敛} \tag{6-61}$$

即当 $n \to \infty$ 时

$$\mathrm{E}\left[\left| y_2(t) - \sum_{i=1}^{\infty} \lambda_i \varepsilon_i^2(t) \right|^2\right] \to 0$$

其中，随机过程 $\varepsilon_i(t), i=1,2,\cdots$，定义为

$$\varepsilon_i(t) = \int_0^T \varepsilon(t-\zeta)\varphi_i(\zeta)\mathrm{d}\zeta \tag{6-62}$$

这一函数过程，实际上是原白噪声过程在应用特征函数系进行谱分解后，得到的新的白噪声过程，显然可以有

$$\mathrm{E}[\varepsilon_i(t)\varepsilon_j(t)] = \int_0^T\int_0^T R_\varepsilon(\zeta-\eta)\varphi_i(\zeta)\varphi_i(\eta)\mathrm{d}\zeta\mathrm{d}\eta \tag{6-63}$$

但是在第 3 章已经知道，白噪声的自协方差函数为 δ 函数，即

$$R_\varepsilon(\tau) = C\delta(\tau)$$

这样，根据式(6-63)，则有

$$\mathrm{E}[\varepsilon_i(t)\varepsilon_j(t)] = \int_0^T \varphi_i(\zeta)\varphi_j(\zeta)\mathrm{d}\zeta = 0, \quad i \neq j \tag{6-64}$$

式(6-64)代表 $\varepsilon_i(t)$ 与 $\varepsilon_j(t)$ 不相关。由于它们是正态的，因此是互相独立的，而其方差，即当 $i=j$ 时，

$$\mathrm{Var}[\varepsilon_i(t)] = \mathrm{E}[\varepsilon_i^2(t)] = 1 \tag{6-65}$$

同样可以用特征函数系 $\{\varphi_i\}$ 将一阶核函数 $K_1(\zeta)$ 表示出来，即

$$K_1(\zeta) = \sum_{i=1}^{\infty} C_i\varphi_i(\zeta), \quad \text{均方收敛} \tag{6-66}$$

将式(6-66)代入式(6-55)得到

$$y_1(t) = \sum_{i=1}^{\infty} C_i\varepsilon_i(t), \quad \text{均方收敛} \tag{6-67}$$

综合一阶及二阶响应的表达式(6-61)和式(6-67)，得到

$$y_2(t) = \sum_{i=1}^{\infty} \{C_i\varepsilon_i(t) + \lambda_i\varepsilon_i^2(t)\} \tag{6-68}$$

这样，就得到一个用分解后的白噪声过程表示的二阶系统的输入与输出的关系式，而且在给定输入特性后，式中的所有函数及参数均可从给定的系统资料中求出。

在实际的应用中，式(6-68)中的和式将在某一有限项处截断，形成如下近似响应函数：

$$Z(t) = \sum_{i=1}^{N} \{C_i\varepsilon_i(t) + \lambda_i\varepsilon_i^2(t)\} \tag{6-69}$$

式(6－69)也可以化成单纯二阶形式，将其重写为

$$Z(t) = \sum_{i=1}^{N} \lambda_i \left(\varepsilon_i(t) + \frac{C_i}{2\lambda_i} \right)^2 - \sum_{i=1}^{n} \frac{C_i^2}{4\lambda_i} \tag{6-70}$$

那么，重新定义一个新过程 $Z'(t)$ 及 $\varepsilon'(t)$

$$Z'(t) = Z(t) - \sum_{i=1}^{n} \frac{C_i^2}{4\lambda_i}$$

$$\varepsilon'(t) = \varepsilon(t) - \frac{C_i}{2\lambda_i}$$

式(6－70)可写成

$$Z'(t) = \sum_{i=1}^{n} \lambda_i \varepsilon'^2_i(t) \tag{6-71}$$

这说明对于二阶系统，可以用两种形式来表示。

表面上看来，由式(6－54)，(6－56)，(6－61)及(6－69)已经可以求出由 $\varepsilon_i(t)$ 表示的二阶系统响应过程的显式表示式；但是，在所有表达式中都牵涉到函数 $q(\tau)$。$q(\tau)$ 代表在将实际的输入转化为白噪声时的一个假想的滤波函数。这一函数虽然从理论上讲是可求出的，但具体的计算很困难。为了避免这一困难，将特征函数加以变换。

定义

$$\psi_i(\eta) = \int_0^T q(\theta - \eta) \varphi_i(\theta) \mathrm{d}\theta, \qquad 0 \leqslant \eta \leqslant T \tag{6-72}$$

这样，积分方程(6－57)将具有如下形式：

$$\int_0^T \widetilde{K}(\zeta, \eta) \psi_i(\eta) \mathrm{d}\eta = \lambda_i \psi_i(\zeta) \tag{6-73}$$

这里

$$\widetilde{K}(\zeta, \eta) = \int_0^T \int_0^T q(\tau - \zeta) q(\tau - \theta) h_2(\theta, \eta) \mathrm{d}\theta \mathrm{d}\tau \tag{6-74}$$

由式(6－53)及白噪声的特点，可以得到

$$R_x(\tau) = \mathrm{E}[X(t+\tau)X(\tau)] = \int_{-\infty}^{+\infty} q(s-\tau) q(s) \mathrm{d}s \tag{6-75}$$

代入式(6－74)，得到

$$\widetilde{K}(\zeta, \eta) = \int_0^T h_2(\tau, \eta) R_x(\zeta - \tau) \mathrm{d}\tau \tag{6-76}$$

式(6－76)中的所有函数皆是已知的，因此，采用这种表示方法较前面的方法优越。新定义的特征函数 $\{\psi_i\}$ 将满足下述的正规化关系：

$$\int_0^T\int_0^T h_2(\tau_1,\tau_2)\psi_i(\tau_1)\psi_j(\tau_2)\mathrm{d}\tau_1\mathrm{d}\tau_2=\lambda_i\delta_{ij} \tag{6-77}$$

这里 δ_{ij} 为克隆宁格(Kronecker)-δ 函数，即

$$\delta_{ij}=\begin{cases}1 & \text{当 } i=j\\ 0 & \text{当 } i\neq j\end{cases}$$

以及

$$C_i=\int_0^T h_2(\tau)\psi_i(\tau)\mathrm{d}\tau \tag{6-78}$$

这样，就解决了上述公式中包含的输入滤波函数的问题，从而使计算式中所有涉及到的函数均可方便地求得。在实际计算中，通常具有系统的频率特性。为此，将时间域关系式转换至频率域。定义 $\tilde{\psi}_i(\omega)$ 为 $\psi_i(t)$ 的傅里叶变换，则式(6-76)可以写成

$$\widetilde{K}(\zeta,\eta)=\int_0^T h_2(\tau,\eta)\int_{-\infty}^{\infty}S_x(\omega)\mathrm{e}^{\mathrm{i}\omega(\zeta-\tau)}\mathrm{d}\omega\mathrm{d}\tau \tag{6-79}$$

其中，$S_x(\omega)$ 为 $X(t)$ 的双边谱，或者是 $R_x(\tau)$ 的傅里叶变换。从式(6-73)及式(6-79)应用巴塞维尔(Parseval)定理，得到

$$\int_{-\infty}^{\infty}S_x(\omega)H_2(\omega,-\omega')\tilde{\psi}_i(\omega')\mathrm{d}\omega=\lambda_i\tilde{\psi}_i(\omega) \tag{6-80}$$

式(6-80)可以改写成

$$\int_{-\infty}^{\infty}\Gamma(\omega,\omega')\psi_i(\omega')\mathrm{d}\omega'=\lambda_i\psi_i(\omega) \tag{6-81}$$

其中 $\Gamma(\omega,\omega')$ 定义为

$$\Gamma(\omega,\omega')=[S_x(\omega)]^{\frac{1}{2}}H_2(\omega,-\omega')[S_x(\omega')]^{\frac{1}{2}} \tag{6-82}$$

而特征函数为

$$\bar{\psi}_i(\omega)=[S_x(\omega)]^{\frac{1}{2}}\tilde{\psi}_i(\omega) \tag{6-83}$$

根据 $H_2(\omega,-\omega')$ 的 Hermitte 对称性，$\Gamma(\omega,\omega')$ 也应该是 Hermitte 对称的。因为特征函数 $\varphi_i(t)$ 是实的，而 $\psi_i(t)$ 是由式(6-72)定义的，因此 $\psi_i(t)$ 也应是实的，且 $\psi_i(-\omega)=\psi_i^*(\omega)$，而 $\{\psi_i\}$ 的正规化条件，可由巴塞维尔定理得到

$$\int_{-\infty}^{\infty}\psi_i(\omega)\psi_j^*(\omega)\mathrm{d}\omega=\delta_{ij} \tag{6-84}$$

而 C_i 的公式则为

$$C_i=\int_{-\infty}^{\infty}H_1(\omega)[S_x(\omega)]^{\frac{1}{2}}\tilde{\psi}_i(\omega)\mathrm{d}\omega \tag{6-85}$$

这里 $H(\omega)$为线性频率响应函数，由 $h_1(\tau)$的傅里叶变换得到。

应用式(6-81)及式(6-85)可以计算出特征值 λ_i 及常数 C_i，从而确定二阶响应过程的概率密度函数。其具体步骤如下：

由 $Z(t)$的表达式得到 $Z(t)$的特征函数

$$M(\theta)=\mathrm{E}[\mathrm{e}^{\mathrm{i}Z(t)\theta}]=\int_{-\infty}^{\infty}f_z(z)\mathrm{e}^{\mathrm{i}\theta z}\mathrm{d}z=\prod_{j=1}^{\infty}\mathrm{E}\mathrm{e}^{\mathrm{i}\theta[C_j\varepsilon_j(t)+\lambda_j\varepsilon_j^2(t)]}\tag{6-86}$$

其中，函数 $\varepsilon_j(t)$为独立的正态过程。其概率密度分布函数为

$$f_{W_j}(\varepsilon_j)=\frac{1}{\sqrt{2\pi}}\mathrm{e}^{-\frac{1}{2}\varepsilon_j^2}$$

因为

$$\int_{-\infty}^{\infty}\mathrm{e}^{\mathrm{i}\theta\varepsilon-\frac{1}{2}h\varepsilon^2}\mathrm{d}\varepsilon=\sqrt{\frac{2\pi}{h}}\mathrm{e}^{-\frac{\theta^2}{2h}}$$

则得到 $M(\theta)$的表达式为

$$M(\theta)=\frac{1}{\prod_{j=1}^{\infty}(1-2\mathrm{i}\theta\lambda_j)^{\frac{1}{2}}}\mathrm{e}^{-\sum_{j=1}^{\infty}\frac{\theta^2C_j^2}{2(1-2\mathrm{i}\theta\lambda_j)}}\tag{6-87}$$

在得到特征函数 $M(\theta)$之后，可以应用傅里叶反变换求出概率密度函数

$$f(y)=\frac{1}{2\pi}\int_{-\infty}^{\infty}M(\theta)\mathrm{e}^{-\mathrm{i}\theta y}\mathrm{d}\theta\tag{6-88}$$

奈斯(A. Naess)曾对这一表达式推导，得到相应的概率分布函数的形式。这将在下一节中介绍。

6.6　慢漂问题的处理

在二阶系统的响应中包含两部分：一部分是由式(6-12)中的和频项所组成的快变项，另一部分则是相应于差频项所形成的慢漂振荡。在海洋工程结构的设计问题中，目前主要讨论慢漂部分，但是这并不是说快变项是不重要的。在这一节里，主要介绍慢漂运动的统计处理问题。

从数学上考虑，这一慢漂项相当于令二阶频率响应函数在 $\omega\times\omega'>0$ 时为零，也就是不计和频项(这里请注意在积分方程的表示式中，在第二频率前带有负号)，或者在式(6-82)中，当 $\omega\times\omega'<0$ 时，$\Gamma(\omega,\omega')=0$。也就是说，在第Ⅱ及第Ⅳ的八分之一象限中 $\Gamma(\omega,\omega')=0$。当核函数具有这一性质时，方程(6-82)将产生一组重特征值。这样，使得相应的正交特征函数组具有一定的任意性。但可以如下来选取，使得它具有 $y_2(t)$的基本特性。

考虑一个减小的特征值问题

$$\int_{-\infty}^{\infty}\Gamma(\omega,\omega')\varphi(\omega')\mathrm{d}\omega'=\mu\varphi(\omega)\tag{6-89}$$

设 μ_j 及 $\varphi_j(\omega)(\omega\geqslant 0, j=1,2,\cdots)$ 为这一积分方程的特征值及正交特征函数，则如下定义，对 $j=1,2,\cdots$，有

$$\lambda_{2j-1}(\omega)=\lambda_{2j}=\mu_j \tag{6-90}$$

$$\psi_{2j-1}(\omega)=\begin{cases}\dfrac{1}{\sqrt{2}_j}(\omega) & \text{当 } \omega\geqslant 0\\ \dfrac{1}{\sqrt{2}}\varphi_j^*(-\omega) & \text{当 } \omega<0\end{cases} \tag{6-91}$$

可以证明 $\psi_j(\omega), j=1,2,\cdots$ 为一个正交的特征函数组，对应于特征值 λ_j。由式(6-90)和式(6-91)，可以将 $\psi_{2j}(\omega)$ 及 $\psi_{2j-1}(\omega)$ 写成如下形式：

$$\psi_{2j}(\omega)=\chi(\omega)\psi_{2j-1}(\omega)$$

其中：

$$\chi(\omega)=\begin{cases}-i & \text{当 } \omega>0\\ 0 & \text{当 } \omega=0\\ i & \text{当 } \omega<0\end{cases} \tag{6-92}$$

这意味着，$\varepsilon_{2j}(t)$ 为 $\varepsilon_{2j-t}(t)$ 的希尔伯特(Hilbert)变换。而 $\varepsilon_{2j-1}^2(t)+\varepsilon_j^2(t)$ 为 $\varepsilon_{2j-1}(t)$ 的包络平方。这与只考虑慢漂部分这一事实是相符的。$Z_2(t)$ 可以写为

$$Z_2(t)\sum_{j=1}\mu_j R_j^2(t), \quad \text{均方收敛} \tag{6-93}$$

这里 $R_j(t)$ 为一雷利(Rayleigh)过程，由下式确定：

$$R_j^2(t)=\varepsilon_{2j-1}^2(t)+\varepsilon_{2j}^2(t)$$

由这一表达式，可以讨论慢漂运动的概率分布问题。为了简便起见，只考虑一纯二阶系统。但是，对于完全的二阶慢漂系统，也可以求得其概率分布函数的显式。式(6-87)中的特征函数 $M(\theta)$ 在目前的情况下为

$$M(\theta)=\prod_{i=1}^{N}\frac{1}{1-2\mathrm{i}\theta\mu_j} \tag{6-94}$$

可以看出，$M(\theta)$ 在 $\theta_j=-\left(\dfrac{\mathrm{i}}{2}\mu_j\right)$ 处具有一个极点。因此，可以应用留数定理计算 $M(\theta)$ 的傅里叶反变换，以求得其概率密度函数为

$$f_Z(z)=\frac{1}{2\pi}\int_{-\infty}^{\infty}M(\theta)\mathrm{e}^{-\mathrm{i}Z\theta}\mathrm{d}\theta \tag{6-95}$$

为了应用留数定理，必须选择合适的积分路径。为此，特征值应分为两组。令 $\mu_i>0$ 为一组，并令其编号为 $j=1,2,\cdots,M$；另一组 $\mu_i<0$，编号为 $j=M+1,\cdots,N$。对于 $Z\geqslant 0$ 积分路径 C_A 包括$[-A,A]$，加上一以原点为中心，A 为半径，并处在下半平面($\mathrm{Im}\,\theta<0$)的圆弧。使 A 足够大，以包含所有的正极点 $\mu_i, j=1,\cdots,M$。应用留数定理可以证明，当 $A\to\infty$ 时，根据式(6-88)可得到

$$f_Z(z)=\sum_{j=1}^{M}\frac{l_j}{2l_j}\exp\left\{-\frac{Z}{2\mu_j}\right\},\qquad z\geqslant 0 \tag{6-96}$$

其中

$$l_i=\prod_{\substack{k=1\\k\neq j}}^{N}\left(1-\frac{\mu_k}{\mu_j}\right)^{-1} \tag{6-97}$$

对于 $Z<0$,则 C_A' 应在上半平面内,并且其特征值为负,得到如下表示式:

$$f_Z(z)=\sum_{j=M+1}^{N}\frac{l_j}{2\mid\mu_j\mid}\exp\left\{-\frac{Z}{2\mid\mu_j\mid}\right\},\qquad z<0 \tag{6-98}$$

这里 l_j 由式(6-97)给出。

应用上述方法,对于给定的二阶系统,可以用数值计算的方法求出其响应的概率密度函数。其步骤如下:

① 将积分方程(6-82)离散化,可以化为代数方程组,即

$$\sum_{\mu}\Gamma_{\mu\nu}\psi=\lambda_\nu\psi$$

其中

$$\Gamma_{\mu\nu}=\frac{1}{2}(S_x\mid\omega_1\mid)^{\frac{1}{2}}(\mathrm{d}\omega_1)^{\frac{1}{2}}\widetilde{H}_2(\omega_1,-\omega_2)\times(S_x\mid\omega\mid)^{\frac{1}{2}}(\mathrm{d}\omega)^{\frac{1}{2}}$$

② 解此一组 N 元线性代数方程以获得相应的 N 个特征值 μ_j。

③ 由这些 μ_j 可以应用式(6-96)和式(6-97)计算概率分布密度曲线。

下面以奈斯(Naess)给出的一个具体计算结果为例加以介绍。计算中的二阶频率响应函数为作用在水平漂浮柱体上的慢变力响应函数。此函数由佛廷生(Faltinsen)和洛肯(Loken)用理论方法得出。其数值列于表6-1中。柱体的直径为20 m,海况由ISSC谱表示:计算中有义波高 $H_s=2.0$ m,谱峰周期 $T_1=5.5$ s。

表6-1 Faltinsen和Loken的圆柱体二阶响应函数值

圆柱体二阶频率响应函数的实部 T_{ij}^c								
ω_i	ω_j							
	1.25	1.18	1.12	1.06	0.95	0.89	0.84	0.65
1.25	0.308	0.285	0.259	0.250	0.250	0.240	0.233	0.256
1.18	0.285	0.314	0.308	0.292	0.277	0.246	0.234	0.254
1.12	0.259	0.308	0.338	0.340	0.324	0.267	0.234	0.247
1.06	0.250	0.292	0.340	0.368	0.367	0.301	0.245	0.243
0.95	0.250	0.277	0.324	0.367	0.301	0.329	0.257	0.241
0.89	0.240	0.246	0.267	0.301	0.329	0.303	0.227	0.195

续表 6-1

圆柱体二阶频率响应函数的实部 T_{ij}^c								
ω_i	ω_j							
	1.25	1.18	1.12	1.06	0.95	0.89	0.84	0.65
0.84	0.233	0.234	0.234	0.245	0.257	0.227	0.147	0.105
0.65	0.256	0.254	0.247	0.243	0.241	0.195	0.105	0.051
圆柱体二阶频率响应函数的虚部 T_{ij}^s								
ω_i	ω_j							
	1.25	1.18	1.12	1.06	0.95	0.89	0.84	0.65
1.25	0.00	0.043	0.059	0.061	0.059	0.069	0.112	0.160
1.18	−0.043	0.00	0.030	0.038	0.032	0.028	0.066	0.112
1.12	−0.059	−0.030	0.00	0.015	0.013	0.004	0.041	0.087
1.06	−0.061	0.038	−0.015	0.00	0.00	0.006	0.033	0.082
0.95	−0.059	−0.032	−0.013	−0.004	0.00	0.00	0.004	0.040
0.89	−0.069	−0.028	−0.004	0.006	0.004	0.00	0.056	0.129
0.84	−0.112	−0.066	−0.041	−0.033	−0.04	−0.056	0.00	0.09
0.65	−0.160	−0.112	−0.087	−0.082	−0.094	−0.129	−0.09	0.00

由于频率响应函数取 8 个频率，积分方程降为一个八元线性代数方程组。解这些方程组，得到 8 个不同的特征值 $\mu_j^{(+)}$，如表 6-2 所列。

表 6-2　相应于圆柱体二阶响应函数的特征值

j	力/10^{-2}(N·m^{-1})		响应/m	
	$\mu_j^{(f)}$	$\nu_j^{(f)}$	$\mu_j^{(r)}$	$\nu_j^{(r)}$
1	5.155 0	6.175 8	0.272 3	0.343 2
2	−0.532 7	−0.997 9	0.170 3	0.220 3
3	0.290 8	−0.127 3	−0.149 8	0.142 8
4	0.175 0	0.121 4	0.133 0	0.134 7
5	0.029 2	−0.094 0	−0.073 8	−0.063 9
6	0.003 2	0.023 8	0.073 3	0.056 7
7	−0.002 2	0.015 1	0.012 5	0.044 4
8	0.002 1	0.003 8	0.007 4	0.007 6

在计算中还应用纽曼假定进行了计算。这一假定可表述如下：

$$H_2(\omega_1, -\omega_2) = H_2(\omega_1, -\omega_1) \qquad \omega_1 \times \omega_2 > 0$$

及

$$H_2(\omega_1, \omega_2) = 0 \qquad \omega_1 \times \omega_2 > 0$$

相应于纽曼假定的积分方程中解出的特征值 ν_j 也列于表 6-2 中。

令 $F_2^C(t)$代表由完全频率响应函数求得的二阶漂移力。而 $F_2^N(t)$则为由纽曼近似得到的结果。图 6-6 中曲线为概率密度函数。图 6-7 则为这一概率密度函数的尾端情况。可以看出，纽曼近似与完全频率响应函数得出的结果，具有相当的差别。为了从数量上观察两种方法的差别，下面给出这两种方法计算得到的平均值及方差。平均漂移力为

$$\mathrm{E}[F_2^C] = 2\sum \mu_j = F[F_2^N] = 1.024 \text{ kN/m}$$

可以看出，对于平均漂移力，纽曼假定是精确的；方差为

$$\mathrm{Var}[F_2^C] = 4\sum (\mu_j)^2 = 1.079 \ (\text{kN/m})^2$$

而

$$\mathrm{Var}[F_2^N] = 4\sum (\mu_j)^2 = 1.576 \ (\text{kN/m})^2$$

比正确值大约 45%。

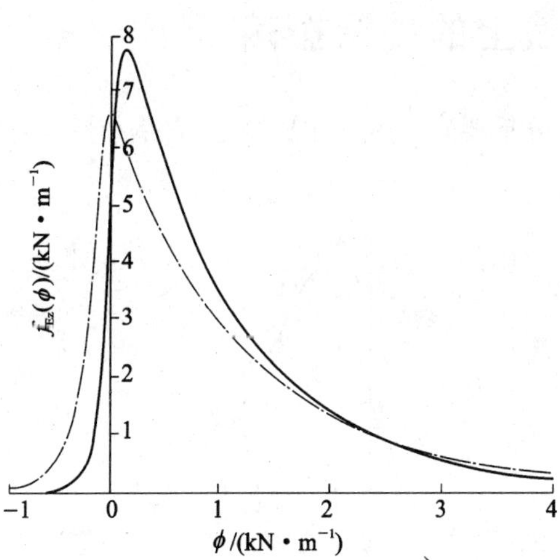

图 6-6　圆柱体二阶慢漂力概率分布曲线

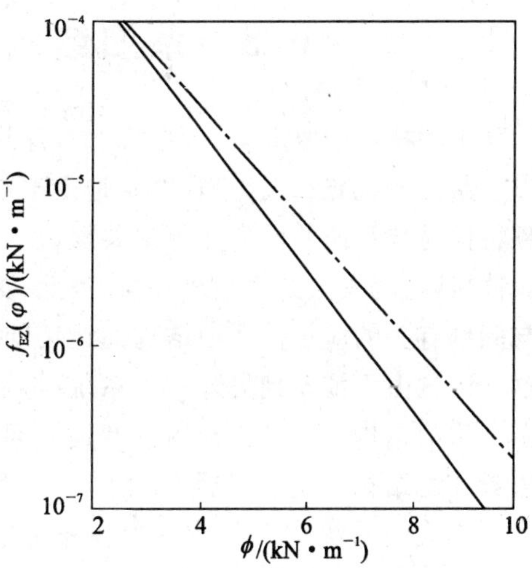

图 6-7　图 6-6 曲线尾端细部

6.7　二阶系统响应的极值问题

在上面介绍的卡茨法，解决了二阶系统响应的概率分布问题。但是，由于非线性系统的复

杂性，很难直接由这一分布来求出其他的特征值，如峰值、周期等的分布。到目前为止，只有奈斯对极限值的问题得到了相应概率分布的解。文季(Vinje)曾提出过在频率域内求解此问题的方案，但未得到具体的结果。下面对这两种求解方法作一概貌性的介绍。

问题的困难主要在于要求得一个包含高阶时间导数作为变量元的多维过程的联合概率分布，否则就不可能应用过阈技术。文季考虑应用过程的谱，经过求导得到响应的时间导数，并组成与响应自身类似的特征值积分方程，从而求其二维概率分布。在求得多维分布之后，再应用过阈技术求解相应于峰值或极值的概率分布。但他没有具体计算。奈斯应用另一条途径，研究过程的极端值(extreme)问题。由于极端值的分布可以表示成

$$\text{Prob}\{\max[Z(t);0\leqslant t\leqslant T]\leqslant\zeta\}=\exp\{-\nu^{+}T\}\{\zeta\to\infty\} \tag{6-99}$$

所以要确定这一分布，关键在于决定过程的上跨过 ζ 平均频率 ν^{+}，而此一频率可用下式求得

$$\nu^{+}=\int_{0}^{\infty}zf_{Zz}(\zeta,z)\mathrm{d}z \tag{6-100}$$

这里 f_{Zz} 表示 $Z(t)$ 与 $z(t)=\frac{\mathrm{d}}{\mathrm{d}t}(Z(t))$ 的联合概率分布函数从而使问题变为如何确定这一联合概率密度分布函数。有关问题在此不详加叙述，读者可参阅有关论文。

6.8 系泊结构在波浪上的慢漂振荡

从工程技术的要求来看，二阶力本身并不是十分重要的。因为在量级上，它是小量。它之所以对系泊系统有重大影响，主要是由于它的低频特性易与系统的低自然频率共振，发生大的振荡振幅，诱发大的系泊线载荷，因此，更直接与问题有关的应是被系泊结构的运动问题。而这一问题由于涉及到另外一个系统，将更为复杂。系泊结构在二阶力作用下的运动问题，可以看作由结构和类似一非线性弹簧的系泊系统所组成的系统在二阶波浪力作用下的响应。当这一弹簧系统可以近似认为是线性时，问题就可以容易地解出；但在非线性弹簧的情况下，到目前为止问题还没有严格的解。罗伯茨(Roberts)曾用马尔可夫过程理论的办法近似地处理过这一问题，但对严格的二阶外干扰，这一方法还有待开发。这里只介绍系泊系统的线性模型。

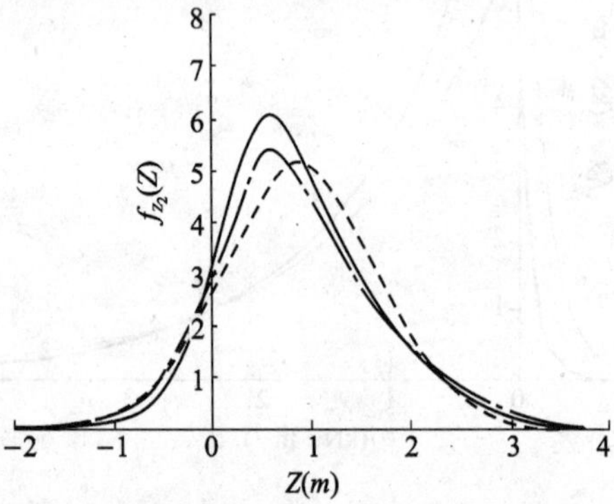

图 6-8　在系统为线性假定下，上述圆柱体波浪上慢漂运动的概率分布

假设某一漂浮的系泊结构，其系泊系统特性可以用线性弹簧模拟，那么它在二阶波浪力作

用下的慢漂运动微分方程可表示为

$$\ddot{Z}_2(t)+2k\omega_0\dot{Z}_2(t)+\omega_0^2Z_2(t)=M^{-1}F_2(t) \tag{6-101}$$

式中：$Z_2(t)$为低频二阶运动；$F_2(t)$为低频二阶慢漂力；k 为阻尼系数；ω_0 为系泊系统的等效自然频率；M 为结构的质量。

式(6-101)相应频率的相应函数或线性频响函数 $H_1(\omega)$为

$$H_1(\omega)=[(\omega_0^2-\omega^2)+\mathrm{i}2\omega\,\omega_0k]^{-1} \tag{6-102}$$

这一频响相应于式(6-101)的左端，而包括右端二阶力关系式在内的频响函数，即以波浪作为输入、以慢漂运动作为输出的全系统的响应函数，可以如下推出：

由于式(6-101)左端为线性，故其输出$Z_2(t)$可表示为

$$Z_2(t)=\int_0^{\infty}h_1(\tau)F_2(t-\tau)\mathrm{d}\tau \tag{6-103}$$

又由于 $F_2(t)$中包含了一阶及二阶部分，则

$$F_2(t)=\alpha[X(t)+\beta X^2(t)] \tag{6-104}$$

式中，$X(t)$为原始输入的波浪。将式(6-104)代入式(6-103)中，得

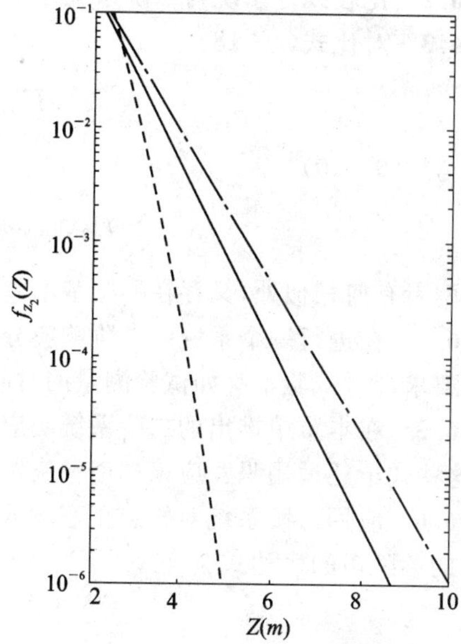

图 6-9 图 6-8 的尾端细部

$$\begin{aligned}Z_2(t)=&\int_0^{\infty}\alpha h_1(\tau)X(t-\tau)\mathrm{d}\tau+\int_0^{\infty}\alpha\beta h_1(\tau)X^2(t-\tau)\mathrm{d}\tau=\\&\int_0^{\infty}\alpha h_1(\tau)X(t-\tau)\mathrm{d}\tau+\int_0^{\infty}\int_0^{\infty}\alpha\beta h_1(\tau_1)\delta(\tau_1-\tau_2)\times\\&X(t-\tau_1)X(t-\tau_2)\mathrm{d}\tau_1\mathrm{d}\tau_2\end{aligned} \tag{6-105}$$

将式(6-105)与二阶系统的一般表达式比较，可以得到

$$h_2(\tau_1,\tau_2)=\alpha\beta h_1(\tau_1)\delta(\tau_1-\tau_2)$$

而其傅里叶变换应为

$$H_{l2}(\omega_1,\omega_2)=H_1(\omega_1+\omega_2)$$

这样就可以将最后的二阶运动频率响应函数求出，即

$$H_{T2}(\omega_1,\omega_2)=H_2(\omega_1,\omega_2)\times H_{l2}(\omega_1,\omega_2)=H_2(\omega_1\omega_2)\times H_1(\omega_1+\omega_2)$$

从而可以应用上面的全过程求出慢漂运动的频率响应的概率分布函数。

思考题

6.1 以船舶在随机波上的纵向运动为例，思考非线性系统响应的 Volterra 泛函表示法中各阶核函数的物理含意。

6.2 比较线性系统与二阶系统在给定输入情况下，平均值与方差的计算公式的差异。

6.3 对比式(3-18)

$$H_{XY}(\omega)=\frac{S_{XY}(\omega)}{S_{XX}(\omega)}$$

与式(6-40)

$$H_2(\omega_1,\omega_2)=\frac{S_{xxy}(-\omega_1,\omega_2)}{2S_x(\omega_1)S_x(\omega_2)}$$

两者有何相似处，又存在哪些基本差别。

6.4 在进行一个系统的二阶响应分析时，其频率间隔的划分与一阶分析时有什么不同？这一要求会对试验本身如试验测量的时间长度等产生什么影响？

6.5 在本章中推出的二阶系统响应的表达式均是对正态输入得到的。如果输入为非正态，这些式子还适用吗？应该如何解决？

6.6 应用二阶系统对给定正态输入的二阶响应特征函数 $M(\theta)$ 的表达式(6-87)导出其输出的各阶矩的表达式。

参考文献

1 Yasufumi Yamanouchi. Nonlinear Response of Ships in the Sea Stochastic in Problem in Dynamics. London Pitman Pub，1974

2 Newman J N. Second Order Slowly Varying Forces on Vessels in Irregular Waves. Proceedings of International Symposium on the Dynamics of Marine Vehicles and Structures in Waves University College London. 1974

3 Mathinsen T. Calculation of slowly varying drifting force. Applied Ocean Research，1983(5)

4 Dalzell J F. Some Additional Studies of the Application of Bi-Spectrum Analysis to Ship Resistance in Waves AD-757353，1972

5 Kim C H. Dalzell J F. An Analysis of the Quadratic Frequency Response for Lateral Drifting Force and Moment. Journal of Ship Research，1981，25(2)

6 Pinkster J A. Low Frequency Second Order Wave Excitation Forces on Floating Structures. NSMB Publication. 1983

7 Kac M，Siegert A J F. On the Theory of Noise in Radio Receivers with Square Law Detectors. Journal of Applied Physics，1947，18

8 Neal E. Second Order Hydrodynamic Forces due to Stochastic Excitation Proceedings of 10th Naval Hydrodynamic Symp. Cambridge Mass. U. S. A，1974

9 Vinje T. On the Statistical Distribution of Second-Order Forces and Motion. International Shipbuilding Progress，1983，30(343)

第7章　船舶与海洋结构非线性随机响应的时域分析方法

7.1 概　述

船舶与海洋结构在随机波浪上的运动问题中存在着非线性，这在前面已经讨论过。一般来说，这是一个十分困难的问题。困难在于，由于非线性的存在，求解线性问题的主要手段，正态假定失效。另外，在大幅度运动的情况下，强烈的非线性会引起失稳等运动稳定性问题，使系统成为时变的。船舶的倾覆就是一个例子。对于这一类问题，求解必须有自己的方法。从船舶在波浪上运动的确定性计算中可知，存在着时域和频域两类方法。一般在必须考虑非线性问题的时候，常采用时域方法。因为在时域计算中，非线性项比较容易处理。受此启发，考虑在处理非线性系统随机响应的问题中采用时域分析的方法，也可能是一条可行的途径；而在时域里考察一个随机过程的理论，马尔科夫过程理论是一个重要方法。因此，应用马尔科夫过程理论的方法来分析一个非线性系统的响应自然成为很有吸引力的想法。在分子动力学方面，早就有这方面的应用例子。但是马尔科夫过程只适用于具有一步记忆，或所谓无后效的过程，对于船舶和海洋结构运动这样的问题，由于其大量惯性和流体反作用力的较强的记忆效应使得马尔科夫过程理论的应用存在一些障碍。近二三十年来，认识的深化和理论的发展，开始有一些理论尝试发表，如在系泊系统的慢漂运动及船舶在波浪中的横摇引起的倾覆等问题上都有一些应用的例子。这些例子的出现，给求解非线性系统随机响应问题带来了的希望。实际上，采用一些在微分方程理论中行之有效的方法，可以用扩大方程维数的方法来降低方程的阶，从而可以将记忆效应的影响减弱，并仍然可以应用马尔科夫过程的理论方法来求解。当前解决问题的框架已经有了，困难是具体的计算实施问题。本章将围绕这一问题，介绍有关的进展和基本理论。

为了便于后面的讨论，并考虑到方便本专业的读者，首先将大致介绍一下有关的马尔科夫过程理论方法，以便于具体理解和应用。读者要求更深入了解的，请参阅其他专门教科书。

7.2 马尔科夫过程

在第3章介绍 AR(l)模型时，曾经提到过 AR(1)模型又称为马尔科夫过程，并把适合 AR(1)模型的过程看作在一个纯随机过程作用下的一阶差分方程(或微分方程)的输出；同时表明，这一输出过程在时刻 t 的出现值只与前一时刻的出现值有关，而不取决于过去的经历。或者说，这一过程是无后效的。

设 X_t 为一随机序列，$x_{t_1},x_{t_2},\cdots,x_{t_n}$ 为一组在顺序时刻 $t_1>t_2>\cdots>t_n$ 上的值，则在最近时刻 t_1 的 x_{t_1} 给定 $x_{t_2},\cdots,x_{t_n}$ 的条件概率应为

$$f[x_{t_1}\mid x_{t_2},x_{t_3},\cdots,x_{t_n}]=\frac{f_n[x_{t_1},\cdots,x_{t_n}]}{f_{n-1}[x_{t_2},\cdots,x_{t_n}]} \tag{7-1}$$

如果此条件概率只与最后时刻的出现值 x_{t_2} 有关，而与过去的出现值 $x_{t_2},\cdots,x_{t_n}$ 无关，则称 X_t 为马尔科夫过程或无后效过程。

因此，对于马尔科夫过程，有

$$f[x_{t_1}\mid x_{t_2},\cdots,x_{t_n}]=p_{t_1t_2}(x_{t_1},x_{t_2}),\qquad n>2 \tag{7-2}$$

根据多元分布函数的边缘分布公式，不同的 n 元间具有如下关系

$$\int_{-\infty}^{\infty}f[x_{t_1}\mid x_{t_2},\cdots,x_{t_n}]f(x_{t_2},\cdots,x_{t_n})\mathrm{d}x_{t_n}=f(x_{t_1}\mid x_{t_2},\cdots x_{t_{n-1}})f(x_{t_2},\cdots,x_{t_{n-1}}) \tag{7-3}$$

将式(7-2)代入式(7-3)可以看出，对于所有的 n，式(7-2)中将出现相同的 $p_{t_1t_2}(x_{t_1},x_{t_2})$，而这一函数等于条件概率密度函数 $f(x_{t_1}\mid x_{t_2})$，所以称

$$p_{t_1t_2}(x_{t_1},x_{t_2})=f(x_{t_1}\mid x_{t_2}),\qquad t_1>t_2 \tag{7-4}$$

这一概率为转移概率。根据条件概率的定义，有如下关系：

$$f(x_{t_1},\cdots,x_{t_n})=f(x_{t_1}\mid x_{t_2},\cdots,x_{t_n})f(x_{t_2}\mid x_{t_3},\cdots,x_{t_n})\cdots f(x_{t_{n-1}}\mid x_{t_n})f(x_{t_n}) \tag{7-5}$$

由式(7-5)并应用式(7-2)和式(7-4)，可将马尔科夫过程的多维概率密度函数分解为转移概率的乘积

$$f(x_{t_1},\cdots,x_{t_n})=p_{t_1t_2}(x_{t_1},x_{t_2})p_{t_2t_3}(x_{t_2},x_{t_3})\cdots p_{t_{n-1}t_n}(x_{t_{n-1}},x_{t_n})f(x_{t_n}) \tag{7-6}$$

这样，如果已知 X_t 个别时刻的概率分布及其转移概率，就可以写出 X_t 的任意维概率分布函数。也就是说，转移概率 $p_{tt'}(x,x')$ 及 $f(x_{t_i})$ 完全表征了一个无后效过程。转移概率同样必须满足某些条件。首先是正规化条件，即

$$\int_{-\infty}^{\infty}p_{tt'}(x,x')\mathrm{d}x=1 \tag{7-7}$$

这可以由式(7-4)及条件分布函数的定义得到，并且如果对式(7-4)中的某一中间变量 x_{t_k} 积分，$1<k<n$，可得到一个低阶的概率密度函数 f_{n-1}，它同样满足一个与式(7-4)类似的方程。下面的积分方程称为斯摩卢可夫斯基方程或 Chapman -柯尔莫哥洛夫方程：

$$\int p_{t_1t_2}(x_{t_1},x_{t_2})p_{t_2t_3}(x_{t_2},x_{t_3})\mathrm{d}x_{t_2}=p_{t_1t_3}(x_{t_1},x_{t_3}),\qquad t_1>t_2>t_3 \tag{7-8}$$

为了证明这一关系式，应注意

$$\int f_3[x_{t_1},x_{t_2},x_{t_3}]\mathrm{d}x_{t_2}=f_2[x_{t_1},x_{t_3}]$$

这里 f_n 代表 n 维分布。然后，将 f_2，f_3 写成式(7-6)的形式

$$\int p_{t_1t_2}(x_{t_1},x_{t_2})p_{t_2t_3}(x_{t_2},x_{t_3})f(x_{t_3})\mathrm{d}x_{t_2} = p_{t_1t_3}(x_{t_1},x_{t_3})f(x_{t_3})$$

两边消去 $f(x_{t_3})$ 即得到式(7-8)。

7.3 随机积分与随机微分方程

作为随机微分方程的一个例子，可举一个物理中关于溶液中微粒运动的例子，即所谓的布朗运动。这一微粒的运动是由周围的微粒碰撞引起的。粒子的运动由所谓的朗之万方程描述。这里 $v(t)$ 为粒子运动速度，$f(t)$ 为碰撞力

$$\frac{\mathrm{d}v(t)}{\mathrm{d}t} = -\beta v(t) + f(t) \tag{7-9}$$

这一方程的形式上的解为

$$v(t) = v_0\mathrm{e}^{-\beta t} + \int_0^t \mathrm{e}^{-\beta(t-s)} f(s)\mathrm{d}s \tag{7-10}$$

将积分写成有限和的形式为

$$\int_0^t \mathrm{e}^{-\beta(t-s)} f(s)\mathrm{d}s \approx \mathrm{e}^{-\beta t}\sum_n \mathrm{e}^{\beta n\Delta t} f(n\Delta t)\Delta t \equiv \mathrm{e}^{-\beta t}\sum_n \mathrm{e}^{\beta n\Delta t}\Delta a_n$$

其中，$\Delta a_n = f(n\Delta t)\Delta t$，对于充分大的 t，可得到

$$v \approx \sum_n \mathrm{e}^{\beta(n\Delta t - t)}\Delta a_n \tag{7-11}$$

Δa_n 为微粒在时间区间$(n\Delta t,(n+1)\Delta t)$内所得到的随机加速度。因为连续碰撞完全是随机的，可以认为变量 Δa_n 相互之间统计独立。假定时间区间 Δt 比 $f(t)$的单波动平均周期大，$f(t)$的波动周期与微粒和周围流体分子之间的连续碰撞时间同量阶，在液体中通常是 10^{-21} s。于是，每一加速度 Δa_n 是多次碰撞的结果。所以在一定条件下可以将 $f(s)$看作一白噪声，即按照第 3 章中的理论

$$W(t) = \frac{1}{q}\int_0^t f(s)\mathrm{d}s \tag{7-12}$$

$f(s)$相当于第 3 章中的 $\varepsilon(t)$。由于 $f(s)$不是通常意义下的函数，因此式(7-10)中的积分必须重新定义。将式(7-9)运用分部积分，并用式(7-12)得到

$$v(t) = v_0\mathrm{e}^{-\beta t} + qW(t)\mathrm{e}^{-\beta t} - \beta q\mathrm{e}^{-\beta t}\int_0^t \mathrm{e}^{-\beta(t-s)} W(s)\mathrm{d}s \tag{7-13}$$

这一积分结果中所牵涉的函数均为已定义的并且为连续。这里定义如下的有限和的极限为斯蒂尔杰斯积分。令 $f(t)$，$g(t)$对 $a \leqslant t \leqslant b$ 有定义。对任一划分 P：$a = t_0 < t_1 < \cdots < t_n = b$ 令

$$S_P = \sum_{i=1}^{n} f(\xi_i)[g(t_i) - g(t_{i-1})]$$

其中 $t_{i-1} \leqslant \xi_i \leqslant t_i$。如果存在极限 $\lim\limits_{|P| \to 0} S_P = I$，其中

$$|P| = \max_{1 \leqslant i \leqslant n}(t_i - t_{i-1})$$

称 I 是 $f(t)$ 关于 $g(t)$ 的斯蒂尔杰斯积分，表示为

$$I = \int_a^b f(t)\mathrm{d}g(t)$$

对于可导的函数 $g(t)$，如果按式(7-10)，则式(7-9)中的积分可表示为

$$\int_0^t g(s)f(s)\mathrm{d}s \equiv \int_0^t g(s)\mathrm{d}W(s) \equiv g(t) - \int_0^t W(s)g'(s)\mathrm{d}s \tag{7-14}$$

在式(7-14)的最后一个积分中：如果 $g'(s)$ 与 $W(t)$ 无关，则是完全定义并可积的；但如果 $g(t)$ 是 $W(t)$ 的函数，则积分将不能用这种标准方法定义。而在工程实际问题中，系统受到的随机干扰力常常与系统的运动响应或方程(7-9)的解有关。因此在解随机微分方程(7-9)之前，先要给式中的积分下一个合适的定义。

1. 伊藤随机积分

现在讨论上面提到的包含白噪声的随机积分 $\int_a^b g(t)\mathrm{d}W(t)$，$b > a > 0$ 的定义问题。引入 $[a,b]$ 区间的一组分点为

$$a = t_0 < t_1 < \cdots < t_n = b$$

$$\Delta_n = \max_{1 \leqslant k \leqslant n}(t_k - t_{k-1})$$

其和式为

$$Y_n = \sum_{k=1}^{n} g(t'_k)[W(t_k) - W(t_{k-1})]$$

其中，$t_{k-1} \leqslant t'_k \leqslant t_k$，$1 \leqslant k \leqslant n$。如果在 $\Delta_n \to 0$ 时 Y_n 均方收敛，则自然可将此极限定义为积分；但是，当 t'_k 随意选取时，极限不存在。为此，伊藤用 I_n 代替 Y_n 写出下列和式

$$I_n = \sum_{k=1}^{n} g(t_{k-1})[W(t_k) - W(t_{k-1})]$$

即 t'_k 确定地取在左端点 t_{k-1}，而不可以在 $[t_{k-1}, t_k]$ 中任意选取。如果在 $\Delta_n \to 0$ 时，I_n 均方收敛，则其极限称为 $g(t)$ 关于维纳过程 $W(t)$ 的随机积分。

对于这一积分有如下定理：设 $g(t)$ 是均方连续的二阶矩过程，并且对任意的 $s'_1, s'_2 \leqslant t_{k-1} < t$ 及 $s_1 < s_2 \leqslant t_{k-1}$，$(g(s'_1), g(s'_2), W(s_2) - W(s_1))$ 与 $W(t_k) - W(t_{k-1})$ 相互独立，则 $g(t)$ 关于 $W(t)$ 的伊藤积分存在且惟一。

如果能证明下列极限存在，则可证明伊藤积分是有定义的。因为此一极限的存在说明 I_n

是均方收敛的。

$$E[I_n I_m] = \sum_{j=1}^{m}\sum_{k=1}^{n} E\{g(s_{j-1})g(t_{k-1})[W(s_j)-W(s_{j-1})][W(t_k)-W(t_{k-1})]\} \quad (7-15)$$

由于这一乘积和式包含两个量,因此其相应时间可以分成两组。其中,$a=s_0<s_1<\cdots<s_m=b$ 和 $a=t_0<t_1<\cdots<t_n=b$ 是$[a,b]$的两种分法。

伊藤根据和式中每个时间步长所组成的长方形$[s_{j-1},s_j]\times[t_{k-1},t_k]$与正方形$[a,b]\times[a,b]$的主对角线的相互位置,判断了乘积项中各项间的相关性。实际上,由于上面定理中的定义,除了居于主对角线上的长方形之外,乘积项中各项间相互独立,期望值为零。分析余下的不为零的项得到这一乘积和式的最终表达式为

$$E\{I_m I_n\} = \sum_{i=1}^{m+n-1}\{\Gamma(u_i,u_{i-1})(u_i-u_{i-1})+o(u_i-u_{i-1})\} \quad (7-16)$$

式中,$\Gamma(s,t)$是 $g(t)$的协方差函数,即

$$\Gamma(s_{j-1},t_{k-1})\cdot(s_j-t_{k-1}) = E\{g(s_{j-1})g(t_{k-1})[W(s_j)-W(s_{j-1})][W(t_k)-W(t_{k-1})]\}$$

u_i 表示将两组分点合并后的分点。由于 $\Gamma(t,t)$是连续的,因此是可积的,所以有

$$\lim E\{I_m I_n\} = \int_a^b \Gamma(t,t)\,dt$$

说明这一积分是均方收敛的,从而从均方收敛意义上定义了伊藤积分。详细证明可参阅有关文献或教程。

如果 $W(t)$的 $\sigma^2=1$,则有

$$E\left\{\left[\int_a^b X(t)\,dW(t)\right]^2\right\} = \int_a^b E\{X^2(t)\}\,dt$$

下面介绍一个重要的积分——$\int_a^b W(t)\,dW(t)$。假定 $W(t)$的方差 $\sigma^2=1$,取$[a,b]$的一组分点 $a=t_0<t_1<\cdots<t_n=b$,$\Delta_n=\max\limits_{1\leqslant k\leqslant n}(t_k-t_{k-1})$,写出和式为

$$\begin{aligned}\sum_{k=1}^{n} W(t_{k-1})[W(t_k)-W(t_{k-1})] = & -\sum_{k=1}^{n} W(t_{k-1})[W(t_{k-1})-W(t_k)] = \\ & -[W(t_0)^2-W(t_0)W(t_1)+W(t_1)^2-W(t_1)W(t_2)+\cdots+ \\ & W(t_{n-1})^2-W(t_{n-1})W(t_n)] = \\ & -\frac{1}{2}\left\{W(t_0)^2+\sum_{k=1}^{n}[W(t_k)-W(t_{k-1})]^2-W(t_n)^2\right\} = \\ & \frac{1}{2}[W(b)^2-W(a)^2]-\frac{1}{2}\sum_{k=1}^{n}[W(t_k)-W(t_{k-1})]^2\end{aligned}$$

即

$$\int_a^b W(t)\mathrm{d}W(t) = \frac{1}{2}[W(b)^2 - W(a)^2] - \frac{1}{2}\lim_{\Delta_n \to 0}\sum_{k=1}^{n}[W(t_k) - W(t_{k-1})]^2$$

等式右边的极限可以证明为

$$\frac{1}{2}\lim_{\Delta_n \to 0}\sum_{k=1}^{n}[W(t_k) - W(t_{k-1})]^2 = b - a$$

从而得到

$$\int_a^b W(t)\mathrm{d}W(t) = \frac{1}{2}[W(b)^2 - W(a)^2] - \frac{1}{2}(b-a)$$

2. 伊藤随机微分方程

在工程应用中，包含白噪声的一类微分方程经常会在讨论非线性随机响应的问题中遇到。下面简单地介绍一下有关的理论。

这一类方程由于建立在伊藤积分的基础上，故称为伊藤随机微分方程。其形式如下

$$\begin{aligned} &\mathrm{d}X(t) = f(t,X(t))\mathrm{d}t + g(t,X(t))\mathrm{d}W(t), \quad t \in T \\ &X(t_0) = X_0 \end{aligned} \tag{7-17}$$

形式上也可以写成

$$\varepsilon(t) = \frac{\mathrm{d}W(t)}{\mathrm{d}t}$$

$\varepsilon(t)$即为白噪声。这时式(7-17)也可写成时间导数形式

$$\begin{cases} \dfrac{\mathrm{d}X(t)}{\mathrm{d}t} = f(t,X(t)) + g(t,X(t))\varepsilon(t) \\ X(t_0) = X_0 \end{cases}$$

为了避开 $\varepsilon(t)$ 的奇异性质，用伊藤积分方程代替随机微分方程，即

$$X(t) = X_0 + \int_{t_0}^{t} f(s,X(s))\mathrm{d}s + \int_{t_0}^{t} g(s,X(s))\mathrm{d}W(s) \tag{7-18}$$

等式右边第一个积分是均方积分，第二个积分是伊藤积分。

可以证明，如果方程中的函数 $f(t,x)$ 和 $g(t,x)$，$t\in T$，$x\in(-\infty,\infty)$ 是满足下列条件的普通实函数：

① 它们是二元连续函数，并且关于 x 是 t 的一致连续函数；

② 增长条件

$$|f(t,x)|^2 \leqslant K^2(1+x^2)$$
$$|g(t,x)|^2 \leqslant K^2(1+x^2)$$

③ Lipschitz 条件

$$|f(t,x_1) - f(t,x_2)| \leqslant K|x_2 - x_1|$$

$$|g(t,x_1)-g(t,x_2)|\leqslant K|x_2-x_1|$$

其中,K 为正数。如果 X_0 再与 $\{W(t),t\in T\}$ 独立,则方程(7-17)有惟一解(证明从略)。

3. 扩散过程

一个马尔可夫过程 $X(t)$,如果其转移概率满足下列两个条件:

① 对每一个小量 $\varepsilon>0$,有

$$\lim_{h\to 0}\frac{1}{h}\int_{|x-y|>\delta}p(t,x,t+h,y)\mathrm{d}y=0$$

② 存在函数 $f(x,t)$ 和 $g(x,t)$ 使得对所有的 $\varepsilon>0$,t 和 x 有

$$\lim_{h\to 0}\frac{1}{h}\int_{|x-y|<\varepsilon}(y-x)p(t,x,t+h,y)\mathrm{d}y=f(x,t)$$

$$\lim_{h\to 0}\frac{1}{h}\int_{|x-y|<\varepsilon}(y-x)^2p(t,x,t+h,y)\mathrm{d}y=g(x,t)$$

则这一过程称为扩散过程。函数 $f(x,t)$ 称为 $X(t)$ 的偏移系数,$g(x,t)$ 称为扩散系数。

4. Fokker-Planck 柯尔莫哥洛夫方程

设 $X(t)$,$t\in T$ 为扩散过程,其偏移系数为 $f(t,y)$,扩散系数为 $g(t,y)$,并假定它的转移概率密度函数 $p(s,x,t,y)$ 存在,且存在下列偏导数并连续:

$$\frac{\partial p}{\partial t}(s,x;t,y),\ \frac{\partial}{\partial y}[f(t,y)p(s,x;t,y)],\ \frac{\partial^2}{\partial y^2}[g(t,y)p(s,x;t,y)]$$

则转移概率密度函数 $p(s,x;t,y)$ 满足下列偏微分方程

$$\frac{\partial}{\partial t}p(s,x;t,y)=-\frac{\partial}{\partial y}[f(s,x)p(s,x;t,y)]+\frac{1}{2}\frac{\partial^2}{\partial y^2}[g(s,x)p(s,x;t,y)]$$

当 $t\to s$ 时,$p(s,x;t,y)\to\delta(x-y)$。

证　明　如果 $Q(y)$ 是有连续一阶、二阶导数的任意函数,并且 $Q(y)$ 在 $[a,b]$ 之外为零,则其一阶和二阶导数在 $y=a$ 和 $y=b$ 处都是零。设 I 的积分为

$$I=\int_{-\infty}^{\infty}Q(y)\frac{\partial p}{\partial t}\mathrm{d}y=\int_a^b Q(y)\frac{\partial}{\partial t}p(s,x;t,y)\mathrm{d}y=\frac{\partial}{\partial t}\int_a^b Q(y)p(s,x;t,y)\mathrm{d}y=$$

$$\lim_{\Delta t\to 0}\int_a^b Q(y)\frac{p(s,x;t+\Delta t)-p(s,x;t,y)}{\Delta t}\mathrm{d}y=$$

$$\lim_{\Delta t\to 0}\frac{1}{\Delta t}\left\{\int_a^b Q(y)\left[\int_{-\infty}^{\infty}p(s,x;t,u)p(t,u;t+\Delta t,y)\mathrm{d}u\right]\mathrm{d}y-\int_a^b Q(y)p(s,x;t,y)\mathrm{d}y\right\}=$$

$$\lim_{\Delta t\to 0}\frac{1}{\Delta t}\int_{-\infty}^{\infty}p(s,x;t,u)\left[\int_a^b p(t,u;t+\Delta t,y)Q(y)\mathrm{d}y-Q(u)\right]\mathrm{d}u$$

由 $Q(y)$ 有界和扩散过程的条件①,可以判断

$$\int_{|y-u|>\delta} p(t,u;t+\Delta t,y)\mathrm{d}y = o(\Delta t)$$

和

$$\int_{|y-u|>\delta} p(t,u;t+\Delta t,y)Q(y)\mathrm{d}y = o(\Delta t)$$

于是

$$\frac{1}{\Delta t}\left[\int_a^b p(t,u;t+\Delta t,y)Q(y)\mathrm{d}y - Q(u)\right] = \frac{1}{\Delta t}\left[\int_{|y-u|\leqslant\delta} p(t,u;t+\Delta t,y)Q(y)\mathrm{d}y - Q(u)\right] + o(1)$$

在 u 的邻域将 $Q(y)$ 展开为泰勒级数，得到

$$\begin{aligned}
&\frac{1}{\Delta t}\left[\int_{|y-u|\leqslant\delta} p(t,u;t+\Delta t,y)Q(y) - Q(u)\right] = \\
&\frac{1}{\Delta t}\left\{\int_{|y-u\leqslant\delta|} p(t,u;t+\Delta t,y)\left[Q(u) + Q'(u)(y-u) + \right.\right.\\
&\left.\left.\frac{Q''(u)}{2}(y-u)^2 + o((y-u)^2)\right]\mathrm{d}y - Q(u)\right\} = \\
&-Q(u)\frac{1}{\Delta t}\int_{|y-u|>\delta} p(t,u;t+\Delta t,y)\mathrm{d}y + Q'(u)\frac{1}{\Delta t}\int_{|y-u|\leqslant\delta}(y-u)p(t,u;t+\Delta t,y)\mathrm{d}y + \\
&\frac{Q''(u)}{2}\left[\frac{1}{\Delta t}\int_{|y-u|\leqslant\delta}(y-u)^2 p(t,u;t+\Delta t,y)\mathrm{d}y\right] + o(1)
\end{aligned} \tag{7-19}$$

由扩散过程的条件可知，$\Delta t \to 0$ 时，式(7-19)趋于 $Q'(u)f(t,u) + \frac{Q''(u)}{2}g(t,u)$，因此

$$I = \int_{-\infty}^{\infty} p(s,x;t,u)\left[Q'(u)f(t,u) + \frac{Q''(u)}{2}g(t,u)\right]\mathrm{d}u = \int_{-\infty}^{\infty} pQ'f\mathrm{d}u + \frac{1}{2}\int_{-\infty}^{\infty} pQ''g\mathrm{d}u$$

利用分部积分法，考虑 $Q(u)$ 在 $[a,b]$ 之外为零，得到

$$I = \int_{-\infty}^{\infty} Q\frac{\partial p}{\partial t}\mathrm{d}u = \int_{-\infty}^{\infty} Q\left[-\frac{\partial}{\partial u}(fp) + \frac{1}{2}\frac{\partial^2}{\partial u^2}(gp)\right]\mathrm{d}u$$

由于函数 Q 的任意性，并且 $\frac{\partial p}{\partial t}$，$\frac{\partial}{\partial u}(fp)$，$\frac{\partial^2}{\partial u^2}(gp)$ 为连续的，因此得到

$$\frac{\partial p}{\partial t} = -\frac{\partial}{\partial u}(fp) + \frac{1}{2}\frac{\partial^2}{\partial u^2}(gp)$$

最后得到 Fokker-Planck 柯尔莫哥洛夫方程为

$$\frac{\partial}{\partial t}p(s,x;t,y) = -\frac{\partial}{\partial y}[f(s,x)p(s,x;t,y)] + \frac{1}{2}\frac{\partial^2}{\partial y^2}[g(s,x)p(s,x;t,y)] \tag{7-20}$$

5. 随机微分方程组和相应的偏微分方程组

令

$$\boldsymbol{W}(t)=\begin{pmatrix}W_1(t)\\ \vdots \\ W_n(t)\end{pmatrix}$$

是独立的白噪声向量，$\boldsymbol{\sigma}(\boldsymbol{X},t)$是一个 $n\times n$ 矩阵，并令 $\boldsymbol{f}(\boldsymbol{X},t)$是向量，那么

$$\boldsymbol{f}(\boldsymbol{X},t)=\begin{pmatrix}f_1(\boldsymbol{X},t)\\ \vdots \\ f_n(\boldsymbol{X},t)\end{pmatrix},\qquad \boldsymbol{X}=\begin{pmatrix}x_1\\ \vdots \\ x_n\end{pmatrix}$$

随机微分方程组为

$$\mathrm{d}\boldsymbol{X}=\boldsymbol{f}\mathrm{d}t+\boldsymbol{\sigma}\mathrm{d}\boldsymbol{W} \tag{7-21}$$

引出的伊藤公式为

$$\mathrm{d}\boldsymbol{\varphi}(\boldsymbol{X}(t),t)=L\boldsymbol{\varphi}\mathrm{d}t+\nabla_x\boldsymbol{\varphi}^{\mathrm{T}}\boldsymbol{\sigma}\mathrm{d}\boldsymbol{W}$$

式中

$$L\boldsymbol{\varphi}=\frac{\partial\boldsymbol{\varphi}}{\partial t}+\boldsymbol{f}\cdot\nabla_x\boldsymbol{\varphi}+\frac{1}{2}\sum_{i,j=1}a_{ij}\frac{\partial^2\boldsymbol{\varphi}}{\partial x_i\partial x_j}$$

$$a_{ij}=(\boldsymbol{\sigma}\boldsymbol{\sigma}^{\mathrm{T}})_{ij}$$

Fokker-Planck 柯尔莫哥洛夫方程为

$$\frac{\partial p}{\partial s}+\nabla_y\cdot(fp)-\frac{1}{2}\sum_{i,j=1}^{n}\frac{\partial^2(a_{ij}p)}{\partial y_i\partial y_j}=0$$

为了使解惟一，除了必须给定初始条件外，还必须确定边界条件。这一边界条件则需根据问题的物理背景给出。在后面解决具体问题时将对此作讨论。

6. 概率流

式(7-20)所述的 Forker-Planck 柯尔莫哥洛夫方程也可以写成

$$\dot{p}+\frac{\partial G}{\partial x}=0 \tag{7-22}$$

其中

$$G(x)=f(t,x)p(t,x;s,y)-\frac{1}{2}\frac{\partial}{\partial x}g(t,x)p(t,x;s,y)$$

(为简便将 s,y 改写为 t,x)称为概率流。这一方程可以解释为概率守恒方程。概率流描述了单位时间内，沿正方向通过坐标 x 进入的概率数量。考虑一个区间 $x_1\leqslant x\leqslant x_2$，端点为 x_1,x_2，则 $G(x_1)\tau$ 为在时间 τ 内通过 x_1 进入这一间隔的概率量，而 $G(x_2)\tau$ 为通过 x_2 离开这一间隔的概率量。如果概率在此一间隔内不消失，并且没有概率源在这一间隔内，则差值 $G(x_1)\tau-$

$G(x_2)\tau$为在此一间隔内总概率(在此为书写简便改写为 $p(x)$) $\int_{x_1}^{x_2} p(x)\mathrm{d}x$ 的增量,即

$$\int_{x_1}^{x_2} p_{t+\tau}(\mathrm{x})\mathrm{d}x - \int_{x_1}^{x_2} p_t(x)\mathrm{d}x = G(x_1)\tau - G(x_2)\tau$$

将此方程除以 τ 及 $x_2 - x_1$,并令其趋于零,即得到守恒方程(7-22)。这一方程与在流体力学中遇到的连续性方程类似。

为了使 Fokker-Planck 方程具有惟一解,必须给出其边界条件。如果过程 $X(t)$取$-\infty \sim \infty$的所有值,则 Fokker-Planck 在整个 x 轴上满足。边界条件应取在$\pm\infty$处。由于 $p(x)$在任何时刻 t 都满足规格化条件,即

$$\int p(x)\mathrm{d}x = 1$$

容易得到如下条件:

$$G(-\infty, t) = G(\infty, t)$$

通常将满足更强的条件

$$G(-\infty, t) = G(\infty, t) = 0$$

及
$$p(-\infty, t) = p(\infty, t) = 0$$

在 $X(t)$只取有界值的情况下 $x_1 \leqslant x \leqslant x_2$,边界条件则为

$$G(x_1, t) = 0 \qquad G(x_2, t) = 0$$

根据式(7-22)将无概率流过边界点。

7.4 Fokker-Planck 方程的解

满足式(7-20)或其矢量形式的 Fokker-Planck 方程的转移概率密度函数 $p(x,t)$(或者写成 $p(t,x;s,y)$形式)由其初始条件及边界条件惟一决定。如果其漂移系数 $K_1(x,t) = f(x,t)$及扩散系数 $K_2(x,t) = g(x,t)$与时间无关,则随着时间增长,转移概率密度分布函数通常将趋近一平稳分布函数 $p_{st}(x)$。此函数将不与初始分布 $p(x,t_0)$以及时间 t 有关。关于这一平稳情况的求解问题,在讨论具体应用问题时将详细讨论。

对于非平稳的情况(但方程的漂移系数和扩散系数与时间无关),式(7-20)为一抛物型的偏微分方程,可以用偏微分方程的理论方法求解,但只有少数的问题得到了解析解。应用数值求解方法,将这一偏微分方程离散化,通过数值积分不难求出满足给定的初始条件和边界条件的数值解。在矢量过程的情况下,Fokker-Planck 方程是多维的,求解的计算量将增大。近代,为了简化计算,提出了应用路径积分法的近似解法,可以使一些复杂问题的数值求解大大简化。本节介绍一个解析求解的方法,即应用变量分离法,假定

$$p(x,t) = X(x)T(t) \tag{7-23}$$

然后，将式(7-20)的两边同除以 $p(x,t)$，得到

$$\frac{T'(t)}{T(t)} = \left\{-\frac{\partial}{\partial x}[K_1(x)X(x)] + \frac{1}{2}\frac{\partial^2}{\partial x^2}[K_2(x)X(x)]\right\}X^{-1}(x) = -\lambda \tag{7-24}$$

式中 λ 为任意常数。对某些形式的边界条件(通常是零边界条件)，得到方程为

$$\frac{1}{2}\frac{\partial^2}{\partial x^2}[K_2(x)X(x)] - \frac{\partial}{\partial x}[K_1(x)X(x)] + \lambda X(x) = 0 \tag{7-25}$$

这一方程的解包含一系列特征函数 $X_0(x), X_1(x), \cdots$ 及其相应的特征值 $\lambda_0, \lambda_1, \cdots$。将式(7-25)对 x 积分，得到

$$\lambda_m \int X_m(x)\mathrm{d}x = 0 \tag{7-26}$$

如果概率流中的差值为

$$G[X_m(x)] = -\frac{1}{2}\frac{\partial}{\partial x}[K_2(x)X_m(x)] + K_1(x)X_m(x)$$

在积分限上(即边界上)为零。由式(7-26)可得出 $\lambda_m=0$，或 $\int X_m(x)\mathrm{d}x = 0$。对于 $\lambda = 0$，方程式(7-25)导致平稳方程。这样，相应于 $\lambda_0 = 0$ 的特征函数 X_0 正是平稳的分布函数

$$X_0(x) = p_{st}(x) \tag{7-27}$$

其他的特征函数 X_m 满足条件

$$\int X_m(x)\mathrm{d}x = 0 \tag{7-28}$$

应用特征函数，可以将方程的解写成如下形式：

$$p(x,t) = T_0X_0(x) + \sum_{m=1}^{\infty} T_m \mathrm{e}^{-\lambda_m(t-t_0)} X_m(x) \tag{7-29}$$

这里系数 T_0 用初始条件计算得到。在计算中，应用特征函数的正交性，即 $X_m(x)$ 与 $X_n(x)$ 以加权 $1/p_{st}(x)$ 正交。其中，当 $m \neq n$ 时，$\lambda_m \neq \lambda_n$，即

$$\int \frac{X_m(x)X_n(x)\mathrm{d}x}{p_{st}(x)} = \delta_{mn} \tag{7-30}$$

系数 T_m 可以用初始分布 $p(x,t_0)$ 表示。设在式(7-29)中，$t=t_0$，并在该式两边乘以 $\frac{X_m}{p_{st}}$，再对 x 积分，得到

$$T_m = \int p(x,t_0)X_m(x)\frac{\mathrm{d}x}{p_{st}(x)} \tag{7-31}$$

这里应用了正交条件式(7-30)。如果初始分布函数为一个 δ 函数，即

$$p(x,t_0) = \delta(x - x_0)$$

则过程的概率密度分布函数即为其转移概率密度。

7.5 马尔科夫过程论的运用

应用马尔科夫过程论求解非线性船舶与海洋结构在随机波浪上运动的问题，关键是如何处理系统的记忆效应。早在20世纪60年代Caughey就曾应用白噪声假定，用Fokker-Planck方程求解了软弹簧系统的非线性响应问题。随后，苏联学者Stratonovich等人提出了随机平均法，从理论上建立了将一个实际过程近似为一个马尔科夫过程的判据。在80年代Roberts将此法具体应用于大振幅船舶横摇的统计分布的研究中。到了90年代，由于平稳时间序列理论的发展，特别是运用MA(l)即滑动平均模型，将任意有色噪声转化为白噪声理论的发展，给马尔科夫过程论的应用开辟了一条道路。Nekrasov应用状态方程的方法，将船舶在某一具有给定谱的随机波上的运动，转化为由运动位移、速度以及代表波浪特征的脉冲响应的参数组成的状态方程组；而输入（波浪干扰力）则转化为白噪声，从而可以直接应用扩散过程的理论方法求解在随机波上的响应分布问题。

归纳起来，目前应用马尔科夫过程论来解船舶及海洋结构运动的方法有两种：一种是从外干扰与系统运动的波动时间尺度着手，根据一定的条件，判断是否可以应用马尔科夫过程的方法以及具体解决的步骤；另一种则是应用状态方程及有色噪声模型，将所要求解的问题直接化成相应的伊藤方程求解。

7.6 随机平均法

马尔科夫过程是一个理想化模型，其准确的特性，在现实物理过程中不可能找到，因此用马尔科夫过程论来解决实际工程问题，只能是近似的。马尔科夫过程的主要特性是其无记忆性。通常，用在不相交的时间间隔中过程是否接近相互独立，作为判断所研究的过程是否符合采用马尔科夫过程论的判据。为了讨论方便，首先介绍随机过程的相关时间长度概念。

令 $F_j(t)$ 及 $F_k(t)$ 为联合平稳随机过程，并令 $R_{jk}(\tau)=\mathrm{E}[F_j(t)F_k(t+\tau)]$，定义相关时间为

$$\tau_{jk}^{c+}=\frac{\int_0^\infty \tau\,|\,R_{jk}(\tau)\,|\,\mathrm{d}\tau}{\int_0^\infty |\,R_{jk}(\tau)\,|\,\mathrm{d}\tau} \tag{7-32}$$

$$\tau_{jk}^{c-}=\frac{-\int_{-\infty}^0 \tau\,|\,R_{jk}(\tau)\,|\,\mathrm{d}\tau}{\int_{-\infty}^0 |\,R_{jk}(\tau)\,|\,\mathrm{d}\tau} \tag{7-33}$$

它们给出了$|R_{jk}(\tau)|$在τ的正、负区域内的重心位置；也可理解为前后出现值间相关程度沿时间长度的平均。τ_{jk}^{c-}为未来的$F_k(t)$与当前的$F_j(t)$间的记忆效应的度量；而τ_{jk}^{c+}为当前的$F_j(t)$与未来的$F_k(t)$间的记忆效应的度量。由对称性

$$\tau_{jk}^{c-} = \tau_{jk}^{c+} \tag{7-34}$$

可得当$j=k$时，交叉相关成为自相关，而过去与未来相关时间将相等。

观察一个忽略质量的摆在随机外干扰力作用下的运动。令$F_j(t)$及$F_k(t)$为某一动力系统的随机激励力，它们在系统的响应中引起增量。这一增量可用在相平面中的一个矢量来表示。如果在大于激励的任一相关时间，包括$\tau_{ij}^c, \tau_{kk}^c, \tau_{jj}^{c+}, \tau_{kk}^{c-}$的时间间隔内来观察这一响应矢量，则这一响应矢量将具有类似在马尔科夫过程作用下的性态。

但是这一响应的观察时间不可以相隔太远，否则将失去其本质特点。粗略的判别法为观察的时间间隔不应大于动力系统的松弛时间。这一松弛时间的定义为系统在不受激励的自然衰减运动中，其振幅减小一个因子e^{-1}或增加一个因子e所需的时间。这里e为自然对数的底数。

为了说明，采用一个无质量的摆。其线性化的无因次控制方程为

$$\frac{\mathrm{d}}{\mathrm{d}t}X(t) = -[1+F_1(t)]X(t) + F_2(t) \tag{7-35}$$

考察使$X(t)$具有类似马尔科夫过程的激励所要求的观察时间间隔。对式(7-35)由t至$t+\Delta t$积分

$$X(t+\Delta t) - X(t) = -\int_t^{t+\Delta t}[1+F_1(u)]X(u)\mathrm{d}u - \int_t^{t+\Delta t}F_2(u)\mathrm{d}u + o(\Delta t^2) \tag{7-36}$$

这里Δt代表观察时间间隔。但式(7-36)的右端包含了响应$X(u)$本身，它可由式(7-35)解出，即

$$X(u) = X(t)\exp\left\{-\int_t^u[1+F_1(v)\mathrm{d}v]\right\} + \exp\left\{-\int_t^u[1+F_1(v)]\mathrm{d}v\right\} \times \int_t^u F_2(v)\exp\left\{\int_t^v 1+F_1(w)\mathrm{d}w\right\} \tag{7-37}$$

式(7-37)可以用将指数函数展开为幂级数来估计。此级数的前几项为

$$X(u) = X(t) - X(t)\int_t^u[1+F_1(v)]\mathrm{d}v + \int_t^u F_2(v)\mathrm{d}v + \cdots \tag{7-38}$$

为了估计相当于伊藤随机微分方程中的一阶矩导数，要求条件平均值为

$$\begin{aligned}&\mathrm{E}\{X(t+\Delta t) - X(t) \mid X(t) = x\} = -x(\Delta t) + \\ &x\int_t^{t+\Delta t}\mathrm{d}u\int_t^u \mathrm{E}[F_1(u)F_1(v)]\mathrm{d}v \quad \int_t^{t+\Delta t}\mathrm{d}u\int_t^u \mathrm{E}[F_1(u)F_2(v)]\mathrm{d}v \mid o(\Delta t^2)\end{aligned} \tag{7-39}$$

式(7-37)右端的二重积分的数值与Δt及相关时间$\tau_{11}^c, \tau_{12}^{c-}$间的相对大小有关。图7-1所示

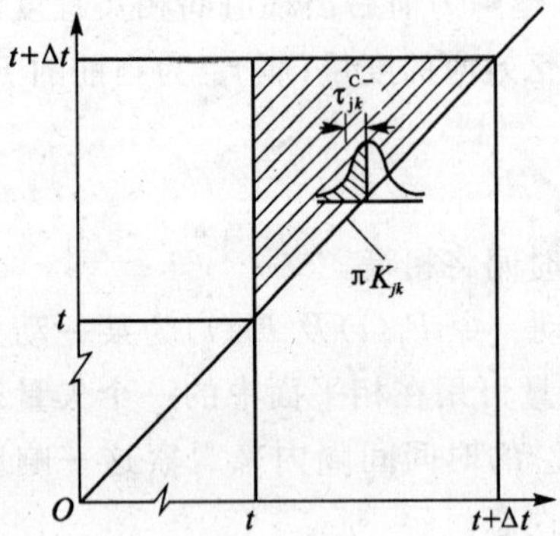

图 7-1　相关时间 τ_{jk}^{c-} 的积分关系图

为每个二重积分覆盖阴影下的三角形面积 $v<u$ 及 $t\leqslant u\leqslant t+\Delta t$。如果 $\Delta t\geqslant\tau_{jk}^{c-}$，则结果为 $\pi K_{jk}(\Delta t)$。这里 πK_{jk} 为在负的 τ 区域内相关函数曲线 $R_{jk}(\tau)$ 下的净面积；如果 $\Delta t\leqslant\tau_{jk}^{c-}$，则结果将是 $o(\Delta t^2)$ 量级的。但只在前一种情况马尔科夫过程的近似是可以接受的。将式(7-39)除以 Δt，并令 $\Delta t\to0$（实际 Δt 应大于 τ_{jk}^{c-}），得到一阶矩导数

$$K_1=\lim_{\Delta t\to0}\frac{1}{\Delta t}\mathrm{E}\{X(t+\Delta t)-X(t)\mid X(t)=x\}=-x+\pi K_{11}x-\pi K_{12} \tag{7-40}$$

类似的可以求得二阶矩导数为

$$K_2=\lim_{\Delta t\to0}\frac{1}{\Delta t}\mathrm{E}\{[X(t+\Delta t)-X(t)]^2\mid X(t)=x\}=2\pi\{K_{11}x^2-(K_{12}+K_{21})x+K_{22}\} \tag{7-41}$$

这样，应用如此求出的矩导数可以得出一个近似物理过程的马尔科夫过程 $X^{\#}(t)$，其相应的伊藤方程为

$$\mathrm{d}X^{\#}=(-X^{\#}+\pi K_{11}X^{\#}-\pi K_{12})\mathrm{d}t+\sqrt{2\pi(K_{11}(X^{\#})^2-(K_{12}+K_{21})X^{\#}K_{22}}\,\mathrm{d}W \tag{7-42}$$

上面用一个十分简单的一维线性模型，说明了将马尔科夫过程应用于实际工程问题所需适合的条件，并简述了求相应矩导数的具体方法。但实际工程问题可能是很复杂的，上面的说明不能解决一般可能遇到的问题。为此，可以应用下述由 Strantonovich 首先提出的随机平均法。

设一个物理系统可以用下面方程表示：

$$\frac{\mathrm{d}}{\mathrm{d}t}X_j=f_j(\boldsymbol{x},t)+g_{jk}(\boldsymbol{x},t)F_k(t),\qquad j=1,2,\cdots,N;\ k=1,2,\cdots,M \tag{7-43}$$

这里 $F_k(t)$ 为随机激励过程，具有有限的相关时间。如果所有激励的相关时间都小于系统的松弛时间，则近似原物理过程的一个马尔科夫过程的漂移及扩散系数可以由下式求得：

$$m_j=f_j+\int_{-\infty}^{0}\frac{\partial}{\partial x_l}g_{jk}(\boldsymbol{x},t)g_{ls}(\boldsymbol{x},t+\tau)E[F_k(t)F_s(t+\tau)]\mathrm{d}\tau \tag{7-44}$$

$$\sigma_{jl}\sigma_{kl}=\int_{-\infty}^{0}g_{jr}(\boldsymbol{x},t)g_{ks}(\boldsymbol{x},t+\tau)F[F_r(t)F_s(t+\tau)]\mathrm{d}\tau \tag{7-45}$$

这里式(7-44)和式(7-45)是根据漂移系数和扩散系数的定义，并考虑到系统表达式(7-43)推出的。在推导中应用了摄动展开的方法，略去了所有等于和高于三阶的量。

将物理过程的方程与相对应的伊藤方程(7-17)相比较，可以看清随机平均过程的物理含

义。按照伊藤的解释，式(7－17)中的激励 $dW(t)$ 与当前的状态矢量 $\boldsymbol{x}$ 相互独立；但在式(7－43)中的激励 $F_k(t)$，带有对其过去的历史的记忆，与当前的状态矢量 $\boldsymbol{x}$ 相关。这一记忆效应将对其漂移的趋势起作用，所以，在估计用于伊藤方程中的漂移系数时，当前动力系统的状态与过去的激励间的相关必须加以考虑。这正如式(7－44)的积分中所做的，当没有外激励时，漂移系数将只由 f_i 代表。在式(7－45)中的积分综合了所有过去的激励对扩散的贡献，并将总的效应加在当前状态中。

Stratonovich 提出了进一步简化，在式(7－44)和式(7－45)的右端用一个长时间的平均进一步平滑。这个进一步的时间平均，将使 m_j，$[\sigma][\sigma]^{\mathrm{T}}$ 与时间无关，并常使一部分状态变量与另外的状态变量不偶合。但这个进一步的简化只在两个条件下才可进行：① 在式(7－43)中的 f_j 项是 $o(\varepsilon)$ 阶的，而第二项 $g_{jk}F_k$ 是 $o(\varepsilon^{\frac{1}{2}})$ 阶的（ε 为小于 1 的量）；② 时间平均不破坏问题的基本物理特点。以上是关于随机平均法的基本要点。

Stratonovich 首先在其《随机噪声理论中的问题》一书中，应用一般数学分析方法推导了随机平均法的有关公式。

哈斯明斯基在严格的数学理论基础上推导了这一极限定理。这一定理是：如果有如下形式的方程，即

$$\dot{\boldsymbol{Z}} = \varepsilon^2 \boldsymbol{A}(z) + \varepsilon \boldsymbol{b}(\boldsymbol{Z}, Y) \tag{7-46}$$

其中：

$$\boldsymbol{Z} = \begin{pmatrix} Z_1 \\ Z_2 \end{pmatrix}, \quad \boldsymbol{A} = \begin{pmatrix} -A_1 \\ -A_2 \end{pmatrix}, \quad \boldsymbol{b} = \begin{pmatrix} -b_1 \\ -b_2 \end{pmatrix}$$

ε 为一个小参数。$\boldsymbol{Z}$ 为系统的响应过程，可用矢量 $\boldsymbol{Z}$ 表示；$\boldsymbol{A}$ 只是矢量 $\boldsymbol{Z}$ 的函数；$\boldsymbol{b}$ 则为响应 $\boldsymbol{Z}$ 和输入 Y 的函数。输入 Y 为某一平稳过程。这一极限定理表明，当式(7－46)中的小参数 $\varepsilon \to 0$ 时，矢量过程 $\boldsymbol{Z}(t)$ 弱收敛于一个由伊藤方程

$$\mathrm{d}\boldsymbol{Z} = \varepsilon^2 \boldsymbol{m} \mathrm{d}t + \varepsilon \boldsymbol{D} \mathrm{d}W \tag{7-47}$$

所控制的扩散过程。其中：W 为维纳过程；$\boldsymbol{m}$ 和 $\boldsymbol{D}$ 为过程的漂移系数矩阵和扩散矩阵，由下式计算：

$$\boldsymbol{m} = \boldsymbol{A} + \int_{-\infty}^{0} \left\langle \mathrm{E}\left[\left(\frac{\partial \boldsymbol{b}}{\partial \boldsymbol{Z}} \right), (\boldsymbol{b}^{\mathrm{T}})_{t+\tau} \right] \right\rangle \mathrm{d}\tau \tag{7-48}$$

$$\boldsymbol{D}\boldsymbol{D}' = \int_{-\infty}^{\infty} \langle \mathrm{E}[(\boldsymbol{b})_t (\boldsymbol{b})_{t+\tau}^{\mathrm{T}}] \rangle \mathrm{d}\tau \tag{7-49}$$

式中：$\langle \cdot \rangle$ 为时间平均符号，$\boldsymbol{b}^{\mathrm{T}}$ 为 $\boldsymbol{b}$ 的转置矩阵。

7.7 随机平均法的应用

为了求解船舶在随机波浪上的大幅运动，在第 3 章中曾经介绍过一些近似的方法。这些

近似方法，只能讨论一些非线性项对平均值的影响，而且这些影响也是在对运动响应的概率分布作正态假定下求得的。也就是说，这些近似方法不能解决最重要的问题，即在非线性情况下，船舶运动响应的概率分布问题。而应用随机平均法，在一些运动响应问题如船舶大幅度横摇问题中，有可能求出其概率分布。这方面最著名的有 Roberts 的工作。为了更好地应用随机平均法，特别是慢变平均的概念，将船舶横摇运动微分方程加以变形，用另外两个参数，即振荡运动的能量水平和相位角来替换角位移和角速度。这样，在进行时间平均后，便可以使这两个运动参数的 Fokker-Planck 方程成为相互不偶合的，从而简化求解过程。下面简单介绍 Roberts关于船舶对随机波浪大幅度横摇的理论方法。这一方法也可用于其他具有相同特性的船舶及海洋结构的运动。

首先，船舶运动微分方程可以写成

$$\ddot{x}+\beta F(x,\dot{x})+G(x)=Y(t) \tag{7-50}$$

其中：x 为船舶运动位移；$F(x,\dot{x})$为任意形式的阻尼函数；$G(x)$为船舶运动位移的复原力函数，即 $U(x)=\int_0^x G(\xi)\mathrm{d}\varepsilon$；$\beta$ 为表征阻尼量级的小参数；$Y(t)$ 为外干扰力矩为平稳随机过程且具有零均值以及由 $S(\omega)$ 定义的谱，即

$$S(\omega)=\frac{1}{2\pi}\int_{-\infty}^{\infty}R(\tau)\cos\omega\tau\,\mathrm{d}\tau \tag{7-51}$$

式中，$R(\tau)$为 $Y(t)$的相关函数，即

$$R(\tau)=\mathrm{E}[Y(t)Y(t+\tau)] \tag{7-52}$$

定义与 $x(t)$有关的能量包络为

$$V(x)=\frac{\dot{x}^2}{2}+U(x) \tag{7-53}$$

式中：$\frac{\dot{x}^2}{2}$代表动能，$U(x)$代表势能。

用变换式

$$U(x)^{\frac{1}{2}}=V^{\frac{1}{2}}\cos\theta \tag{7-54}$$

$$\dot{x}=-(2V)^{\frac{1}{2}}\sin\theta \tag{7-55}$$

可以将方程(7-50)改写成 V 及 θ 的二元联立方程，由于

$$\begin{aligned}\dot{V}_t=&\frac{1}{2}2\ddot{x}\dot{x}+U(x)\dot{x}=\ddot{x}\dot{x}+G(x)\dot{x}=\\&[\ddot{x}+G(x)]\dot{x}=[Y(t)-\beta F(x,\dot{x})]\dot{x}=\\&\beta F(x,\dot{x})(2V)^{\frac{1}{2}}\sin\theta-(2V)^{\frac{1}{2}}\sin\theta\,Y(t)\end{aligned}$$

又因为

$$\theta = \arctan\left(-\frac{\dot{x}}{\sqrt{2U(x)}}\right)$$

则 θ 的导数为

$$\dot{\theta} = \frac{G(x)}{\sqrt{2V}\cos\theta} - \frac{\cos\theta}{\sqrt{2V}}Y(t) + \frac{\beta F(x,\dot{x})}{\sqrt{2V}}\cos\theta$$

若令

$$f(V,\theta) = F(x,\dot{x})$$
$$g(V,\theta) = G(x)$$

则得到

$$\dot{V} = \beta f(V,\theta)(2V)^{\frac{1}{2}}\sin\theta - (2V)^{\frac{1}{2}}\sin\theta\, Y(t) \tag{7-56}$$

$$\dot{\theta} = \frac{\beta f(V,\theta)}{(2V)^{\frac{1}{2}}}\cos\theta - \frac{\cos\theta}{(2V)^{\frac{1}{2}}}Y(t) + \frac{g(V,\theta)}{\sqrt{2V}\cos\theta} \tag{7-57}$$

令 $\beta=\varepsilon^2$，而将扰动力 $Y(t)$ 表示为

$$y(t) = \varepsilon^{-1}Y(t)$$

这是考虑到在共振时，振幅为阻尼系数的 $\beta^{-\frac{1}{2}}$ 的缘故。这样，式(7-56)和式(7-57)转变为

$$\dot{V} = -\varepsilon^2 a_1(V,\theta) - \varepsilon\, b_1(V,\theta,y) \tag{7-58}$$

$$\dot{\theta} = -\varepsilon^2 a_2(V,\theta) - \varepsilon\, b_2(V,\theta,y) + C(V,\theta) \tag{7-59}$$

其中

$$\left.\begin{aligned} a_1 &= -f(V,\theta)(2V)^{\frac{1}{2}}\sin\theta \\ b_1 &= (2V)^{\frac{1}{2}}\sin\theta\, y(t) \\ a_2 &= -\frac{f(V,\theta)\cos\theta}{(2V)^{\frac{1}{2}}} \\ b_2 &= \frac{\cos\theta\, y(t)}{(2V)^{\frac{1}{2}}} \\ C &= \frac{g(V,\theta)}{(2V)^{\frac{1}{2}}\cos\theta} \end{aligned}\right\} \tag{7-60}$$

式(7-58)和式(7-59)是用能量包络 $V(t)$ 及相位角 θ 表示的运动微分方程。当在弱非线性情况下，由第5章中的讨论可知，其对时间的导数将较变量 V,θ 高一个量阶。引入一相位过程 $\lambda(t)$，使得其满足方程

$$\dot{\lambda}(t) = -\varepsilon^2 a_2(V,\theta) - \varepsilon\, b_2(V,\theta,y) \tag{7-61}$$

即在式(7-59)中除去右端的第三项。显然，如果对式(7-59)积分并考虑式(7-61)，可以得到

$$\theta = \lambda + \int C(V,\theta)\,\mathrm{d}t \tag{7-62}$$

实际上，积分项代表自由振荡的相位角 θ_0；而式(7-61)代表由于非线性作用在自由振荡上，外干扰引起的变化量 λ 所应满足的方程，可以看出这一方法的物理含意；a_1，a_2 中只包含了系统的有关特性，如阻尼函数、复原力函数以及无阻尼情况下的自由振荡，换句话说，只与系统本身有关；而在 b_1，b_2 中除了系统自身的特性外，还包含了外干扰。

应用包戈留包夫渐近法，可以对 a_1，a_2 进行平均。a_1 的平均可以写成

$$A_1(V)=\frac{1}{T(V)}\int_0^{T(V)}a_1(V,\theta)\mathrm{d}t \tag{7-63}$$

其中

$$T(V)=2\sqrt{2}\int_0^b\frac{\mathrm{d}x}{\sqrt{V-U(x)}} \tag{7-64}$$

积分上限 b 由式 $U(b)=V$ 决定；$T(V)$ 为无阻尼自由振荡周期，与振幅或能量水平有关。由于 $\dot{x}\mathrm{d}t=\mathrm{d}x$，故

$$A_1(V)=\frac{4}{T(V)}\int_0^bF\left(\sqrt{[V-U(x)]}\right)\mathrm{d}x \tag{7-65}$$

同样，可以得到 A_2 的表达式。最后得到 V 和 λ 的联立方程

$$\dot{V}=-\varepsilon^2A_1(V)-\varepsilon b_1(V,\theta,y) \tag{7-66}$$

$$\dot{\lambda}=-\varepsilon^2A_2(V)-\varepsilon b_2(V,\theta,y) \tag{7-67}$$

显然，式(7-66)和(7-67)符合应用随机平均法的基本形式。将其表示为矢量的形式

$$\boldsymbol{Z}=\varepsilon^2\boldsymbol{A}(\boldsymbol{Z})+\varepsilon\boldsymbol{b}(\boldsymbol{Z},y)$$

其中

$$\boldsymbol{Z}=\begin{bmatrix}V\\\lambda\end{bmatrix},\quad\boldsymbol{A}=\begin{bmatrix}A_1\\A_2\end{bmatrix},\quad\boldsymbol{b}=\begin{bmatrix}b_1\\b_2\end{bmatrix}$$

则矢量过程 $\boldsymbol{Z}$ 当 $\varepsilon\to0$ 时，弱收敛于一扩散过程。其漂移系数矩阵 $\boldsymbol{m}$ 及扩散系数矩阵 $\boldsymbol{D}$ 可以由式(7-48)和(7-49)计算，可得

$$m_1=A_1+\int_{-\infty}^0\mathrm{E}\left[\left(\frac{\partial b_1}{\partial V}\right)_t(b_1)_{t+\tau}+\left(\frac{\partial b_1}{\partial\lambda}\right)_t(b_1)_{t+\tau}\right]\mathrm{d}\tau$$

将式(7-60)中的 b_1 表达式代入，可得

$$m_1=A_1+\int_{-\infty}^0\langle\sin\theta(t)\sin\theta(t+\tau)+\cos\theta(t)\cos\theta(t+\tau)\rangle R_Y(\tau)\mathrm{d}\tau \tag{7-68}$$

为了计算时间平均值，可以将 $\sin\theta(t)t$，$\cos\theta(t)t$ 展开为傅里叶级数

$$\sin\theta(t)=\sum_{n=1}^{\infty}s_n\sin\frac{2\pi nt}{T} \tag{7-69}$$

$$\cos\theta(t)=\sum_{n=1}^{\infty}c_n\cos\frac{2\pi nt}{T} \tag{7-70}$$

系数 s_n, c_n 及展开周期为能量水平 V 的函数。由于在此假设 λ 为固定，并且时间原点是任意选定的，因此这一傅里叶系数实际上是 $\theta_0(t)$ 的系数。将式(7-69)与式(7-70)联合，得到

$$\langle \sin\theta(t)\sin\theta(t+\tau) + \cos\theta(t)\cos\theta(t+\tau)\rangle = \frac{1}{2}\sum_{n=1}^{\infty}(s_n^2 + c_n^2)\cos[n\,\omega(V)\tau] \tag{7-71}$$

这里
$$\omega = \frac{2\pi}{T} \tag{7-72}$$

为在能量水平 V 情况下的振荡频率。将式(7-71)代入式(7-68)可得到

$$m_1 = A_1(V) + \alpha(V) \tag{7-73}$$

这里

$$\alpha(V) = \frac{\pi}{2\varepsilon^2}\sum_{n=1}^{\infty}(s_n^2 + c_n^2)S_Y[n\,\omega(V)] = \frac{\pi}{2\varepsilon^2}[\mu(V) + \upsilon(V)] \tag{7-74}$$

用同样的方法可以计算 m_2

$$m_2 = A_2(V) \tag{7-75}$$

矩阵 $\boldsymbol{D}$ 的元素可以相同的方法求得。由式(7-49)得

$$D_{11} = \int_0^{\infty}\mathrm{E}\{(b_1)_t(b_1)_{t+\tau}\}\mathrm{d}\tau$$

将式(7-60)中的 b_1 表达式代入即可得到

$$D_{11} = 2V\int_{-\infty}^{\infty}\langle \sin\theta(t)\sin\theta(t+\tau)\rangle R_Y(\tau)\mathrm{d}\tau \tag{7-76}$$

同样，用 $\sin\theta(t)$ 的傅里叶展开式将式(7-76)中积分核表示为

$$\langle \sin\theta(t)\sin\theta(t+\tau)\rangle = \frac{1}{2}\sum_{n=1}^{\infty}s_n^2\cos[n\,\omega(V)] \tag{7-77}$$

将这一结果与式(7-76)联合得到

$$D_{11} = \frac{2\pi V}{\varepsilon^2}\sum_{n=1}^{\infty}s_n^2 S_Y[n\,\omega(V)] \tag{7-78}$$

D_{12}, D_{21} 及 D_{22} 可以用同样的方法计算，得到

$$D_{12} = D_{21} = 0 \tag{7-79}$$

$$D_{22} = \frac{\pi}{2V\varepsilon^2}\sum_{n=1}^{\infty}c_n^2 S_Y[n\,\omega(V)] \tag{7-80}$$

上面介绍了 Roberts 应用能量包络和相位角的变换方法，将一个船舶运动方程转化成适用于随机平均法的形式，并给出根据方程形式求相应方程中系数的计算公式。对于基本符合条件的问题，只要能给出相应的函数和特征值，即阻尼函数、复原力函数或系统的自由振荡函数(非线性无阻尼自由振荡解)，就可以用上面的方法及相应的计算式求得其概率分布。但是，不是所有的实际非线性系统，都能找到自由振荡运动的解析解。原则上讲，只要问题满足随机

平均法的基本条件，这一解析解应是可以找到的。当然，找到解析解可使问题大大简化。下面介绍应用这一方法解大振幅船舶横摇的问题。其中主要的成果是 Roberts 在 1982 年得到的。但在他的求解方程中，复原力的非线性项只包含了三次方一项。这只对一些小型船舶适用。对于一些具有 S 型的船舶，如集装箱船、客轮等耐波性要求较高的船型不适用。为此，在本节中将其推广到具有五次方复原力函数的情况。

7.7.1 船舶在随机波上的大幅横摇问题

在这里作为上面理论的应用，介绍船舶在随机波上大幅运动的概率分布问题的求解过程。首先讨论复原力函数的确定。船舶在横向运动中的复原力矩实际上是用稳性曲线表示的。这一曲线的具体形式必须用船舶静力学的方法根据船形算出。为了求解方便，一般将其用一横倾角的多项式来拟合，即采用如下形式的函数：

$$G(\varphi) = K_1\varphi + K_3\varphi^3 + K_5\varphi^5 \tag{7-81}$$

由于稳性曲线的物理含义，在原点处(直立状态)和倾覆角(或稳性消失角 φ^*)处应为零，即回复力矩为零。同时，一阶系数即初稳性高度一般也大于零，即 $K_1>0$。为了保证出现合理的倾覆角，K_3 和 K_5 中至少有一个小于零。这里假设 K_5 小于零。

为了便于得出有比较性的结论，将运动参数无因次化。首先对复原力函数规格化。先求出稳性消失角或倾覆角 φ^*，即 $G(\varphi)=0$ 或下列方程的非零根：

$$K_5\varphi^5 + K_3\varphi^3 + K_1\varphi = 0$$

这一方程的根为

$$\varphi^2 = \frac{K_3 \pm \sqrt{K_3^2 + 4K_1(-K_5)}}{2(-K_5)}$$

其中的正根为

$$\varphi^{*2} = \frac{K_3 + \sqrt{K_3^2 + 4K_1(-K_5)}}{2(-K_5)}$$

另一根为负根，令其为 φ_1

$$\varphi_1^2 = \frac{K_3 - \sqrt{K_3^2 + 4K_1(-K_5)}}{2(-K_5)}$$

并且 $|\varphi^{*2}| > |\varphi_1^2|$；引入参数 K，令

$$K = -\frac{\varphi^{*2}}{\varphi_1^2} > 1$$

则

$$\frac{K_5}{K_1} = \frac{1}{\varphi^{*2}\varphi_1^2} = -\frac{K}{\varphi^{*4}}$$

$$\frac{K_3}{K_1} = \frac{1}{\varphi^{*2}}(K-1)$$

引入无因次角度 ψ 为

$$\psi = \frac{\varphi}{\varphi^*}$$

这一复原力函数可写成

$$G(\psi) = \psi + (K-1)\psi^3 - K\psi^5$$

再引入一个无因次时间 τ 为

$$\tau = \omega_0 t$$

为了引用上面推出的计算公式，须要求出相应的无阻尼自由横摇解，即下列方程的解：

$$\ddot{\psi} + \dot{\psi} + (K-1)\psi^3 - K\psi^5 = 0 \tag{7-82}$$

对此方程进行积分，得到

$$\frac{1}{2}\dot{\psi}^2 = V - \left[\frac{1}{2}\psi^2 + \frac{1}{4}(K-1)\psi^4 - \frac{1}{2}\psi^6\right]$$

积分常数相当于横摇时的总机械能。当 $\dot{\psi}=0$ 时，动能等于零。设此时 $\psi=a$（横摇运动幅值），则

$$V = \frac{1}{2}a^2 + \frac{1}{4}(K-1)a^4 - \frac{1}{6}Ka^6$$

$$\dot{\psi}^2 = \frac{1}{3}K(a^2-\psi^2)(b^2-\psi^2)(c^2-\psi^2)$$

$$a^2 < b^2$$

当 $\psi=0$ 时，位能等于零，即

$$2V = \dot{\psi}^2\Big|_{\psi=0} = \frac{1}{3}Ka^2b^2c^2$$

作变换 $u=\frac{1}{\psi^2}$，则 $\dot{u}=-\frac{2}{\psi^3}\dot{\psi}$ 得到

$$\dot{u}^2 = \frac{4}{3}C(a^2u-1)(b^2u-1)(c^2u+1) = 8V(u-\alpha)(u-\beta)(u+\gamma) \tag{7-83}$$

其中：$\alpha=\frac{1}{a^2}$，$\beta=\frac{1}{b^2}$，$\gamma=\frac{1}{c^2}$，显然 $\alpha>\beta>\gamma>0$。设 $u=\alpha+(\alpha-\beta)\tan^2\theta$，代入方程(7-83)，得到

$$\dot{\theta}^2 = 2V(\alpha+\gamma)\left(1-\frac{\beta+\gamma}{\alpha+\gamma}\sin^2\theta\right)$$

其解为

$$\omega_1\tau = \int_0^\infty \frac{\mathrm{d}\theta}{\sqrt{1-k^2\sin^2\theta}}$$

其中

$$\omega_1 = \sqrt{V(\alpha+\gamma)} \tag{7-84}$$

$$k^2 = \frac{\beta+\gamma}{\alpha+\gamma} < 1 \tag{7-85}$$

所以

$$u = \alpha + (\alpha - \beta)\frac{\mathrm{sn}^2(\omega_1, \tau, k)}{\mathrm{cn}^2(\omega_1, \tau, k)}$$

$$\psi = \frac{a\mathrm{cn}(\omega_1\tau, k)}{\sqrt{1 - \frac{a^2}{b^2}\mathrm{sn}^2(\omega_1\tau, k)}} \tag{7-86}$$

为了求得 $\sin\theta_0(t)$，可以应用式(7－55)。为此需要求得式(7－86)的导数

$$\dot{\psi} = \left[\frac{-a\mathrm{sn}(\omega_1\tau, k)}{\sqrt{1 - \frac{a^2}{b^2}\mathrm{sn}^2(\omega_1\tau, k)}} + \frac{\frac{a^3}{b^2}\mathrm{sn}(\omega_1\tau, k)\mathrm{cn}^2(\omega_1\tau, k)}{\left(\sqrt{1 - \frac{a^2}{b^2}\mathrm{sn}^2(\omega_1\tau, k)}\right)^3}\right] \cdot \omega_1 \cdot \sqrt{1 - k^2\mathrm{sn}^2(\omega_1\tau, k)}$$

因为

$$\sin\theta_0(\tau) = \frac{-\dot{\psi}}{\sqrt{2V}}$$

得到

$$\sin\theta_0(\tau) = -\frac{1}{\sqrt{2V}}\omega_1\sqrt{1 - k^2\mathrm{sn}^2(\omega_1\tau, k)}\left[\frac{-a\mathrm{sn}(\omega_1\tau, k)}{\sqrt{1 - \frac{a^2}{b^2}\mathrm{sn}^2(\omega_1\tau, k)}} + \frac{\frac{a^3}{b^2}\mathrm{sn}(\omega_1\tau, k)\mathrm{cn}^2(\omega_1\tau, k)}{\left(\sqrt{1 - \frac{a^2}{b^2}\mathrm{sn}^2(\omega_1\tau, k)}\right)^3}\right]$$

这些函数，不是在所有情况下都能找到解析解。必要时可应用数值方法在计算机上求解。

在求得 $\sin\theta_0(t)$ 和 $\cos\theta_0(t)$ 之后，再将其展开为傅里叶级数。应用式(7－73)～式(7－80)计算得到 Fokker-Planck 方程中的漂移系数 $\boldsymbol{m}$ 和扩散系数矩阵 $\boldsymbol{D}$。可以看出，所得到的 V 和 λ 的偏微分方程组是不相偶合的，即成为两个确定 V 和 λ 的转移概率的一元偏微分方程。现在只讨论 V 的一维 Fokker-Planck 方程：

$$\frac{\partial p}{\partial t} = \frac{\partial}{\partial V}\{[\beta A_1(V) - \pi\alpha(V)]p\} + \pi\frac{\partial^2}{\partial V^2}\{V\mu(V)p\} \tag{7-87}$$

由式(7－87)可以在某给定的初始条件下，解出转移概率 $p_{\pi_0}(x, x_0)$。但是在大多数实际问题中，所讨论的是运动达到平稳的情况。此时能量水平的转移概率将是平稳的，即 $p_{\pi_0}(V, V_0) \to p_S(V)$ 与时间无关，$\frac{\partial p}{\partial t} = 0$。这样，由式(7－87)积分可得

$$p_S(V) = \frac{K_1}{V\mu(V)}\exp\left\{-\int_0^V \frac{[\beta A_1(\xi) - \pi\alpha(\xi)]}{\pi\xi\mu(\xi)}\mathrm{d}\xi\right\} \tag{7-88}$$

其中 K_1 为归一化常数，使得

$$\int_0^\infty p_S(V)\mathrm{d}V = 1 \tag{7-89}$$

图 7－2 给出了具有不同 S 型稳性曲线 $G(A)$ 船舶在给定波谱的随机波浪上横摇振幅的概率分布曲线形式。曲线中同时给出了相应的稳性曲线为线性时的结果。可以看出，稳性曲线

形式对在振幅大时的概率分布有明显影响。

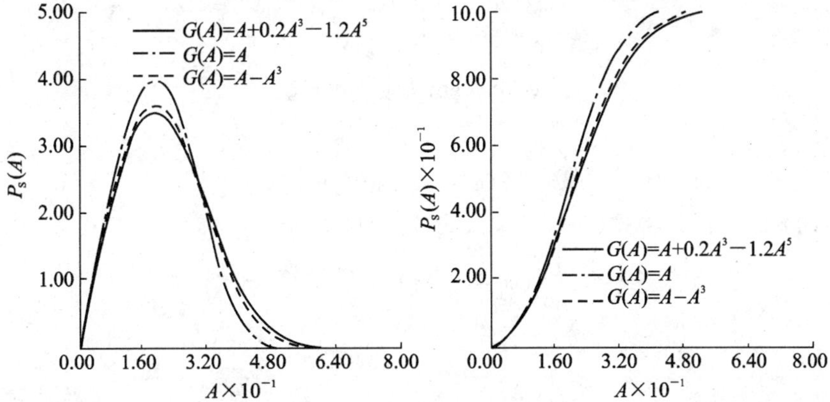

图 7-2　给定波谱随机波上具有 S 型稳性曲线船舶摇幅概率分布曲线

7.7.2　倾斜平台在随机波上的运动问题

从船舶在随机波上大幅横摇的概率分布求解过程及结果可以看出，阻尼函数 $f(\varphi,\dot{\varphi})$ 和复原力函数均为相对其原点反对称的奇函数。但是在有关浮式结构的运动问题中，有时会遇到偶函数的情况。这在船舶或海洋结构破损的情况下最易发生。下面就半潜平台由于严重破损进水，并发生倾斜的情况来讨论此问题。

对于立柱浮箱式平台，在因浮箱破损引起严重的纵倾，致使部分浮箱出水的情况下，其纵稳性曲线相对平衡位置(非正浮状态)将出现严重不对称情况。如用多项式拟合，则在多项式中，将出现偶次项。下面就讨论这一带有偶次项的方程在随机干扰下的响应问题。这一方程可以表示为

$$\ddot{\varphi}+\beta F(\dot{\varphi})+C_1\varphi-C_2\varphi^2=X(t) \tag{7-90}$$

为了计算这一响应的概率分布，仍然应用随机平均法和能量水平的表示式。首先要求相应的无阻尼自由振荡解，积下面方程的解：

$$\ddot{\psi}+C_1\psi-C_2\psi^2=0 \tag{7-91}$$

对此方程两边积分得到

$$\dot{\psi}^2=\frac{2C_2}{3}\left(\psi^3-\frac{3C_1}{2C_2}\psi^2+C\right) \tag{7-92}$$

这里，C 为一积分常数，令

$$f(\psi)=\psi^3-\frac{3C_1}{2C_2}\psi^2+C \tag{7-93}$$

由于考虑的是有限振幅的振荡，方程 $f(\psi)=0$ 应该有三个实根 ψ_1,ψ_2,ψ_3，并且 $\psi_1>\psi_2>\psi_3$。这样，方程(7-92)将有如下形式：

$$\dot{\psi}^2 = \frac{2C_2}{3}(\psi-\psi_1)(\psi-\psi_2)(\psi-\psi_3) \tag{7-94}$$

令

$$\psi = \psi_2 \sin^2\zeta + \psi_3 \cos^2\zeta \tag{7-95}$$

其导数为

$$\dot{\psi} = 2(\psi_2-\psi_3)\sin\zeta\cos\zeta\dot{\zeta} \tag{7-96}$$

这里 ζ 为时间 t 的函数。将式(7 - 95)代入式(7 - 94)得到

$$\dot{\zeta}^2 = \frac{C_2}{6}(\psi_1-\psi_3)\left(1-\frac{\psi_2-\psi_3}{\psi_1-\psi_3}\sin^2\zeta\right) \tag{7-97}$$

令

$$\sqrt{\frac{C_2}{6}(\psi_1-\psi_3)} = \omega_1,\lambda = \frac{\psi_2-\psi_3}{\psi_1-\psi_3} \tag{7-98}$$

则式(7 - 97)成为

$$\dot{\zeta} = \omega_1\sqrt{(1-k\sin^2\zeta)}$$

$$\mathrm{d}t = \frac{\mathrm{d}\zeta}{\omega_1\sqrt{1-k\sin^2\zeta}}$$

积分后得

$$\omega_1 t = \int_0^{\zeta}\frac{\mathrm{d}\zeta}{\omega_1\sqrt{1-k\sin^2\zeta}} \tag{7-99}$$

由雅可比椭圆函数的定义，有

$$\cos\zeta = \mathrm{cn}(\omega_1 t,k)$$

$$\sin\zeta = \mathrm{sn}(\omega_1 t,k)$$

方程(7 - 91)的解可写成

$$\psi = \psi_2 - H\mathrm{cn}^2(\omega_1 t,k) \tag{7-100}$$

其中

$$H = \psi_2 - \psi_3$$

由雅可比椭圆函数的定义，自由振荡周期为 $2K(k)$，$K(k)$ 为第一类完全椭圆积分

$$K(k) = \int_0^{\frac{\pi}{2}}\frac{\mathrm{d}\zeta}{\omega_1\sqrt{1-k\sin^2\zeta}} \tag{7-101}$$

振荡周期为

$$T = \frac{2K(k)}{\omega_1} = \frac{\sqrt{24}K(k)}{\sqrt{C_2(\psi_1-\psi_3)}}$$

这样，自由振荡的频率为

$$\omega = \frac{2\pi}{T} = \frac{\pi\omega_1}{K(k)} = \frac{\pi}{K(k)}\sqrt{\frac{C_2}{6}(\psi_1 - \psi_3)}$$

确定解的特性参数 k, H, ω_1 与方程(7-93)的根有关。这些根可以用 Cardan 方法求得。由于只讨论方程的实根,方程的系数与积分常数 C_1, C_2, C 必须满足下列关系式:

$$\frac{1}{4}\left(\frac{1}{4}\frac{C_1^3}{C_2^3} - C\right)^3 + \left(-\frac{1}{4}\frac{C_1^2}{C_2^2}\right)^3 < 0 \quad 或 \quad C < \frac{1}{2}\frac{C_1^3}{C_2^2}, C > 0 \tag{7-102}$$

根 ψ_1, ψ_2, ψ_3 可表示为

$$\psi_1 = \frac{C_1}{C_2}\cos\theta - \frac{1}{2}\frac{C_1}{C_2}$$

$$\psi_2 = \frac{C_1}{C_2}\cos\left(\theta + \frac{4\pi}{3}\right) - \frac{1}{2}\frac{C_1}{C_2}$$

$$\psi_3 = \frac{C_1}{C_2}\cos\left(\theta + \frac{2\pi}{3}\right) - \frac{1}{2}\frac{C_1}{C_2}$$

其中

$$\theta = \frac{1}{3}\cos^{-1}\left(4C\frac{C_2^3}{C_1^3} - 1\right)$$

由这些公式可以推导出振荡振幅 H 为

$$H = \psi_2 - \psi_3 = \frac{C_1}{C_2}\sqrt{3}\sin\theta$$

可以证明,积分常数 C 与 H 有关,即

$$C = \frac{1}{4}\frac{C_1^3}{C_2^3}\left[4\left(1 - \frac{C_2^2H^2}{3C_1^2}\right)^{\frac{3}{2}} - 3\left(1 - \frac{C_2^2H^2}{3C_1^2}\right)^{\frac{1}{2}} + 1\right]$$

椭圆函数的模 k 为

$$k = \frac{H}{\psi_1 - \psi_3} = \frac{2\sin\theta}{\sqrt{3}\cos\theta + \sin\theta}$$

由 H 的表达式可知

$$\theta = \sin^{-1}\left(\frac{C_2}{C_1}\frac{H}{\sqrt{3}}\right)$$

代入 k 的表达式得到

$$k = \frac{2}{1 + \sqrt{3}\left(\frac{C_1^2}{C_2^2} \cdot \frac{3}{H^2} - 1\right)^{\frac{1}{2}}}$$

为了求得 $\sin\theta_0(t)$ 和 $\cos\theta_0(t)$ 的表达式,对式(7-100)求导,可得到

$$\dot{\psi} = 2H\omega_1\,\mathrm{sn}(\omega_1, t, k)\,\mathrm{cn}(\omega_1, t, k)\,\mathrm{dn}(\omega_1, t, k) \tag{7-103}$$

应用关系式(7-55),并注意到

$$V=\int_0^{\psi_2}(C_1\psi-C_2\psi^2)\mathrm{d}\psi=C_1\frac{\psi_2^2}{2}-C_2\frac{\psi_2^3}{3}$$

得到如下表达式：

$$\sin\theta_0(t)=\frac{2H\omega_1}{\sqrt{C_1\dfrac{\psi_2^2}{2}-C_2\dfrac{\psi_2^3}{3}}}\mathrm{sn}(\omega_1,t)\mathrm{cn}(\omega_1,t)\mathrm{dn}(\omega_1,t) \tag{7-104}$$

$\cos\theta_0(t)$的关系式可以同样求得

$$\cos\theta_0(t)=\sqrt{\frac{\dfrac{1}{2}C_1\psi_2^2-\dfrac{1}{3}C_2\psi_2^3}{V}} \tag{7-105}$$

这里应注意，对这一类带有非对称性复原力项的方程，能量水平的表达式在不同的振荡方向上是不同的。这一性质将最后反映在振幅的概率分布中，但是它们能量水平在不同方向上将无区别。

将式(7-104)和式(7-105)用傅里叶级数展开为

$$\sin\theta_0(t)=\sum_{n=1}^{\infty}S_n\sin\frac{2n\pi t}{T}$$

$$\cos\theta_0(t)=\sum_{n=1}^{\infty}C_n\cos\frac{2n\pi t}{T}$$

从 $\sin\theta_0(t)$展开式的系数 S_n 可以求得解析表达式为

$$S_n=\frac{2n^2\omega_1\pi^3H}{kK^3(k)}\frac{1}{\sqrt{\dfrac{1}{2}C_1\psi_2^2-\dfrac{1}{3}C_2\psi_2^3}}\frac{q^n}{1-q^{2n}} \tag{7-106}$$

其中

$$q=\exp\left\{-\pi\frac{K(k_1)}{K(k)}\right\}\qquad k_1=1-k$$

但对 $\cos\theta_0(t)$则尚难得到这一类解析结果，只有采用数值计算求得。

在求得这些系数后，就可以应用式(7-73)～式(7-80)求出最后结果。图 7-3为某一半潜平台在给定波浪上的摇摆概率分布曲线。图中的直方图是采用时域模拟方法直接计算，然后统计得出的，两者符合良好。

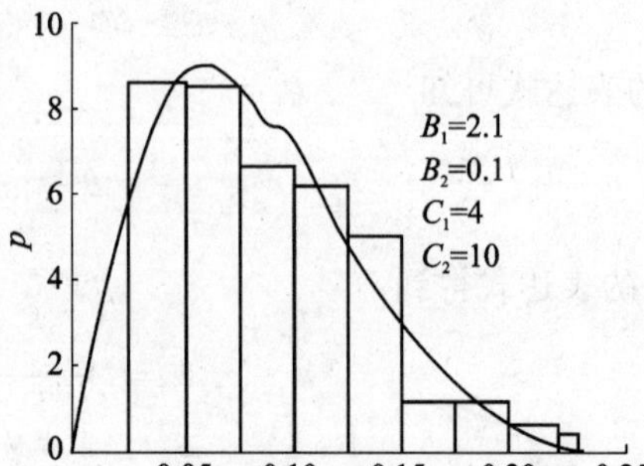

图 7-3 倾斜半潜平台在给定波谱随机波上摇摆概率分布曲线

7.8 应用状态方程与随机波浪的白噪声化处理非线性船舶随机波上运动问题

随机平均法可以处理部分随机波浪上的船舶与海洋结构运动的非线性问题,但它要求的条件并不总是满足的。因此,要充分利用马氏过程理论解决非线性响应问题的能力,就需要寻求更直接的方法。而要在船舶及海洋结构波浪上运动响应问题中应用马氏过程理论,关键是解决强记忆效应问题。这一记忆效应的来源主要是两个方面:一方面是船舶及海洋结构自身的巨大惯性所引起的运动相对外干扰的滞后效应;另一方面是波浪运动自身的缓变性。这两方面引起的强烈记忆效应使得应用马氏理论看起来是不可能的。但实际上,从运动微分方程来考察,对刚体(船舶和海洋结构)运动来讲,记忆表现在微分方程的高阶项上。如果方程是一阶的,则是无记忆的。从这一观点出发,如果将方程降至一阶,则使记忆减弱。一个高阶微分方程可以化成多个相互关联的一阶微分方程,但运动变量转化为一个多维矢量,其记忆效应将消失。这一方程就是通常所说的状态方程,即用一个响应的位移和速度作为变量,将一个单自由度二阶运动方程转化为两个相互关联的一阶二元联立方程。这一由位移和速度组成的方程就称为状态方程。另一个障碍是波浪的记忆效应。波浪的记忆具体表现在它的自协方差函数或波谱密度函数上。对于海上由于风暴引起的风浪,它们的自协方差函数具有有限长度的时间延滞,相应的谱具有有限的宽度。这些都表明其记忆是明显的。为了应用马尔科夫过程理论,Nekrasov 应用了脉冲响应或者滤波概念,将这一实际有色的海浪表示为白噪声过程通过某一给定滤波函数所产生的结果。由于这一处理方法,使他可以应用马尔科夫过程论的方法处理船舶在随机波上的大幅横摇运动问题。奈斯(A. Naess)应用类似的方法,研究了系泊浮式结构在随机波上的慢漂运动问题,并在具体求解中,应用了所谓路径积分法。此外,在最吸引造船工程技术人员关注的船舶在海上由于波浪引起的倾覆问题的研究中,也有采用类似想法的尝试。由于这是一个相对新的领域,发展很快,当然也存在不足之处。相信会有不少新的发展结果发表。本书基本包含了 20 世纪 90 年代以前的研究成果,但不是完全的。下面就这一方法的基本理论、研究步骤以及一些重要的应用进行介绍。

7.8.1 船舶与海洋结构随机波浪上运动的时域模型

船舶与海洋结构在波浪上的运动,从力学分析,涉及到刚体动力学和流体力学两个方面,但它们相互融合,形成了一个十分复杂的力学问题。不论是刚体力学方面还是流体力学方面都是非线性的。因此,为了工程需要,写出简单的运动微分方程,必须作较多的假定。在工程应用范围内,长期以来都是应用基于摄动方法的线性化理论。到目前为止,全面考虑各种因素的船舶在波浪上运动的非线性方程很少应用,一般或多或少都作了一定的简化。下面就目前一般应用的、考虑了部分非线性因素的方程作一介绍。

船舶在波浪上的运动有六个运动自由度,并应以六个自由度的联立方程表示。但随着船舶与波浪方向间的变化,这六个运动模态的重要性不是等同的。在船舶横向对波浪或纵向对波浪的情况下,由于船形的左右对称,将主要出现横向运动或纵向运动模态,其他的运动或为零或很微弱,可以略去。为了简便,作为例子,下面将只考虑船舶横向对波浪的情况。在船的重心位置适中时,船的横摇角运动将与其横荡运动以及垂荡运动不耦合,因此可以考虑单自由度船舶横摇运动的情况。这样可使问题大大简化。一般说来,在考虑非线性的情况下,作用在船舶上的各成分力,均应是相互有关的,应写成

$$m\ddot{\varphi} = F(\varphi, \dot{\varphi}, \ddot{\varphi}; \tau, t) \tag{7-107}$$

式中,$F(\varphi, \varphi, \varphi; \tau, t)$为所有作用于船体上的外力,与船的运动以及外干扰力有关。这一函数目前还无法写出其完善的表达式。为了简化,这里只考虑船舶的单自由度横摇问题。运动方程在不计入流体反力的记忆效应的情况下可写成

$$(J_{44} + \Delta J_{44})\ddot{x}_{44}(t) + \lambda_{44}^{(1)}\dot{x}_{44}(t) + \lambda_{44}^{(2)}\dot{x}_{44}(t) \mid \dot{x}_{44}(t) \mid + D[C_1 x_{44}(t) + C_3 x_{44}(t)] = M_{44}\zeta(t) \tag{7-108}$$

式中:J_{44}为船舶横向转动惯量;ΔJ_{44}为附加转动惯量;$\lambda_{44}^{(1)}$和$\lambda_{44}^{(2)}$分别为一阶和二阶阻尼系数;C_1和C_3为一阶和三阶复原力系数,一般三阶系数应为负;D为船舶排水量;M_{44}为波浪干扰力系数;$\zeta(t)$为输入波浪的实现,为一个平稳随机过程。

这是一个一维非齐次非线性二阶常微分方程,受某一随机过程激励。为了求解此方程,首先将外干扰化成白噪声的形式。由第3章式(3-61)可以知道,一个有色噪声过程可以通过对白噪声进行适当的滤波来得到。如果能找到一个动力系统,其系统的脉冲响应函数正好是所要求的滤波函数,则这一滤波过程就相当于白噪声对这个动力系统的输出。作为一个最简单的情况,这个动力系统相当于一个二阶常系数线性微分方程,则过程$\zeta(t)$可以写成如下微分方程的解:

$$\ddot{\zeta}(t) + \alpha\dot{\zeta}(t) + \beta\zeta(t) = \gamma\varepsilon(t) \tag{7-109}$$

式中,α和β为控制滤波函数特性的参数。这一方程如要应用马氏过程理论还必须将其转化为多维状态方程的形式,即将船舶摇荡运动表示为位移和速度组成的矢量。同样,将$\zeta(t)$表示为$\zeta(t)$和$\dot{\zeta}(t)$组成的矢量。这样,原来的一维二阶微分方程就改写为由以上四个分量组成的四维一阶微分方程组。令

$$x_1(t) = x_{44}(t), x_2(t) = \dot{x}_{44}(t), x_3(t) = \zeta(t), x_4(t) = \dot{\zeta}(t)$$

$$\begin{cases} \dot{x}_1 = x_2 \\ \dot{x}_2 = -\dfrac{\lambda_{44}^{(1)}}{J_{44} + \Delta J_{44}} x_2 - \dfrac{\lambda_{44}^{(2)}}{J_{44} + \Delta J_{44}} x_2 \mid x_2 \mid - \dfrac{DC_1}{J_{44} + \Delta J_{44}} x_1 - \dfrac{DC_3}{J_{44} + \Delta J_{44}} x_1^3 + M_{44} x_3 \\ \dot{x}_3 = x_4 \\ \dot{x}_4 = -\alpha x_4 - \beta x_3 + \gamma\varepsilon(t) \end{cases} \tag{7-110}$$

与式(7-21)比较，方程可以改写成伊藤随机微分方程的形式

$$\mathrm{d}\boldsymbol{X}=\boldsymbol{m}(\boldsymbol{X},t)\mathrm{d}t+\boldsymbol{Q}(\boldsymbol{X},t)\mathrm{d}W(t) \tag{7-111}$$

其中

$$\boldsymbol{X}(t)=\begin{pmatrix}x_1(t)\\x_2(t)\\x_3(t)\\x_4(t)\end{pmatrix}=\begin{pmatrix}x_{44}(t)\\\dot{x}_{44}(t)\\\zeta(t)\\\dot{\zeta}(t)\end{pmatrix}$$

漂移系数为

$$\boldsymbol{m}(\boldsymbol{X},t)=\begin{pmatrix}m_1(\boldsymbol{X},t)\\m_2(\boldsymbol{X},t)\\m_3(\boldsymbol{X},t)\\m_4(\boldsymbol{X},t)\end{pmatrix}=$$

$$\begin{pmatrix}x_2\\-\dfrac{\lambda_{44}^{(1)}}{J_{44}+\Delta J_{44}}x_2-\dfrac{\lambda_{44}^{(2)}}{J_{44}+\Delta J_{44}}x_2\mid x_2\mid-\dfrac{DC_1}{J_{44}+\Delta J_{44}}x_1-\dfrac{DC^3}{J_{44}+\Delta J_{44}}x_1^3+M_{44}x^3\\-\alpha x_4-\beta x_3\end{pmatrix} \tag{7-112}$$

扩散系数矩阵 $\boldsymbol{Q}(\boldsymbol{X},t)$则为

$$\boldsymbol{Q}(\boldsymbol{X},t)=\begin{pmatrix}Q_1(\boldsymbol{X},t)\\Q_2(\boldsymbol{X},t)\\Q_3(\boldsymbol{X},t)\\Q_4(\boldsymbol{X},t)\end{pmatrix}=\begin{pmatrix}0\\0\\0\\\gamma\end{pmatrix} \tag{7-113}$$

方程(7-111)以及所有的系数表达式，建立了求解船舶在给定随机波上横摇的随机微分方程组。可以应用前面介绍过的马尔科夫过程论求其在时间域内的运动过程的转移概率，特别是在给定初始分布的条件下可求其随时间的概率分布。

7.8.2 时域随机微分方程与路径积分法

式(7-111)的求解实际上是通过其相应的偏微分方程进行的。由7.3节中可知，对于方程(7-111)的转移概率密度函数 $p(s,x;t,y)$或在矢量过程的情况下 $p(s,\boldsymbol{X},t,\boldsymbol{X}')=\mathrm{Prob}\{\boldsymbol{X}(s)\in A|\boldsymbol{X}(t)=\boldsymbol{X}'|\}=\int\cdots\int_A p(s,\boldsymbol{X},t,\boldsymbol{X}')\mathrm{d}\boldsymbol{X}'$满足如下的多维(矢量维数)偏微分方程组：

$$\frac{\partial p}{\partial s}+\nabla_y\cdot(mp)-\frac{1}{2}\sum_{i,j=1}^{4}\frac{\partial^2(q_{ij}p)}{\partial y_i\partial y_j}=0$$

这一偏微分方程组在给定初始分布和相应边界条件的情况下，惟一地确定了过程转移概率在时

间域内的变化。可以通过求解这一偏微分方程解决和掌握过程在整个概率时域内的分布问题。

求解 Fokker-Planck 柯尔莫哥洛夫方程不是一件容易的事。在过去主要考虑求其解析解对一些比较简化的问题,有可能找到解析解;但工程上的问题涉及面广,如果过于简化,则难以得到有用的信息。近代计算机和计算技术的发展,为求解这一偏微分方程提供了方便的工具。但是到目前,即使是利用计算技术,对某些实际问题来说,计算量和计算速度的问题,仍须考虑。但无论如何,这一方程提供了求解问题的道路。

对于在船舶耐波性中的一个经典性问题,在前面已经给出了其基本方程。列出其相应的 Fokker-Planck 柯尔莫哥洛夫方程为

$$\frac{\partial}{\partial t'}p(\boldsymbol{X},t,\boldsymbol{X}',t') = -\sum_{i=1}^{4}\frac{\partial}{\partial x_i}m_i(\boldsymbol{X}')p(\boldsymbol{X},t,\boldsymbol{X}',t') + \frac{1}{2}\sum_{i=1}^{4}\sum_{j=1}^{4}\frac{\partial^2}{\partial x^2}g_{ij}(\boldsymbol{X}')p(\boldsymbol{X},t,\boldsymbol{X}',t') \tag{7-114}$$

式中:$m_i(\boldsymbol{X}')$为漂移系数;$g_{ij}(\boldsymbol{X}')$为扩散矩阵的矩阵元素,即

$$\boldsymbol{G}(\boldsymbol{X}') = (g_{ij}(\boldsymbol{X}')) = \boldsymbol{Q}(\boldsymbol{X}')\boldsymbol{Q}(\boldsymbol{X})^{\mathrm{T}} = \sum_{k=1}^{m} q_{ik}q_{jk}$$

相应的漂移系数和扩散系数已由式(7-112)和(7-113)给出。对此方程可以在给定初始概率分布及相应的边界条件下求解。显然,这一方程的求解是十分复杂的。作为一个应用例子,介绍其简单方程的求解过程以及所得到的最终结果。

1. 随机波上横摇的非线性运动的简化微分方程

船舶在给定随机波上的、直到倾覆的大幅度横摇可用一个四元非线性方程表示。这已在有关文献中给出。目前主要是探讨路径积分法在倾覆问题上的可用性。为了便于讨论,暂不考虑波浪的有色性质,即假定波浪为白噪声。这样将不会影响得到的结论,还可大大地减少计算工作量。将方程降至二元

$$\ddot{\theta} + 2\xi\omega_0\dot{\theta} + \omega_0^2\theta(1 + C_3\theta^2) = \gamma\varepsilon(t) \tag{7-115}$$

式中:θ为船横摇倾角;$2\xi\omega_0$为线性阻尼系数;ω_0为横摇自摇频率;C_3为三次方复原力系数;$\varepsilon(t)=\dfrac{\mathrm{d}W(t)}{\mathrm{d}t}$为白噪声,$W(t)$为维纳函数。

式(7-115)中的右端为波浪作用的干扰力矩,在此近似看作一个白噪声过程$\varepsilon(t)$。将原方程转化为状态方程,可以得到随机微分方程

$$\begin{cases}\dot{x}_1 = x_2\\ \dot{x}_2 = -2\xi\omega_0 x_2 - \omega_0^2 x_1(1 + C_3 x_1^2) + \gamma\varepsilon(t)\end{cases} \tag{7-116}$$

其中:$x_1=\theta$;$x_2=\dot{\theta}$。将方程写成随机微分方程的形式

$$\mathrm{d}\boldsymbol{X} = \boldsymbol{m}(\boldsymbol{X},t)\mathrm{d}t + \boldsymbol{Q}(\boldsymbol{X},t)\mathrm{d}W(t)$$

漂移系数矩阵为

$$\boldsymbol{m}(\boldsymbol{X},t)=\begin{pmatrix}m_1(\boldsymbol{X},t)\\ m_2(\boldsymbol{X},t)\end{pmatrix}=\begin{pmatrix}x_2\\ -2\xi\omega_0x_2-\omega_0^2x_1(1+C_3x_1^2)\end{pmatrix} \tag{7-117}$$

扩散系数矩阵为

$$\boldsymbol{Q}(\boldsymbol{X},t)=\begin{pmatrix}Q_1(\boldsymbol{X},t)\\ Q_2(\boldsymbol{X},t)\end{pmatrix}=\begin{pmatrix}0\\ \gamma\end{pmatrix} \tag{7-118}$$

$$\boldsymbol{G}(\boldsymbol{X})=(g_{ij}(\boldsymbol{X}))=\boldsymbol{Q}(\boldsymbol{X},t)\boldsymbol{Q}(\boldsymbol{X},t)^{\mathrm{T}}=\begin{pmatrix}0&0\\ 0&\gamma^2\end{pmatrix} \tag{7-119}$$

可以证明过程的转移概率(TPD) $p(\boldsymbol{X},t,\boldsymbol{X}',t')$ 为在下列初始条件为 δ 函数情况下,Fokker-Planck 柯尔莫哥洛夫方程的解

$$\frac{\partial}{\partial t}p(\boldsymbol{X},t,\boldsymbol{X}',t')=-\sum_{i=1}^{n}\frac{\partial}{\partial y_i}m_i(\boldsymbol{X})p(\boldsymbol{X},t,\boldsymbol{X}',t')+\frac{1}{2}\sum_{i=1}^{n}\sum_{j=1}^{n}\frac{\partial^2}{\partial y_i\partial y_j}g_{ij}(\boldsymbol{X})p(\boldsymbol{X},t,\boldsymbol{X}',t') \tag{7-120}$$

为了考察应用路径积分法求解一次通过问题的可用性,应将所得到的结果与精确解作比较。由于对倾覆这一类问题无法得到严格的解析结果,因此只能用不同的数值计算方法的结果作为比较的依据。为此应用有限差分法求解 Fokker-Planck 柯尔莫哥洛夫方程(7-120)。在二元的情况下,式(7-120)为

$$\frac{\partial p}{\partial t}=-\frac{\partial m_1p}{\partial x_1}-\frac{\partial m_2p}{\partial x_2}+\frac{1}{2}\frac{\partial^2g_{22}p}{\partial x_2^2} \tag{7-121}$$

或

$$\frac{\partial p}{\partial t}=-m_1\frac{\partial p}{\partial x_1}-m_2\frac{\partial p}{\partial x_2}-\Delta m_2p+\frac{g_{22}}{2}\frac{\partial^2p}{\partial x_2^2} \tag{7-122}$$

其中,$\Delta m_2=\dfrac{\partial m_2}{\partial x_2}$。引入一个加权数($0\leqslant\rho\leqslant1$),线性组合使用显式和隐式五点差分格式,将式(7-122)简化为

$$\begin{aligned}\frac{p_{ij}^{k+1}-p_{ij}^{k}}{\delta t}=&\rho\Bigg(-m_{ij}^{(1)}\frac{p_{i+1j}^{k+1}-p_{i-1j}^{k+1}}{2\delta x_1}-m_{ij}^{(2)}\frac{p_{ij+1}^{k+1}-p_{ij-1}^{k+1}}{2\delta x_2}-\Delta m_{ij}^{(2)}p_{ij}^{k+1}+\frac{g_{22}}{2}\cdot\\&\frac{p_{ij+1}^{k+1}-2p_{ij}^{k+1}+p_{ij-1}^{k+1}}{(\delta x_2)^2}\Bigg)+(1-\rho)\Bigg(-m_{ij}^{(1)}\frac{p_{i+1j}^{k}-p_{i-1j}^{k}}{2\delta x_1}-m_{ij}^{(2)}\frac{p_{ij+1}^{k}-p_{ij-1}^{k}}{2\delta x_2}-\\&\Delta m_{ij}^{(2)}p_{ij}^{k}+\frac{g_{22}}{2}\frac{p_{ij+1}^{k}-2p_{ij}^{k}+p_{ij-1}^{k}}{(\delta x_2)^2}\Bigg)\end{aligned} \tag{7-123}$$

令 $s_1=\dfrac{\delta t}{2\delta x_1}$,$s_2=\dfrac{\delta t}{2\delta x_2}$,$r=\dfrac{\delta t}{2(\delta x_2)^2}$,可将式(7-123)进一步简化为

$$\begin{aligned}&\rho s_1m_{ij}^{(1)}p_{i+1j}^{k+1}-\rho s_1m_{ij}^{(1)}p_{i-1j}^{k+1}+\rho(s_2m_{ij}^{(2)}-rg_{22})p_{ij+1}^{k+1}-\\&\rho(s_2m_{ij}^{(2)}+rg_{22})p_{ij-1}^{k+1}+(1+\rho\delta t\Delta m_{ij}^{(2)}+2\rho rg_{22})p_{ij}^{k+1}=f_{ij}^{k}\end{aligned} \tag{7-124}$$

$$f_{ij}^{k}=-(1-\rho)s_1m_{ij}^{(1)}p_{i+1j}^{k}+(1-\rho)s_1m_{ij}^{(1)}p_{i-1j}^{k}-(1-\rho)(s_2m_{ij}^{(2)}-rg_{22})p_{ij+1}^{k}+$$

$$(1-\rho)(s_2 m_{ij}^{(2)}+rg_{22})p_{ij-1}^k+[1-(1-\rho)\delta t\Delta m_{ij}^{(2)}-2(1-\rho)rg_{22}]p_{ij}^k \tag{7-125}$$

式(7－125)可写成如下的差分形式：

$$\begin{aligned}&a_{ij}p_{i+1j}^{k+1}+b_{ij}p_{i-1j}^{k+1}+c_{ij}p_{ij+1}^{k+1}+d_{ij}p_{ij-1}^{k+1}+e_{ij}p_{ij}^{k+1}=\\&a'_{ij}p_{i+1j}^{k}+b'_{ij}p_{i-1j}^{k}+c'_{ij}p_{ij+1}^{k}+d'_{ij}p_{ij-1}^{k}+e'_{ij}p_{ij}^{k}\end{aligned} \tag{7-126}$$

其中：

$$\left.\begin{aligned}a_{ij}&=\rho s_1 m_{ij}^{(1)}\\b_{ij}&=-\rho s_1 m_{ij}^{(1)}\\c_{ij}&=\rho(s_2 m_{ij}^{(2)}-rg_{22})\\d_{ij}&=-\rho(s_2 m_{ij}^{(2)}+rg_{22})\\e_{ij}&=1+\rho\delta t\Delta m_{ij}^{(2)}+2\rho rg_{22}\\a'_{ij}&=-(1-\rho)s_1 m_{ij}^{(1)}\\b'_{ij}&=(1-\rho)\rho s_1 m_{ij}^{(1)}\\c'_{ij}&=-(1-\rho)(s_2 m_{ij}^{(2)}-rg_{22})\\d'_{ij}&=(1-\rho)(s_2 m_{ij}^{(2)}+rg_{22})\\e'_{ij}&=1-(1-\rho)\delta t\Delta m_{ij}^{(2)}-2(1-\rho)rg_{22}\end{aligned}\right\} \tag{7-127}$$

应用有限差分法对方程(7－115)求解，分别对两组不同的方程参数进行计算，考虑以计算边界为边界。计算时的网格划分为 51×51，时间步长为 $\tau=0.01$ s。计算结果如图 7－4 所示。

第一组参数：$\xi=0.5$，$\omega_0=1.0$，$C_3=0.2$，$\gamma=1.0$。

第二组参数：$\xi=0.5$，$\omega_0=1.0$，$C_3=-0.2$，$\gamma=1.0$。

图 7－4 和图 7－5 为在计算 200 s 时刻时，得到的该时刻的概率分布函数。由于计算从原点处给定的脉冲形式的概率分布函数开始，所以最后给出的结果为一般意义上的概率分布函数，而非转移概率密度分布。

图 7－4　第一组参数在 200 s 时的概率分布图

图 7－5　第二组参数在 200 s 时的概率分布图

为了直观地显示在这一时域中计算的横摇概率密度函数的变化，给出了在 0.0 s，2.0 s，6.0 s和 10.0 s时的概率分布函数，如图 7－6 所示。这一图形用等高线形式表示。图面上每

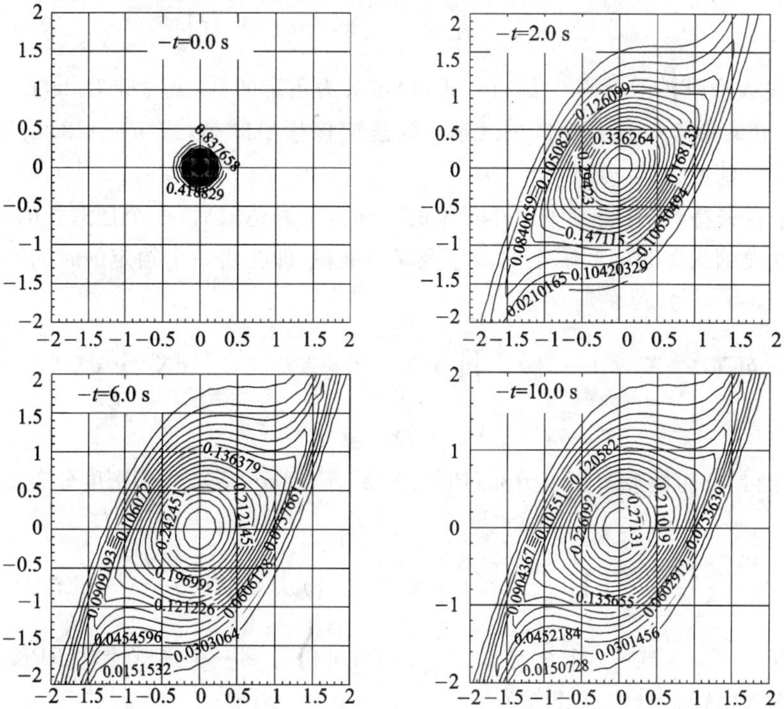

图 7－6　概率分布随时间的变化

一个坐标点代表一个位移和速度的组合。横坐标为位移，纵坐标为速度。图中的线代表等高线位置。可以看出，在原始时刻运动集中于初始位置，但迅速分散。

2. 应用路径积分法求解 Fokker-Planck 柯尔莫哥洛夫方程

求解 Fokker-Planck 柯尔莫哥洛夫方程十分困难，特别在多维的情况，很难用数值方法求解；虽然从理论上讲是可能的，但计算量和程序工作量都不是轻易能解决的。高维数的有限差分法计算中的技术问题也很多，如计算的稳定性等。特别是这一计算是在时间域内进行的，而且一定要有适当的时间长度，结果才是可用的。因此，为了实用化，还必须在计算方法上另想办法。奈斯引入了所谓的路径积分法，可以在损失微小精度的条件下，大大降低计算工作量。下面介绍路径积分法。

可以证明，对小的 $\tau(\tau=t-t')$，方程(7－114)确定的转移概率密度函数由下式给出，其表达式精确至 τ^2（奈斯，1993）：

$$p(\boldsymbol{X},t+\tau,\boldsymbol{X}',t')=\sum_{i=1}^{r}\delta[x_i-x'_i-m_r(\boldsymbol{X}')\tau]\cdot(2\pi\tau)^{-\frac{(n-2)}{2}}\det[\widetilde{\boldsymbol{G}}(\boldsymbol{X}')]^{-\frac{1}{2}}\times$$

$$\exp\left\{-\frac{1}{2\tau}\sum_{i=r+1}^{n}\sum_{j=r+1}^{n}[x_i-x'_i-m_i(\boldsymbol{X}')\tau]\times\right.$$

$$\left.[\widetilde{\boldsymbol{G}}(\boldsymbol{X}')^{-1}]_{(i-r)(j-r)}[x_j-x'_j-m_j(\boldsymbol{X}')\tau]\right\} \tag{7-128}$$

式中：$\det\widetilde{\boldsymbol{G}}$ 代表降阶扩散矩阵 $\widetilde{\boldsymbol{G}}$ 的行列式，假定其为正定的话，就意味着 $\det\widetilde{\boldsymbol{G}}>0$；$[\widetilde{\boldsymbol{G}}^{-1}]_{ij}$ 代表在位置 i,j 处的矩阵 $\widetilde{\boldsymbol{G}}$ 的逆矩阵的元素。这里应该指出的是，式(7-128)给出的转移概率(TPD)只是精确到 τ^2。

利用马尔科夫特性，在得到一个小步长的转移概率表达式后，一个任意长的时间间隔上的转移概率就可表示成短时间间隔上的转移概率的乘积，即在将一个给定的时间间隔(t,t')分成 N 个长度为 $\tau=(t-t')/N$ 的时间段后，有

$$p(\boldsymbol{X},t\mid\boldsymbol{X}',t')=\int\cdots\int_{R^{n(N-1)}}\prod_{j=1}^{N}p(\boldsymbol{X}^{(j)},t_j\mid\boldsymbol{X}^{(j-1)},t_{j-1})\mathrm{d}\boldsymbol{X}^{(1)}\cdots\mathrm{d}\boldsymbol{X}^{(N-1)} \tag{7-129}$$

式中：$t_j=t'+j\tau, t=t^N, \boldsymbol{X}=\boldsymbol{X}^{(N)}, t'=t_0, \boldsymbol{X}'=\boldsymbol{X}^{(0)}$

同样的，当具有初始概率密度分布(PDF) $f(\boldsymbol{X}',t')=w(\boldsymbol{X}')$，概率密度分布函数 $f(\boldsymbol{X},t)$ 可写成

$$f(\boldsymbol{X},t)=\int\cdots\int_{R^{nN}}\prod_{j=1}^{N}p(\boldsymbol{X}^{(j)},t_j\mid\boldsymbol{X}^{(j-1)},t_{j-1})\times w(\boldsymbol{X}^{(0)})\mathrm{d}\boldsymbol{X}^{(0)}\cdots\mathrm{d}\boldsymbol{X}^{(N-1)} \tag{7-130}$$

联立式(7-128)与式(7-129)或式(7-130)，可以得到一个形式上的 FPK 方程的解，这种方法通常称为路径积分法(PIS 法)。

PIS 法求解 FPK 方程是一种近似方法。应用 PIS 法时，认为在一小段时间间隔 τ 内，系统概率分布随时间的变化是线性的；从其表达式(7-128)可以看出，这一表达式精确至 τ^2，而忽略更高阶的影响。由于在实际计算中所取的时间步长与船舶横摇的特征时间相比是一个小量，因此这种简化不会带来很大的误差。

PIS 法与物理模型之间的联系是通过系数 $m_j(\cdot)$ 及 $q_{i,j}(\cdot)$ 实现的。通过 $m_j(\cdot)$ 及 $q_{i,j}(\cdot)$，最初的动力系统被表示为状态空间中概率分布的漂移和扩散过程。$m_j(\cdot)$ 及 $q_{i,j}(\cdot)$ 反映了物理模型的动力特性，包括非线性特性，而概率密度分布函数在时间上的变化如 PIS 法所表示的那样，是直接由这些系数显式确定。这是 PIS 法的非常重要的优点。

应用 PIS 法求解系统概率分布的数值计算方法是由基于 Chapman-Kolmogorov 方程

$$p(x^{(j)},t_j\mid x',t')=\int\cdots\int_{R^n}p(x^{(j)},t_j\mid x^{(j-1)},t_{(j-1)})\times p(x^{(j-1)},t_{j-1}\mid x',t')\mathrm{d}x^{(j-1)} \tag{7-131}$$

的迭代过程获得的。

式(7-128)表明，系统在时刻 t_j 的概率分布函数可以看作是系统在时刻 t_{j-1} 的概率分布

函数通过两步变换得到的。首先，状态空间中某一点 $\boldsymbol{X}$ 处的概率分布平移到点 $\boldsymbol{X}+\boldsymbol{m}[\boldsymbol{X}]$ 处，然后由于随机外力作用的影响这一概率分布在状态空间的 $n-r, n-r+1, \cdots, n$ 维方向上发生重新分布。根据这一理解，在实际计算中首先求得在时刻 t_j 漂移到各个网格点上的时刻 t_{j-1} 的各点的概率分布，然后将这一概率分布按扩散系数决定的规律在各个网格点上重新分布，即可得到时刻 t_j 的概率分布。

对于一个特定的问题，时间步长的选择同样是一个很重要的问题。为了简化说明，假定方程(7-120)为标量方程，则对小的 τ，条件平均值为

$$\mathrm{E}[X(t+\tau)-X(t)\mid X(t)=x]\approx m(x)\tau$$

条件标准差为

$$\mathrm{STD}[X(t+\tau)-X(t)\mid X(t)=x]\approx Q(x)\tau$$

平均值及标准差可以看作与方程(7-120)中确定性的漂移项及随机的扩散项有关的特征长度。为了确定 τ，要求过程的随机性比确定性有更多的影响。本文中采用的时间增量的选取准则是 $\tau\leqslant c\cdot\tau_c$。这里特征时间长度由下式决定：

$$\tau_c=\min\{m(x)^2/Q(c)^2 : x \text{ 使得 } \mathrm{PDF}(x)\geqslant 10^{-6}\}$$

很难给出一个普遍适用的 c 值，但在很多情况下可取 $c=0.3$。

7.9　关于船舶在随机波上倾覆概率问题的讨论

船舶在随机海浪作用下倾覆是一个十分复杂的随机过程，不仅与船舶本身的特性有关，而且与波浪外载荷的统计特性密切相关。离开船舶倾覆这一随机特性建立起来的任何倾覆衡准体系都将是片面的、不完全的。倾覆一旦发生，船舶就不可能再恢复到原先的未倾覆状态，因此船舶倾覆问题是一个典型的首次通过(first passage)问题。应用首次通过的概念可以求得随机波作用下船舶倾覆前时间的概率分布。而这一分布与确定的船舶横摇运动的安全边界密切相关。这里将介绍首次通过问题的一般理论，然后进一步介绍确定安全边界的方法。

1. 首次通过基本理论

用首次通过问题的基本理论讨论过程中断的问题，或者说是研究随机过程由起始点开始，发展到超过某一指定水平的过程。

首先讨论一维的情况。设 $X(t)$ 为一个马尔科夫过程，其初始分布为

$$f(x,t_0)=f_0(x) \tag{7-132}$$

这里过程定义在 $x_1\leqslant x\leqslant x_2$ 上，过程达到边界 $x=x_1$ 或 $x=x_2$ 所需的时间为 t_{fp}。由于过程的随机性，这个首次通过在不同"实现"上将发生在不同时刻，因此，首次通过时间为

$$\tau_{fp}=t_{fp}-t_0 \tag{7-133}$$

本身亦为一个随机变量。

对于扩散过程，FPK 方程中的系数 K_1,K_2 与时间无关。同时，不考虑那些开始取边界值 x_1 及 x_2 的随机过程 $X(t)$的"实现"，对其余的"实现"用其概率密度 $f(x,t)$描述，并令

$$\Delta p = f(x,t)\Delta x + O[(\Delta x)^2] \tag{7-134}$$

为过程 $X(t)$在时间 t 取$[x,x+\Delta x]$间隔内的值，并在时间间隔$[t,t_0]$内没有达到边界 x_1 及 x_2 的概率，则积分

$$F(t) = \int_{x_1}^{x_2} f(x,t)\mathrm{d}x \tag{7-135}$$

为在时间间隔$[t_0,t]$内未达到边界的概率。

当还没有"实现"达到边界时，显然有

$$F(t_0) = 1 \tag{7-136}$$

在以后的时间里，这一正规化条件将不适用。越来越多的"实现"由于到达边界而从统计中被除去，最后所有的轨迹达到边界，因此

$$F(\infty) = 0 \tag{7-137}$$

在间隔$[x_1,x_2]$内，概率密度 $f(x,t)$由通常的 FPK 方程描述。$f(x,t)$在边界处应为零，即

$$f(x_1,t) = f(x_2,t) = 0, \qquad t > t_0 \tag{7-138}$$

这样，由初始条件式(7-132)及边界条件式(7-138)惟一决定 FPK 方程的解 $f(x,t)$。在求得 $f(x,t)$以后，就可以计算在时间间隔$[t_0,t]$内首次达到边界的概率

$$F_0(t) - F(t) = 1 - F(t) \tag{7-139}$$

对式(7-139)求导，得到首次通过时间的概率分布为

$$f(\tau_{fp}) = -\frac{\mathrm{d}f}{\mathrm{d}t}(t_0 + \tau_{fp}) \tag{7-140}$$

应用式(7-140)可以计算首次通过时间的各阶矩为

$$\mathrm{E}[\tau_{fp}^n] = -\int_{\tau_{fp}}^{\infty} \tau_{fp}^n \mathrm{d}F(t_0 + \tau_{fp}) \tag{7-141}$$

应用分部积分，可以得到

$$\mathrm{E}[\tau_{fp}^n] = -\left[\tau_{fp}^n F(t_0 + \tau_{fp})\Big|_{\tau_{fp}=0}^{\infty} - \int_{\tau_{fp}=0}^{\infty} n\tau_{fp}^{n-1} F(t)\mathrm{d}t\right] \tag{7-142}$$

由于 $F(\infty)=0$，式(7-142)式中的第一项为零，故有

$$\mathrm{E}[\tau_{fp}^n] = M_n(x_0) = n\int_0^{\infty} \tau_{fp}^{n-1} F(t)\mathrm{d}t \tag{7-143}$$

如果取初始条件为一个固定的坐标处的 δ 函数，即 $f_0(x)=\delta(x-x_0)$，则 $f(x,t)$正好是转移概率 $p_{tt_0}(x,x_0)$，满足 FPK 方程及边界条件

$$p_{tt_0}(x,x_0) = 0, \qquad x = x_1,x_2 \tag{7-144}$$

显然

$$F(x,x_0)=\int_{x_1}^{x_2}p_{tt_0}(x,x_0)\mathrm{d}x \tag{7-145}$$

应用式(7-145)对 FPK 方程由 x_1 至 x_2 积分,得到

$$\frac{\partial F}{\partial t}=K_1(x_0)\frac{\partial F}{\partial x_0}+\frac{1}{2}K_2(x_0)\frac{\partial F}{\partial x_0} \tag{7-146}$$

对式(7-146)乘以 τ_{fp}^n,并对 t 由 t_0 至∞积分,根据式(7-144),(7-137),(7-138)可得

$$-nM_{n-1}=K_1(x_0)\frac{\mathrm{d}M_n}{\partial x_0}+\frac{1}{2}K_2(x_0)\frac{\mathrm{d}^2M_n}{\mathrm{d}x^2},\qquad n=1,2,\cdots \tag{7-147}$$

由式(7-143)可以得到

$$-M_0(x_0)=1 \tag{7-148}$$

式(7-148)可以循环逐次生成 M_n,即首先解出 M_1,然后解出 M_2,……其相应的边界条件为

$$M_n(x_2)=0,\quad M_n(x_1)=0$$

对于 $M_1(x_0)$,式(7-147)可写为

$$-n=K_1(x_0)\frac{\mathrm{d}M_1}{\partial x_0}+\frac{1}{2}K_2(x_0)\frac{\mathrm{d}^2M_1}{\mathrm{d}x^2} \tag{7-149}$$

可以看出式(7-149)的一般形式的解。这样,即可在不解非平稳的 FPK 方程的前提下求出任一初始分布的平均首次通过时间。实际上,将式

$$f(x,t)=\int_{x_1}^{x_2}p_{tt_0}(x,x_0)f_0(x_0)\mathrm{d}x_0$$

代入式(7-135)和式(7-141),对于 $n=1$ 有

$$\mathrm{E}[\tau_{fp}]=\int_{x_1}^{x_2}M_1(x_0)f_0(x_0)\mathrm{d}x_0 \tag{7-150}$$

上面的讨论可以推广到多维的情况。

这样,将首次通过的概念应用到船舶稳性研究领域,就可以求出船舶倾覆前时间的概率分布,并可以将其作为衡量船舶稳性好坏的标准。

实际上,在关于船舶倾覆问题的讨论中,有关倾覆概率的定义不是很明确。船舶的倾覆是一个不可再现的事件,因此不可能用通常的概念来定义倾覆概率。显然,说一条船在给定随机波浪上的倾覆次数是没有意义的。只有考虑船舶在给定随机波上不倾覆所能维持的时间才是有意义的。如果把倾覆不发生的时间或倾覆前的时间与可能发生倾覆的概率相联系,则这个随机变量可以很好地反映发生倾覆这一随机事件的统计特征。设想在一个给定长度的随机波列上,一条船可能发生倾覆的概率为一个给定数值。这一数值可以理解为在长度相同、统计特征相同而又相互独立的波浪"实现"上的试验结果。这一试验的约定是,在倾覆发生后试验立

即终止。显然，同一条船在具有相同统计特征的波列上，时间越长，发生倾覆的可能即倾覆概率越大；而不同的船在同一长度内，其发生倾覆的可能越大则表示该船的倾覆概率高。这一概率完全符合前面所说的首次通过的概念，因此可以采用求首次通过时间的方法进行估算。

应用倾覆前时间作为确定船舶在给定波浪上倾覆的统计指标，就可以具体应用上面所说的方法计算一条船在给定波浪上的这一指标。但为了进行这一计算，还必须计算船舶在这一波浪上的概率特性随时间的演变以及概率分布的边界，也就是倾覆在何种情况下发生的问题，被称为安全边界。前一个问题可以应用路径积分法求解船舶在波浪上任一时刻的概率分布，从而得到在时域内横摇概率分布函数的演变。下面讨论安全边界的问题。

2. 安全边界的确定

从上面的讨论可以看出，要想确定船舶不倾覆的概率，首先必须确定船舶横摇的安全边界，即确定船舶在何种情况下才能被认为是安全的。船舶横摇运动与船舶本身以及外载荷的特性都密切相关，因此确定安全边界本身就是一项非常困难的工作，这里不对其详加讨论，只是提出确定安全边界的基本思路。

船舶倾覆是由横摇角过大引起的。当横摇角超过某一阈值后，就将一直增大下去而永远不会回到原先的平衡位置。船舶的稳性消失角是这一阈值的很好近似，当没有外载荷作用到船舶上时，横摇角超过稳性消失角就意味着船舶不可逆转地倾覆；当有外载荷作用到船舶上时，虽然可能存在横摇角超过稳性消失角，船舶最终仍能恢复到平衡位置的情况，但这种可能性较小，可以忽略不计。因此，将船舶倾覆定义为其横摇角大于稳性消失角。由于在由横摇角、横摇角速度、波面升高、波面升高速度四个变量组成的概率空间内研究船舶倾覆问题，因此安全边界也应为这四个变量的组合。由此相应地将安全边界定义为使船舶在一个时间步长内其横摇角不超过阈值的所有初始条件和波浪参数的组合。这一边界可以通过数值积分下面的方程组求得：

$$
\begin{cases}
\dot{x}_1 = x_2 \\
\dot{x}_2 = -\dfrac{\lambda_{44}^{(1)}}{I_{xx}+J_{44}}x_2 - \dfrac{\lambda_{44}^{(2)}}{I_{xx}+J_{44}}x_2 \mid x_2 \mid - \dfrac{DC_1}{I_{xx}+J_{44}}x_1 - \dfrac{DC_3}{I_{xx}+J_{44}}x_1^3 + M_\theta x_3 \\
\dot{x}_3 = x_4
\end{cases}
\tag{7-151}
$$

3. 随机横浪作用下的船模倾覆试验

为了实际考察船舶倾覆的情况，并检验理论计算结果的可用性，进行了船模在波浪中的倾覆试验。船模为一种运输船型。

试验考察不规则波浪作用下的船舶倾覆。试验中船模被置于横浪作用下，无航速。为了使船模在试验时不致漂走，专门设计了一套保持船位的装置。试验中生成的每段波浪时间历程的时间长度是一定的，且满足相同的波谱，而其初始相位序列则重新生成。这就保证了每次试验中倾覆的发生是互相独立的，因此试验中发生倾覆的次数和试验总次数的比值就是与特定长度持续时间相对应的不倾覆概率。

实船和船模的主要参数如表 7－1 所列。

表 7－1 实船和船模的主要参数

名 称	主要参数	
	实 船	船 模
船长/m	49.7	2.485
船宽/m	9.0	0.45
吃水/m	2.5	0.125
排水量	480.0 t	58.5 kg
初稳性高/m	0.7	0.035
复原力矩三次方系数	−0.6	

试验在风浪流水池中进行。水池为长方形，主尺寸为长 50 m，宽 28.5 m，水深为 0.7 m。在水池 28.5 m 宽度的一端装有双推板液压式造波机，造波机由微机控制；另一端则为消波岸。

每一个波浪的时间历程为 5 min，相当于实船 15 min 左右。

试验共分两部分，首先是正浮船舶的倾覆试验。正浮船舶的倾覆试验共进行了七次，结果如表 7－2 所列。可以看出，其中没有一次发生倾覆(在水池中到目前还没有正浮情况下倾覆发生的例子）。

表 7－2 正浮情况下随机波上横摇统计值

试验号	有义波高/m	平均波周期/s	横摇有义值/(°)	平均横摇周期/s	步长数	倾覆状况
2151	9.772 1	1.596 2	19.135 7	1.607 3	7 061	未倾覆
2152	9.239 8	1.544 2	17.817 0	1.595 0	6 031	未倾覆
2153	9.804 1	1.568 1	19.663 3	1.603 7	6 030	未倾覆
2154	9.188 6	1.510 5	17.729 0	1.617 7	6 040	未倾覆
2155	8.724 5	1.502 8	18.858 1	1.617 3	6 354	未倾覆
2156	9.678 2	1.510 8	18.131 8	1.575 3	6 028	未倾覆
2157	9.731 2	1.495 0	19.736 3	1.631 0	6 014	未倾覆

另一组是有定常侧倾力矩作用船模的倾覆试验。定常侧倾力矩造成船模 10.8°的永倾角。试验结果如表 7－3 所列。

表 7-3　在具有 10.8°永倾角情况下随机波上横摇统计值

试验号	有义波高/m	平均波周期/s	横摇有义值/(°)	平均横摇周期/s	步长数	倾覆状况
011	9.540 6	1.550 0	31.403 6	1.642 5	3 984	倾　覆
021	10.116 0	1.468 8	88.804 2	1.704 9	703	倾　覆
031	10.134 4	1.485 9	117.644 7	3.306 2	1 045	倾　覆
041	9.149 5	1.543 9	41.278 1	1.664 5	3 588	倾　覆
051	9.159 8	1.559 3	14.439 6	1.659 8	6 028	未倾覆
061	9.154 7	1.538 4	14.275 5	1.716 0	6 035	未倾覆
071	9.442 7	1.511 9	29.355 1	1.598 0	3 117	倾　覆
081	9.969 6	1.588 8	51.126 3	5.276 6	4 122	倾　覆
091	19.347 3	1.591 7	179.593 6	2.566 7	194	倾　覆
101	9.668 8	1.580 8	55.286 1	1.819 4	1 225	倾　覆
111	12.154 5	1.926 7	43.965 4	1.811 1	579	倾　覆
121	10.779 0	1.585 7	88.727 2	1.740 6	667	倾　覆
131	9.224 3	1.526 9	16.424 3	1.801 6	6 876	未倾覆
141	10.787 4	1.572 4	21.529 1	1.871 8	1 631	倾　覆
151	9.665 9	1.564 0	—	—	2 754	倾　覆
161	15.029 1	1.746 9	125.875 5	2.0	570	倾　覆
171	9.518 3	1.522 7	15.384 1	1.682 1	4 986	倾　覆
181	9.895 6	1.535 3	17.568 1	1.803 6	6 590	倾　覆
191	8.979 9	1.592 3	46.766 7	1.706 7	618	倾　覆
201	10.934	1.608 9	28.023 9	1.880 5	2 205	倾　覆
211	9.996 0	1.491 6	15.664 5	1.844 2	5 157	倾　覆

有定常侧倾力矩作用船模的倾覆试验共进行了 20 次，其中只有 3 次未发生倾覆。由此可见，定常侧倾力矩对船舶倾覆的影响是很大的。

4. 倾覆前持续时间预报

应用上面介绍的用首次通过方法确定倾覆前时间的概率的理论进行数值计算，预估倾覆前时间的概率，并与模型试验相对应，分别估算正浮船舶和受到定常侧倾力矩作用于船舶的倾覆前时间的概率问题，得到结果如下：

对于正浮船舶，持续时间实现的概率即在此之前不发生倾覆的概率随时间的变化如图 7-7所示。

很容易看出，这种情况下不发生倾覆的概率在 900 s(即试验持续时间)内几乎为 1。 数值计算的结果证实了模型试验的结果，即一艘满足设计规范的船舶一般是很难发生倾覆的。当然，随着时间延长，不发生倾覆的概率也会越来越小。考虑到所需的计算时间因素，计算仅限于模型试验的时间长度内。

另一组是定常侧倾力矩造成10.8°永倾角的模型试验。模型试验表明，在这种情况下倾覆很容易发生，数值计算的结果如图7－8所示。数值计算的结果表明，由于定常侧倾力矩的存在，发生倾覆的可能性大大增加了。在23 min内不发生倾覆的概率为0.18，而模型试验的结果为0.15。考虑到数值计算中的大量假设和简化，可以认为这一结果是合理的，数值计算与模型试验的结果之间有较好的吻合。

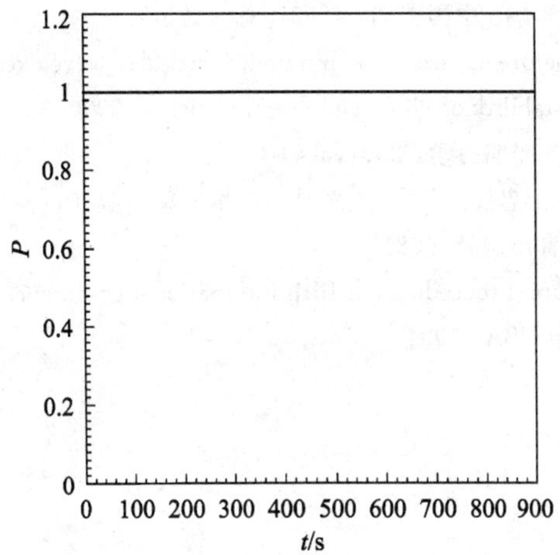

图7－7　正浮船舶不倾覆概率随持续时间的变化

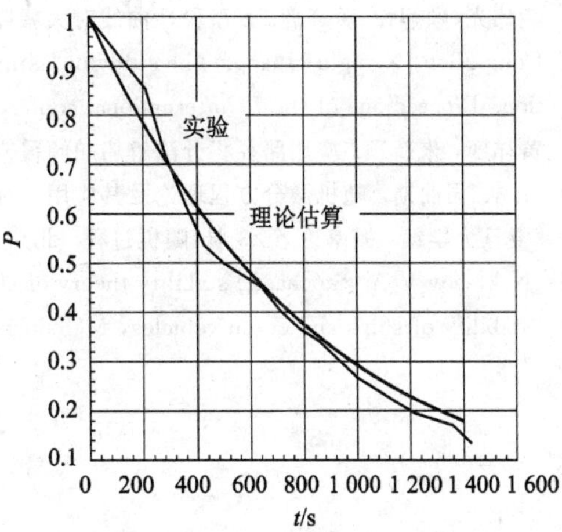

图7－8　具有定常倾侧的船舶不倾覆概率随持续时间的变化

思考题

7.1　在何种条件下，一个工程实际过程可以当作马尔科夫过程。

7.2　扩散过程的漂移系数和扩散系数的物理意义是什么?

7.3　分析应用随机平均法和用状态方程外干扰白噪声化两种方法求船舶横摇的统计特性的不同之处。

7.4　当船舶横向对浪时的横摇摇幅超过稳性消失角时，船将倾覆。是否可能用随机平均法估算出其在某一给定随机波上的倾覆概率。

参考文献

1　Roberts J B. A stochastic theory for nonlinear ship rolling in irregular sea. Journal of Ship Research, 1982, 26(4)

2 Stratonovitch R L. Topics in the theory of random noise. Gordon and Breach New York, 1964

3 Khasminskii R Z. A limit theorem for the solution of differential equations with random right hand sides. Theory of Probability and its applications, 1996, 11

4 Lin Y K. A series of lectures on Stochastic dynamics. Department of applied mechanics Fudan University Shanghai, 1986

5 Roberts J B. Response of an Oscillator with nonlinear damping and a softening spring to non-white random excitation. Probabilistic engineering mechanics, 1986, 1(1)

6 Huang X, Wan J. Theoretical analysis of motion response of a damaged semi-submersible platform in random waves. Proceedings of 5th OMAE, 1987

7 鲍伟光,顾解忡,黄祥鹿. S型稳性曲线对大幅度横摇的影响. 中国造船, 1993, [总]120(1)。

8 Dong Shen, Xianglu Huang. The study of lasting time before capsize of a ship under irregular wave excitation. Proceedings of the 7th international conference on stability of ships and ocean vehicles, 2000

9 黄祥鹿,朱新颖. 应用路径积分法解船舶倾覆概率问题. 船舶力学, 2001, 5(4)

10 泽夫 司曲斯. 随机微分方程理论及其应用. 刘永才,毛士忠译. 上海:上海科学技术文献出版社, 1986

11 复旦大学编. 概率论,第3册:随机过程. 北京:人民教育出版社, 1981

12 Nekrasov V A. Stochastic stability theory of ship motion. Proceedings of fifth international conference on stability of ships and ocean vehicles, Melbourne Florida USA, 1994